インスタント写真で撮った5歳のジョン。とても賢そうな、無邪気な少年に見える。伯母のミミがジョンの思い出を語る際、いつも言っていたとおりである。

3歳のときからジョンを育てた伯母ミミ。

ジョンの父フレッド・レノン。

9歳のポール。

7歳のポール（左）。母と弟のマイケルと一緒に。

1968年当時のマッカートニー一家。左から、弟マイケル、ポールの継母アンジェラ、ポール、ポールの父で競走馬の馬主でもあったジム。

上：ハリスン一家。8歳のジョージを中央に。左が父ハロルド、右が母ルイーズ。後ろは兄のハロルド(左)とピーター。
左：5歳のジョージ。

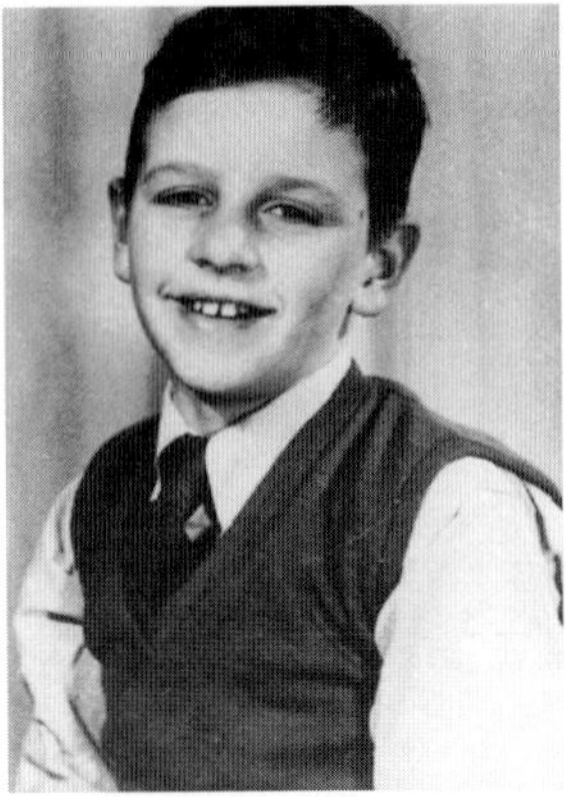

上：8歳頃のリンゴ。
下：おどけてみせるリンゴ。1960年。

上：リンゴの実父リチャード・スターキー。
下:10歳のリンゴ。母エルシーと。

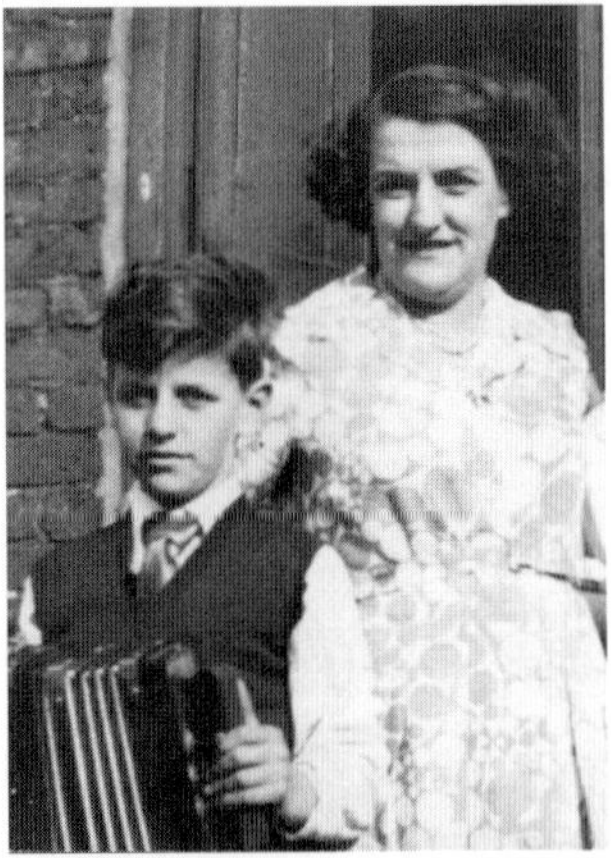

左：髪を盛り上げた15歳のジョージ(右)。初めてのダンスパーティで。

右：16歳のリンゴ(右)。船のバーテンをしていた頃。

上:15歳頃のリンゴ(右端)。
友人たちと楽しいひとときき。

左：テディ・ボーイ・スタイルの10代のリンゴ。髪にはすでに白髪のような筋が見られる。

クオリーメンを
引っ張るジョン。
1957年頃。

マイクに向かうジョン。

1961年、ハンブルクの屋根の上で、革ジャンパーにカウボーイ・ブーツというスタイルのポール、ジョン、ジョージ。(次ページ上も同様)

下：パンツ姿のポールとジョン。

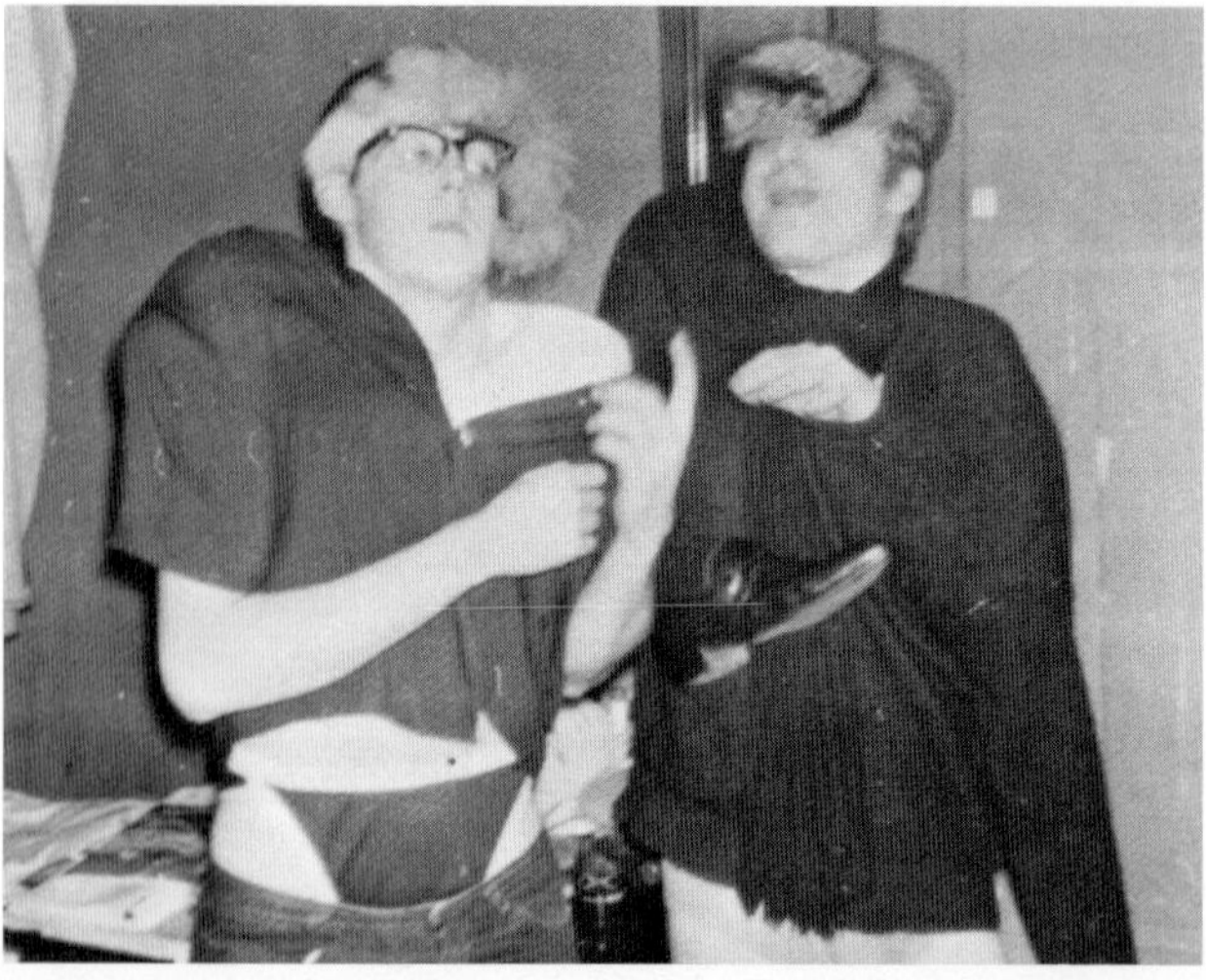

髪を前に垂らしたポール。

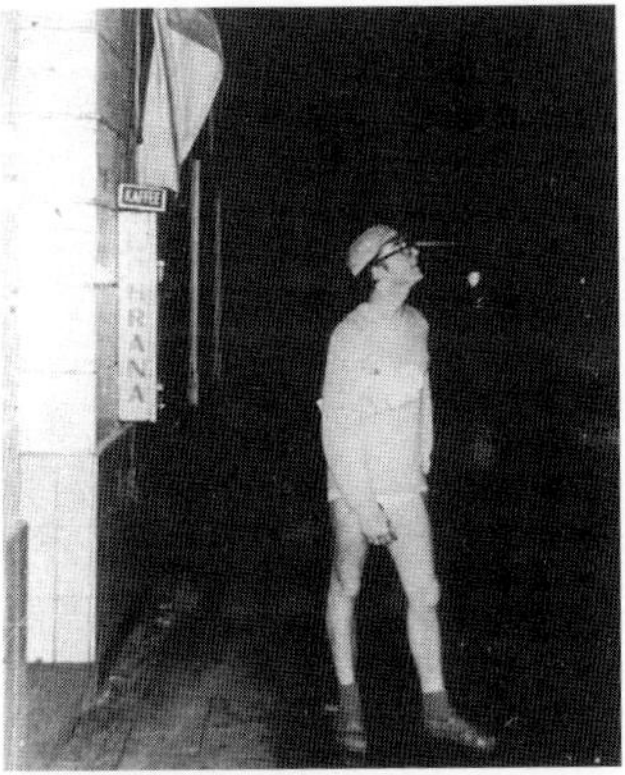

パンツ姿で街を歩くジョン。
裏側には「1960年11月、ハンブルグを見物するぼく。近日大公開」と書かれている。

ハンブルグから戻ったポール、ジョン、ピート。キャヴァンの前で。

1963年のビートルズ。宣伝用写真。

アイリーンという名のファンの少女が、「愛をこめて」とサイン入りでビートルズに送ってきた写真。

EMIのスタッフと一緒のビートルズ。1964年1月頃に撮影された未公開写真。

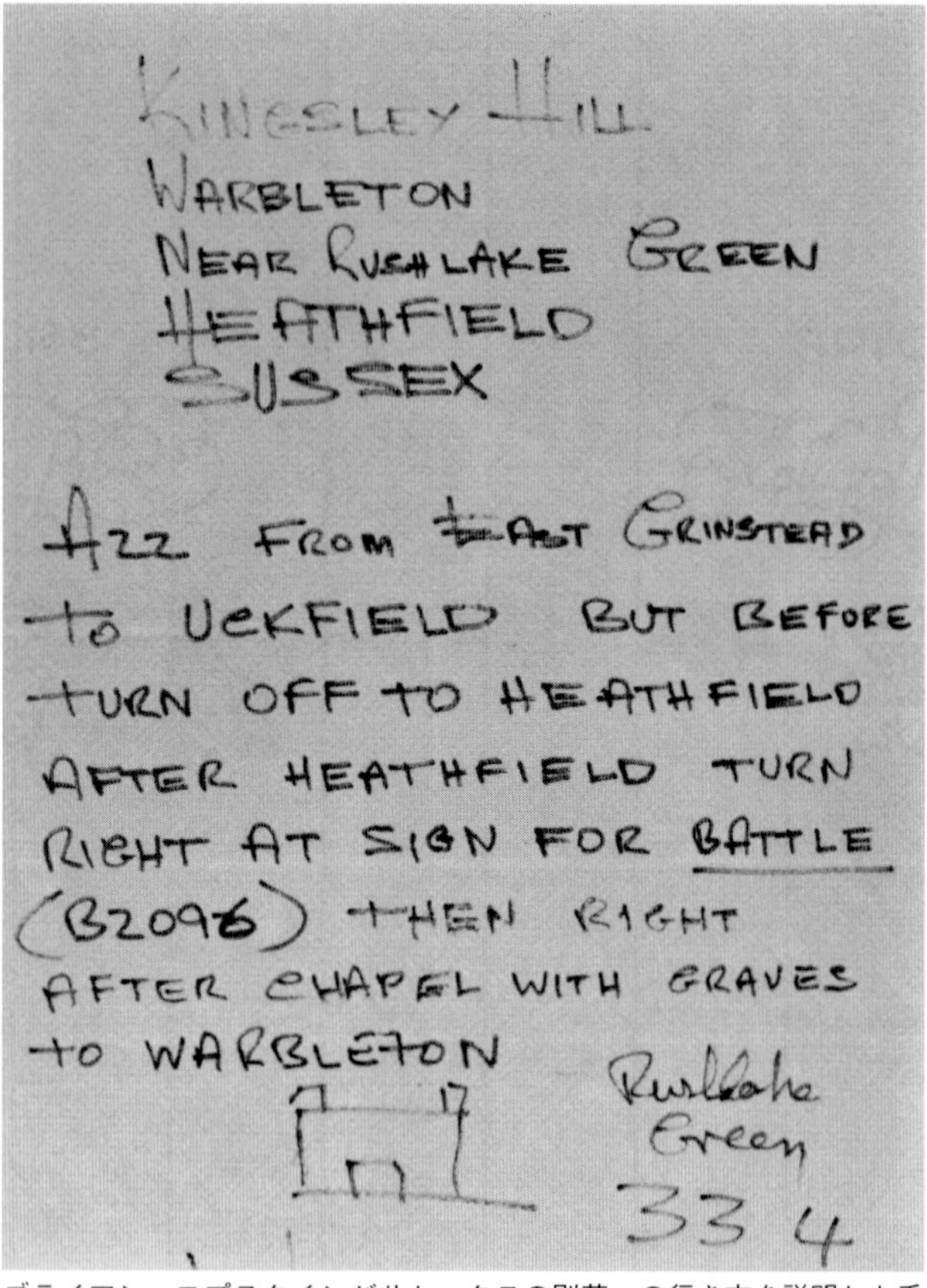

ブライアン・エプスタインがサセックスの別荘への行き方を説明した手書きのメモ。近年発見されたジョージの作詞原稿（本文8ページ参照）の裏面である。

河出文庫

増補完全版

ビートルズ 上

H・デイヴィス

小笠原豊樹／中田耕治 訳

河出書房新社

ビートルズ上　目次

（下巻目次）

二〇〇九年版への序文

四十年前の今日、もっと正確に言えば一九六八年に、この本の初版が出版された。あのときは、これだけ年月を経てもなお版を重ねることになろうとは、夢にも思っていなかった。内容の大半は、当時の状況そのものと言ってよい。彼らの口から出たばかりの言葉を、手を加えず、ありのままに記録し、一九六〇年代に彼らが何を考え、何をしていて、どうやってそこに辿《たど》り着いたのかを綴ったものである。現在では「一次資料」と呼んでいいほどの扱いを受けており、巷ではこの本をもとにした記述や引用が、好き勝手に行なわれている。もっとも、登場する人物の多くがすでに他界し、取材するのは不可能な状況であるから、ある意味仕方のないことなのだろう。書き直したい、変更を加えたいという誘惑はつねにあったが、ここまでなんとか退けてきた。後年判明した事実を取り入れてもっと練り上げ、磨き上げていたなら、当時の実際よりもずっと知的で、洗練された印象の本になっていただろう。

しかしここでは、第一部が始まる前の序文として、新たに書き下ろした文章を追加するにとどめておきたい。序文の狙いは、その後現在までに起った出来事を大まかに辿り、近年の話題にも触れておくこと。そして、そもそもどのようにしてこの本が書かれたのかを明らかにすることである。また巻末には、登場する人々についての簡単な覚書きと印象を、新たに書き加えた。執筆の過程で、もしくはその後に出会い、今は亡くなってしまった人々の思い出話である。

二〇〇九年版のための準備として、私はあらためて、ビートルズ関係の古い記事やレコード、資料などに目を通してみた。いまだに、ビートルズに関するものならなんでも手当り次第に集めているので、そういった資料の類いは年々増え続けている。その過程で私は、存在さえすっかり忘れていた一枚の手書きの作詞原稿に行き当った。

それは、ジョージの筆蹟だった。熱心なビートルズ・ファンならすぐに判別できるだろう。しかも、レコードにならなかった曲の歌詞なのだ。いや、私の知りうるかぎりでは、曲が付けられること自体もなかったのかもしれない。

裏面には、サセックスにあったブライアン・エプスタインの別荘へ行くための道順が、ブライアンの直筆で書かれている。おそらくジョージに手渡されたのだろう。ビートルズの記念品としては、二重の意味で貴重なものである。

八行からなるジョージの詞は、次のようなものだ。

Im happy to say that its only a dream
when I come across people like you,

its only a dream and you make it obscene
with the things that you think and you do.
youre so unaware of the pain that I bear
and jealous for what you cant do.
There's times when I feel that you haven't a hope
But I also know that isn't true.

(きみのような人に出逢ったのが
夢の中でよかったよ
あれはただの夢　でもきみの考えや行為のせいで
忌《い》まわしいものになってしまう
ぼくが耐えている痛みのことを　きみは知らなすぎる
そして　できもしないことをうらやましがっている
きみが希望を抱いていないと感じるときがある
でも　それが本当ではないことも知っている)

消されている文字は一カ所、最初の「that」のあとに書かれた「s」だけである。このことから、少なくとも最初の草稿ではないことが分る。きっと最終稿では、たとえば「youre」

で抜けているアポストロフィを補ったりしたのだろう。何しろジョージはグラマー・スクールの出身なのだから。内容は、ティーンエイジャーの抱く悩みや不安を歌っているようにも読みとれる。おそらく、着想はかなり前だろう。直筆の原稿が欲しいと私が頼んだ日に、たまたまその場にあったのがこの作品だったのだ。

これをいつ渡されたのか、詞についてジョージがなんと言っていたのか、今では正確に思い出すことができない。じっくり思い返してみると、一九六七年前半のある日、イーシャーにあったジョージの家を訪れたときだったかもしれない。それならばジョージが二十三歳か二十四歳の頃である。

ジョンとポールには、歌詞の原稿を本の中で使いたいので、書いたものをくれないかと頼んだことがあった。ジョージにも同じように頼んで、この数行の詞を貰ったのだ。ところがあとになって、ジョージはもっといいものをくれた。ビートルズの曲(『マジカル・ミステリー・ツアー』収録)として発表された『ブルー・ジェイ・ウェイ』の作詞原稿である。その前に貰った断片のような詞よりも、こちらのほうが明らかに本に載せるのにふさわしく、興味深くもあった。結局、最初に貰った詞は初版にも、その後の版にも使われることはなく、机の引出しに入れられ、現在に至るまで、そのまま忘れ去られていたのである。何にインスピレーションを受けて書いたのか、この言いまわしはどこから来ているのか、曲を付けたことがあるのかなど、詳しいことをジョージに尋ねたくても、もちろん、時すでに遅しである。

これを本に載せるにあたり許諾が必要なので、オリヴィア夫人に連絡をとった。彼女は、

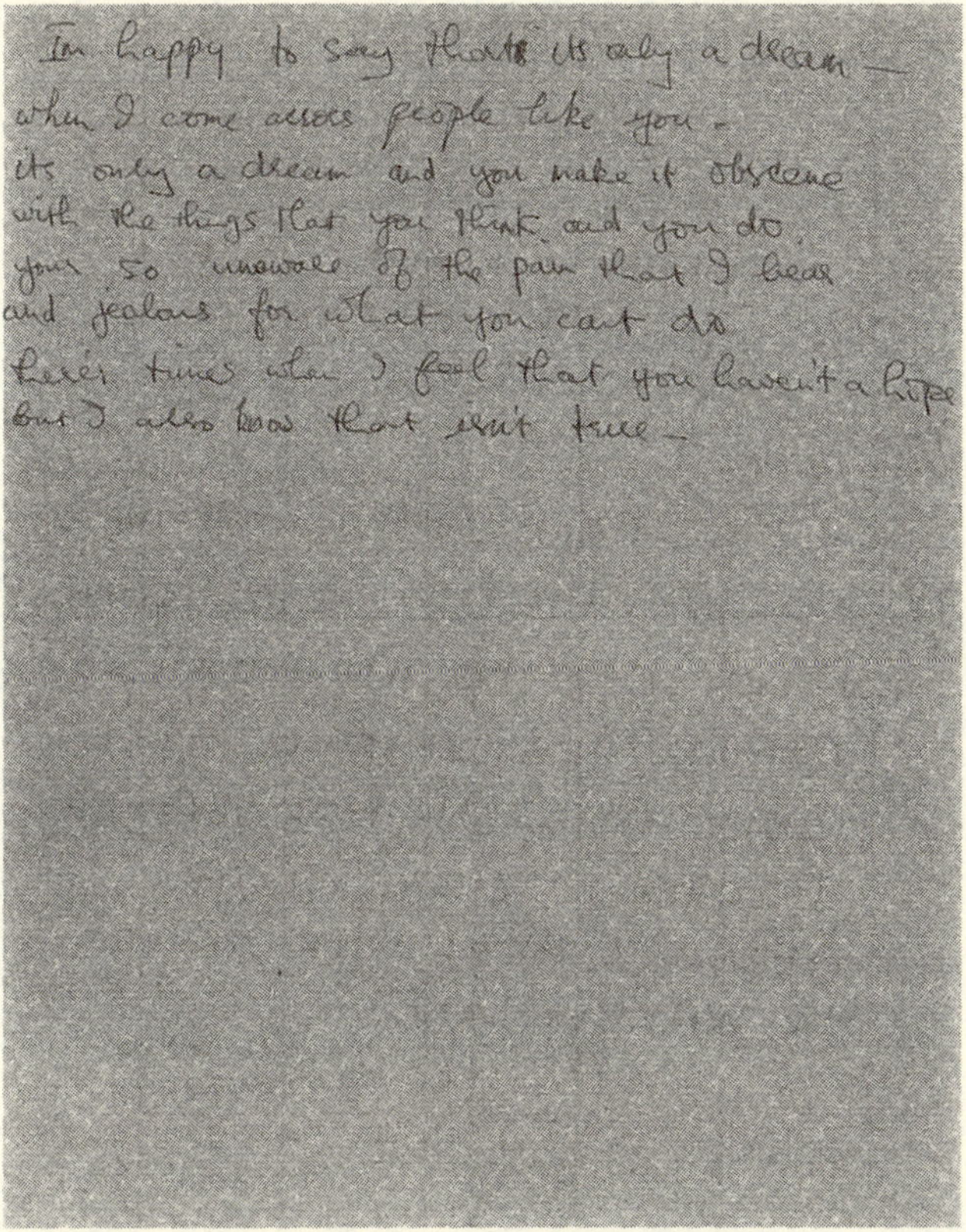
Im happy to say that its only a dream —
when I come across people like you -
its only a dream and you make it obscene
with the things that you think and you do.
your so unaware of the pain that I bear
and jealous for what you cant do
there's times when I feel that you haven't a hope
but I also know that isn't true —

近年になって発見されたジョージの未発表の作詞原稿。

ジョージの筆蹟であることは確かだと言い、ジョージの声が聞こえてくるようだとも言ってくれたが、作品自体については何も思い当らないと言った。彼女と出逢うずっと前に書かれたのだから、当然である。ジョージの最初の夫人、パティ・ボイドにも送ってみたが、筆蹟について認めただけで、内容についてはなんの情報も持ち合せていなかった。

私は今のところこれを、大英図書館のビートルズ・コレクションに加えてもらうつもりでいる。同館の手書き原稿の展示コーナーには、ジョンとポールの作詞原稿が置かれ、シェイクスピアや『マグナ・カルタ』、ベートーヴェン、ワーズワースなどの作品と並んで飾られている。しかしこれまで、ジョージの書いたものは一枚もなかった。

大英図書館にあるビートルズの作詞原稿は、私がアビイ・ロード・スタジオの床から拾い集めたものが中心だ。ビートルズは私に、音楽についての章を書くときに役立つだろうから持って帰っていいよ、と言ってくれた。そうでなければ、掃除夫が燃やしてしまうだけだから、と。

私はいつも、本を書くときに集めた資料、メモ、手紙、文書、チケット、その他もろもろのがらくたはすべて保管するようにしている。しかし、かなり長いこと、少なくともサザビーズが一九八一年に初めてポップ・メモラビリアのオークションを開くまでは、そうしたコレクションが金銭的な価値を持つようになるとは、全く思っていなかった。大英博物館（当初は図書館ではなく博物館の所蔵だった）に寄贈したときも、すぐに価値のなくなる代物だから受けとってもらえないのではないかと思った。現在は私の遺言状を通じて、それらが将来、英国の財産となる手筈《てはず》を整えてある。

オリヴィアも大英図書館も、私の申し出を喜んでくれた。どんな作品であれ、ジョージの書いたものが、ポールやジョンの作詞原稿と一緒に展示室に飾られることになるのだから。

このちょっとした逸話が物語っているのは、四十年前の私がこのジョージの小品について、本に掲載する価値がないと見なしていた、ということである。四十年の月日が経ち、状況は大きく変化した。

今、世界中にはビートルズに詳しい人たちが数多くいて、皆驚くほどに有能かつ博識である。そんな研究家のうちのだれかが、この詞の内容や背景を解明するための手がかりを与えてくれるのではないかと、私は確信している。ジョージが夢の中で逢った少女というのはだれのことなのだろう。当時の妻パティなのか、それ以外のだれかなのか、あるいは十代の頃の恋人なのか。研究家は、他の作品から引用された箇所がないかどうかも熟考しながら、詞の一行一行を解説してくれるだろう。ジョージの詞は何に影響を受けているのか。「youre so unaware of the pain that I bear」という行中の「unaware」と「bear」は、韻の踏み方としてすぐれているのか。それとも、ぎこちなく、難解で月並みな表現なのか。そうした分析や評価はすべて、研究家の手に委ねることにしたい。

そんな馬鹿なと思う人もあるかもしれないが、私は、ビートルズへの関心が今も続いていることにたいして、少しも驚いていない。実際、作品や情報が流通すればするほど、彼らは大きな存在となっていくのである。

確かに、一九七〇年代半ばには、ビートルズの輝きも色あせていくかのように思われた一時期があった。もっと若く、もっと成功し、もっと人気のあるグループや歌手に取って代られるのではないか。新たなスタイル、新たな種類の音楽が出現し、ビートルズなど陳腐で、古臭い、一九六〇年代の遺物になってしまうのではないか、と。事実、データに関して言えば、その予想もあながち外れではなかった。新たに登場したマイケル・ジャクソンのような存在が、個々のアルバムで爆発的な売上げを獲得し、ビートルズが作ったレコード・セールスの記録をいくつも更新してしまった例があるからだ。しかし最終的な、アーティストとしての影響力という点では、ビートルズが忘れ去られることは決してなかった。音楽ファンや一般大衆によるミュージシャンの人気投票が行なわれるたびに、ビートルズは歴史上最も重要で、最も影響力があり、最も愛され、最もすばらしいグループとして、つねに多くの支持を集めている。今、この時代を生きる人々の心や記憶の中では、『サージェント・ペパー』が最も偉大なアルバムであり、同アルバムのジャケットが史上最高のレコード・ジャケットとして認識されているのである。

カタログ作品も、『アンソロジー』のような編集盤の形で繰り返し発売され、何百万という単位で売れ続けている。二〇〇〇年には、ビートルズのナンバーワン・ヒットばかりを集めたコンピレーション・アルバムが、世界三十四カ国のヒット・チャートで一位を獲得した。

一九八〇年代の初めに、ロンドン大学でビートルズの詩を研究して博士号をとろうとしている学生の論文の審査を頼まれたことがあった。そのときは冗談だろうと思った。そんな立派な大学で、そんな研究テーマがまかり通るなんて、とても信じられなかったのである。しかし現在では、そうしたことはごくあたりまえとなっている。今では、世界中の学校や大学でビートルズに関する授業が組まれ、学生が学び、分析や研究が行なわれている。ビートルズ関係の書籍の出版も、年を追うごとに増えている。ビートルズをテーマにした会合やイベントも、毎週のように世界のあちこちで開かれている。たとえば、日本ではビートルズ関連のイベントが毎年平均四十回を数え、ジョン・レノンに特化した独自のすばらしいミュージアムまである。世界の何十という国々には、それぞれ何十というプロのコピーバンドが存在し、各地のクラブやコンサートでの演奏を本業としている。

やや遅かった感はあるものの、リヴァプール市も、地元出身のグループが観光資源となることに気がついた。今では市内に「ハード・デイズ・ナイト」という名のホテルができ、空港は「リヴァプール・ジョン・レノン空港」と名前を変え、毎年何十万という人々がビートルズゆかりの地を訪れている。ポールが住んでいた公営住宅は、現在はナショナル・トラストの管理下にあり、一般に公開されている。ジョンがミミ伯母さんと一緒に住んでいた家も同様である。

今日、ビートルズで生計を立てている人々は、世界中に約五千人はいるのではないかと推定される。著述家、研究家、ディーラー、大学の教員、演奏家、グッズ販売などの商売人、イベント・プロデューサー、旅行業者、宿泊施設やミュージアムで働く人々などである。ビートルズの会社アップル・コーは、その最盛期でさえ、従業員が五十人を超えたことがなかったのに。

ビートルズの記念品の価格も、今では信じられないくらいに高騰している。オリジナルとされるものは特にそうである。二〇〇八年には『ア・デイ・イン・ザ・ライフ』の作詞原稿が、ニューヨークのボナムズにおいて百三十万ポンドで落札された。ビートルズ四人の直筆サインが入った写真でさえ、五千ポンドの売値が付くようになった。ビートルズ関連の市場が形成され始めたばかりの一九八一年には、五十ポンドにすぎなかったのに。

一九七五年、わが家に泥棒が入った。盗まれた中には、四人全員が私のためにサインしてくれた『サージェント・ペパー』のアルバムが含まれていた。しかし私が保険屋に請求したのは三・五ポンド、すなわち、アルバムを買い直すのに必要な金額だけだった。あの頃は、サインは思い出を喚起することはあっても、金銭的には全く価値がないと見なされていた。今なら五万ポンドはするだろう。

数週間前には、また違った形での損失を経験した。この本の初版が出てから四十年のあいだずっと、私はリンゴがこの本のために特別に撮ってくれた四枚のビートルズの写真のオリジナル・プリントを、広間の壁に飾っていた。ところが、上の階のトイレが水洩《も》れを起しているのを知らずにいたため、気がつくと額縁にカビが生えていた。悲しいかな、三枚のプリントが駄目になってしまったのである。

近年は、イタリアなどヨーロッパのサッカー場で、観衆が『イエロー・サブマリン』を――もちろん自国の言葉で――歌う光景を興味深く見ている。いつも思うのだが、現在ビートルズのカタログ作品の版権を所有しているソニーは、歌っている様子を中継しているテレビ局にたいして使用料を請求しないのだろうか。イタリアのサッカー・ファンの多くは、これがビートルズの曲だと知ったら驚くのではないだろうか。

二〇〇七年、モントリオールにあるマギル大学で音楽学を専門としているダニエル・レヴィテイン教授は、ビートルズの曲や歌詞は世界中の人々にあまりにも広く知られているため、百年後には伝承歌と見なされているだろう、との見解を示した。「だれが作曲したのかは、ほとんどかえりみられなくなるだろう。大衆文化の中に深く根を下ろすことで、『オー・スザンナ』『我が祖国』『フレール・ジャック』のように、昔からある唄だと思われるようになるだろう」

また同じ二〇〇七年には、アメリカのモンタナ州の判事が、ビールを盗んだ男の刑を決める裁判の中で、ビートルズに関する知識をこれでもかと披露した。被告人は、どのくらいの刑が適当だと思うかと尋ねられた際に、「ビートルズも言ったように『なすがままに《レット・イット・ビー》』です」と答えた。これに刺激を受けた判事は、判決の中で四十二曲ものビートルズの曲のタイトルを引用し、次のように言い渡したのである。

その言葉《ザ・ワード》が「放っておいてくれ」という意味だと理解するのに、解釈という名のマジカル・ミステリー・ツアーは必要ない。抵抗なく合意《カム・トゥゲザー》できるはずである。さて、被告の行為に見て見ぬふりをするのならば、二〇〇六年四月二十一日のあの一日《ア・デイ・イン・ザ・ライフ》は存在しなかったことになる。当夜、被告はビールを飲んで上機嫌《アイ・フィール・ファイン》になっていた。そして、金《マネー》が欲しかったのか、自然に行動《アクト・ナチュラリー》しただけなのかはともかく、被告は丘の上の愚か者《フール・オン・ザ・ヒル》と化した。六十四歳になったとき《ホエン・アイム・シックスティー・フォー》に、知っていればよかった《アイ・シュッド・ハヴ・ノウン・ベター》と反省できればよいのだが……。

古い資料の保管庫を捜索した結果、未発表と思われるビートルズの映像や録音テープ、出版されたことのない珍しい写真などが出てくることがある。そうしたものはたいてい、基本的にはよく知られたショットであり、僅かにアングルが違っていたり、多少ピントがぼけているだけなのである。にもかかわらず写真家は、それらを機会あるごとに繰り返し本に載せたり、展示したりする。オリジナル・プリントは、写真家の直筆サインが入った限定版として、何百ポンドという価格で販売されたりする。

もちろん、ジョージの古い作品を発掘して喜んでいる私には、そうした行為を非難する資格はない。私自身もつねに「新しい」写真には目がないのである。ついこのあいだも、これまで見たことのなかった写真を一枚、個人的に購入した。一九六三年、ビートルズが私がかつて住んでいたカーライルのロンズデール・シネマで公演した際に撮影されたものだ。エレベーターに乗っている写真で、案内係の女性がやけに不快そうな表情をしている。思わず笑ってしまう一枚だ。撮影したのは「カンバーランド・ニューズ」紙のジム・ターナーで、そう、プリントには彼のサインが入っている。

新たな資料が浮上してくる一方で、昔からある資料をひっくり返して調べ直したり、再評価を試みたりする動きもあとを絶たない。当初調べたときに気づかなかった視点や、見逃していた箇所が明らかになるのだ。たとえば私は、ビートルズの出演に関してBBCが保管している記録は、もうすべて調べつくされたものだと思っていた。ところが二〇〇八年、ポピュラー音楽専門の著述家のスペンサー・リーが、古くて埃をかぶったBBCのファイルを再点検し、一九六二年のメモを発見したのである。それはビートルズがラジオ番組に出演するためにマンチェスターでオーディションを受けたあと、プロデューサーが書き残したもので、こう書かれている。「ポール・マッカートニー、不可。ジョン・レノン、可。個性的なグループ。ロックンロールよりもカントリー&ウェスタンに近い。演奏の技量はある。全体としての評価、可」。リアルタイムで書かれたコメントとしては、なかなか興味深いと言えるだろう。一般にはいつも、ポールの歌声のほうが評価が高いと思われているからである。

さらに、ビートルズの歌詞について果てしない分析を続ける、変り者で退屈な連中もいる。そうした輩《やから》は、新たな解釈を求めているのか、さもなければ、だれも必要だとは思わない統計をまとめたいだけなのだ。

雑学知識本『ベン・ショットの英国博覧記』で知られるベン・ショットは、「ビートルズ博覧記」なるものを書いた。二〇〇七年六月、「タイムズ」紙が『サージェント・ペパー』発売四十周年を記念して折り込んだ別冊に掲載されている（「〜周年記念」というのは、メディアで取り上げるための格好の口実だ）。その中で彼は、ビートルズの曲を最もポピュラーな単語、すなわち、最も頻繁に出てくる単語を見つけ出すことで分析しようと試み、よく使われている順に百十四語を列挙した。上位に並んでいるのは「You」(二百六十回)、「I」(百七十八回)、「To」(百四十九回)、「Me」(百三十七回)、「Love」(百二十五回)だといい、下のほうにあるのは「Yesterday」(十一回)、「Hand」(十回)、「Lonely」(十回)であるらしい。それがどうした、と言いたくなるような代物だ。

つい最近は、興味深い調査報告が送られてきた。送り主は私の友人でもあるロッド・デイヴィス。クオリーメンのオリジナル・メンバーである。よく知られているように、彼の学友だったジョン・レノンは、一九四〇年十月九日の午後六時三十分、空襲の最中《さなか》に生れたとされている。この空襲がらみの話は、どの本にも必ずと言っていいくらい出てくるのだが、ロッドは、はたして本当にそうだったのだろうかと疑問を持つようになった。

そこでロッドは、ロンドン北部のコリンデールにある大英図書館の新聞資料室まで足を運び、一九四〇年十月の「リヴァプール・エコー」紙にすべて目を通し、空襲に関する記事を探した。その結果、「三十機から四十機の敵機」が十月十日にリヴァプール市に襲来したという記事は見つかったが、十月九日に空襲があったという話はどこにも見当らなかった。このことからロッドは、ジョンが空襲の激しかった時期に生れたことは確かだが、実際に誕生した当夜には新聞記事になるような空襲はなかった、と結論づけている。今後、さらなる詳細が解明されることだろう。

では、空襲の逸話を最初に持ち出し、調査不足という不名誉を晒した張本人はだれだったのか。おそらく、私である。この本の第一部、ジョンに関する章を見ると、「激しい空襲の最中に生れ」とある。これはジョン自身が話していた通りの内容であり、伯母のミミも、父のフレッドも、同じことを言っていた。つまりレノン家ではそう認識しており、一九六八年の時点でそのように信じていたということなのだ。私は現在も、この記述を修正していない。あとになって明らかにされた事実は、中には重要なものもあるが、ほとんどが些末《さまつ》なことである。もし私が、そうした事柄や、さまざまな説、さまざまな意見をすべて反映させようとしたら、この本を毎年のように改訂しなければいけないだろう。一九六八年当時のまま手を入れてこなかった理由の一つは、それなのだ。この本の記述は基本的に正しい。少なくとも、あの当時信じられていた通りのことが書いてある。

それでもやはり、ビートルズの物語を最新の状態にしておくためには、述べておかなければならない事柄がいくつかある。われわれの関心はあくまでも当時、すなわちビートルズが活動の頂点にあり、音楽制作や演奏活動を行なっていた時代の出来事が中心であるが、物語はその後も続いているのだ。二〇〇一年十一月、メンバーで最年少のジョージ・ハリスンが他界するという悲劇が訪れ、残されたビートルズは二人だけになってしまった。享年五十八歳だったジョージは、かなりの期間を癌と闘っていた。訃報は新聞の第一面を飾り、総理大臣からポップスターまであらゆる階層の人々が、次から次へと追悼の言葉を寄せた。

静かなるビートルとして知られたジョージは、人目に晒されることを極端に嫌い、メディアに登場したり、ファンと対面したり、群集に向けて手を振ったりということに関心を示さなかった。公の場に出るという点に関して言えば、時として隠遁者のようになってしまうこともあり、一九八三年から一九八六年にかけては新作を全く発表しなかった。一九八七年にアルバム『クラウド・ナイン』を出して好評を博し、一九九一年と一九九二年にはちょっとしたライヴ演奏とツアーを行なったが、その後は再び沈黙し、長いこと公の場から遠ざかってしまう。二〇〇一年初頭には、名作アルバム『オール・シングス・マスト・パス』が再発売された。

だが、私生活でのジョージは多忙だった。ガーデニングにいそしみ、思索と瞑想に耽る静かな日々を過ごし、自分の楽しみのためだけに音楽を作っていた。

残酷かつ恐ろしい皮肉も経験した。公の世界から退き、世間から放っておかれることを望んでいたジョージが、自宅に押し入った侵入者によって刺され、もう少しで命を奪われそうになったのである。この事件は一九九九年にヘンリー・オン・テムズの邸宅で起き、怪我は最終的には回復した。

ジョージは人生の最後まで求道的な生活を送り、インドの音楽や宗教への探究も、ほかのメンバーが関心を失ったあともずっと続けていた。だがその一方で、ユーモアのセンスも決して忘れなかった。二〇〇一年、亡くなる直前に録音された曲『ホース・トゥ・ザ・ウォーター』の版権所有者は「RIP Ltd 2001」（「RIP」は「冥福を祈る」の意）とクレジットされていた。

ジョージについて印象に残っているのは、深い洞察力を有して物事を真剣に考え、自分がどんな人間なのかをしっかり認識していたという点である。輪廻転生についての理屈っぽい話を始めたら、私があくびをするか音を上げるまで、延々と語り続ける。かと思うと、突然話を止め、おかしな声色を使って自虐的なジョークを飛ばすこともできるのである。かつて私がイーシャーの家を訪ねたとき、ジョージは自分の精神世界について長々と説いていた。だが途中で電話が鳴ると、すぐさま受話器を取り、わざとらしいコックニー訛りで応答した。

「イーシャー・ワイン・ストアです」

残された家族は妻のオリヴィアと、息子のダニーである。一九四八年にメキシコで生れ、アメリカで育ったオリヴィアは、一九七八年にジョージと結婚した。一人息子のダニーは一九七八年に生れた。「ダニー（Dhani）」とは、サンスクリット語で「豊かな」を意味しているという。

近年、マスコミの注目を集めたドラマチックな出来事がもう一つある。二〇〇八年のポールとヘザー・ミルズの離婚劇である。この件は新聞やテレビで何カ月にもわたってしつこく報じられたが、出逢ったその日に始まった二人の波乱に満ちた関係は、終始ゴシップ紙に題材を提供してきた。

ポールの最初の妻リンダは、一九九八年に乳癌のため亡くなった。ポールの母メアリーの命を奪ったのと同じ病気である。リンダはポールに誠心誠意尽くしたので、結婚生活はうまくいき、長く、実り多いものとなった。二人は離れて過ごしたことがほとんどなかったため、リンダを亡くしたポールの落胆は大きく、心は粉々に打ち砕かれ、よりどころを失い、気も狂わんばかりに取り乱し、孤独感にさいなまれた。「ぼくのために残されたものなどあるのだろうか」と自問したといい、二年のあいだ、曲を書くこともできなかった。

一九九九年、リンダの死の翌年に、ある授賞式の席上で、ポールは初めてヘザー・ミルズと出逢った。ポールは彼女の人柄や慈善事業への取り組み、そして片足切断というハンディキャップに負けまいとする信念に魅了《みりよう》された。二十五歳も若く、モデルの経歴もあったことから、芯の強い性格だけでなく、その容姿も魅力の一端だったことは明らかだ。ポールの側では、心酔したというよりも、一目惚れに近いものだったようである。

マスメディアは、二人の関係にあまり好意的ではなかった。ポールは時代のアイコンであり、世界の至宝である。だから皆ヘザーの真意を疑ってかかり、地位や財産が目的に違いないと書き立てた。彼女の経歴を調べ上げ、モデルとしてのキャリアが成功せず、本人が言うほど立派なものでなかったことも暴き出した。そして、過去にも事実をねじ曲げる傾向があったのを理由に、彼女の言うことの信憑性に疑問を投げかけたのである。ポールは一貫してヘザーを擁護した。マスコミはいつものように意地悪になっているだけで、奴らの話にはなんの根拠もない、というのがポールの言い分だった。ポールの子供たちがヘザーを嫌っていると書いたゴシップ記事も少なくなかったが、これはヘザーとポールの双方から否定された。

事実がどうだったかはさておき、私はこの話を読んだとき、歴史は繰り返す、と思わずにはいられなかった。ポールの父ジムが再婚したとき、ポールも弟のマイケルも、新しい継母にたいしてあまり好意的ではなかった。私は個人的に、そういう不満はフェアではないと思っている。私の目には、ジムは新しい妻を得てとても仕合せで、満ち足りているように映った。それまで長いこと独り身で過ごし、最初の妻を亡くしたあと男手一つで二人の息子を育ててきたことも考慮されるべきである。

ヘザーとポールに関しては、あることないこと山のような記事が出まわったが、二人の結婚がうまくいっていないという事実が明るみに出ると、さらにたちの悪い報道が横行した。別れると決めたことが発表されるや否や、私生活の場での言動に関する暴露話が、双方の側から、次々と洩れ聞こえてきた。何もなければ、こうした話はすべてゴシップ、すなわち証拠もなく、あてにならない噂話として片付けられたはずである。ところが、驚いたことに、この係争を審理した裁判所は、事の一部始終をすべて公表することを決めた。

二〇〇八年三月、担当したベネット判事は、離婚調停までの詳細をしるした五十八ページにわたる判決文を、だれもが閲覧可能な形で公開した。すべてを明らかにしてマスコミの猜疑心を一掃することが狙いだったが、そのあてはみごとに外れた。このカップルの日常生活をめぐる私的で個人的な事柄、一般人が知りえなかった内輪話の数々が明るみに出たことで、火に油が注がれ、さらなる疑惑とゴシップ記事を生んだのである。

判決文によると、二人は一九九九年に知り合い、二〇〇一年七月二十二日に婚約し、二〇〇二年七月十一日に結婚し、二〇〇六年四月二十九日に別居した。判事の記述に従えば、二人は正式に結婚するまではきちんとした形で一緒に暮していなかったので、結婚生活は僅か四年しか続かなかったことになる。ポールは結婚が成立するまでは子供を持つつもりがなく、避妊を行なっていたという話まで明かされた。一人娘のベアトリスは、二〇〇三年十月二十八日に誕生している。

五十八ページの判決文の大半は、財産分与に関わる話で占められている。ヘザーは当初、離婚解決金として一億二千五百万ポンドを要求していた。一方、ポールが提示した金額は千六百万ポンドだった。ヘザーは、ここ数年あちこちの新聞で報じられている数字を持ち出して、ポールには八億ポンド相当の資産があるはずだと主張した。ポールはこれを否定し、実際は四億ポンドであることが会計士によって証明された。

ヘザーは、年間の生活費として三百二十五万ポンドが必要だと言い張った。内訳は、休暇を過ごすのに四十九万九千ポンド、ワインに三万九千ポンド。判事によると、酒を飲まないにもかかわらずである。チャリティ活動には年間六十二万七千ポンドが必要だと言い、その中にはヘリコプターをチャーターするための十二万ポンド、自家用旅客機のための十九万二千ポンドが含まれていた。判事はこれを「馬鹿げている」と述べた。

さらに、彼女自身とベアトリスの警護のために年間五十四万二千ポンドが要求されていた。また逆に、ポールがそれまでセキュリティに関してほとんど何もしてこなかったという事実も明らかになった。ジョンやジョージの身に何が起ったかを思うと、驚くべきことである。ポールのロンドンの家にはボディガードも警備員もおらず、サセックスの家では農場で働く者たちが周囲に異変がないか注意しているだけなのだという。

ポールの陳述によると、ポールの子供たちは小さい頃、全員が公立の学校に通っていたが、ボディガードや警備員を付けたことは一度もなかった。例外は、世界ツアーに連れて行ったときだけだという。

判決文には、サセックスの家とロンドンの家の住所までしるされている。サセックスの農場は千五百エーカーの広さだが、判事はこれを「ささやかな地所」だと表現している。熱心なビートルズ・ファンならすでに住所ぐらい知っているのかもしれないが、そこまで詳しく知らなかった怪しげな連中は、住所を載せた判事の決断をありがたいと思っていることだろう。

一つだけ興味深い話がある。ポールは、現在の音楽関係の収入のほとんどはヘザーと関わるずっと以前に書いた作品によると述べているのだが、その過程で、ヘザーと結婚していた二〇〇二年から二〇〇六年にかけて発表した作品は、成功しなかったと自ら認めているのである。「この結婚生活のあいだに新たに創作し発表した作品は、批評家からは評価されましたが、収益の面では失敗でした」

それから、ポールの所有財産のリストが延々と並べられている。不動産、ピカソやルノワールの絵画を含む美術品、ビジネス関係などで、このあたりは、かなり熱心なファンでも知らなかったことが多いのではないだろうか。

判事は、ヘザーのことを「チャリティ活動に献身的」「確固たる意志としっかりした性格の持ち主」であると認めながらも、証言の内容は誠実ではなく、正確さに欠け、人を納得させるものではない、と述べた。そして、彼女の最大の問題点は「不安定でかっとなりやすい性分」であり、妄想に捉われていると指摘した。一方、ポールに関しては、誠実で嘘がないという見解を示した。

裁判が始まる前、ヘザー側からの告発が各紙でスクープされた。ポールがドラッグを使用し、アルコールに溺れ、暴力をふるったというのである。こうした話は、判決文ではごく簡単に触れられただけだった。法廷がめざすのはあくまでも条件面での合意であり、そういったことは争点ではない、と判事は明言している。

最終的な判決では、ヘザーは当初の要求より一億ポンドも少ない、総額二千四百三十万ポンドを受けとることになった。そのおかげで、ポールの金銭的な痛手は恐れていたよりもずっと軽くすみ、自身のイメージもそれほど傷つかずにすんだ。もっとも、秘密にしておきたかったはずの私生活を、或る程度まで晒すことを余儀なくされてしまったのだが。

離婚からくる緊張やプレッシャー、そして惨《みじ》めな思いは、どちらの側にとっても相当大きかったはずだ。丸二年ものあいだ、裁判で陳述したり、弁護士や会計士と面談したり、事情聴取を受けたり、相手側の告発に反論したり、中傷し合ったりすることにかなりの時間が費やされ、あげくの果ては、私生活と愛憎劇が世界中に晒されたのだ。たとえば、出逢ったばかりでのぼせ上がっていた時期に、ポールがどれだけ気前良く金を使っていたかという話も明るみに出た。ポールはヘザーとその家族のために、慈善事業への寄付のほか、住む家や借金の面倒までみてやったというのだ。

判決文で明らかにされた多くの事実は、これから先、ポールの伝記を書く際の材料となっていくのだろう。しかしそれ以上に、マスコミに格好の餌を提供したのである。

どうしてそんなことになってしまったのだろう。なぜポールだったのだろう。ポールはいつでも注意深くて慎重で、逢った相手の人となりや背景をとことん吟味するような性格だった。たとえば、ジョンとは正反対なのだ。ジョンは、玄関から入って来た人をだれでもすぐに信用するようなところがあった。よりによって、どうしてポールがそんな状況に追いこまれてしまったのだろう。おそらくは、最愛のリンダを亡くした孤独感と、だれかの愛を渇望する気持が入りまじっていたのだろう。

ビートルズの関係者についての新たな逸話の中でも、一番驚き、いやショックだったのは、ミミ・スミスにまつわる最近の記述であった。そう、ジョンを育てたあのミミ伯母さんである。ミミはジョンの前半生で重要な役割を果たしており、この本でも私はミミのことを、ジョンやそのほかの家族が抱いていたイメージに沿って、厳格で、中流意識が強く、禁欲的で、昔気質で、一家のすべてを取りしきる存在として描いた。それはまた、何度も逢ってインタビューする中で私が抱いた印象とも共通していた。だれが見ても、彼女は強い意志の持ち主で、周囲に流されるような人間ではなかった。夫を亡くしたあとは、ずっと独り身で過ごした。その夫ジョージは、どちらかと言うとのんびりしていて、あまり上昇志向のないタイプだった。一介の牛乳屋にすぎなかったのを、ミミは酪農経営者だと言い続けていた。

ミミは一九九一年に亡くなったが、時は移り二〇〇七年、ジョンの異父妹ジュリア・ベアードが、その著作『Imagine This: Growing Up With My Brother John Lennon』の中で、ミミに関する「新事実」を紹介した。それによると、リヴァプールに暮してジョンを育てていた頃、ミミが若い下宿人の一人と数年にわたって密かに関係を結んでいたというのだ。相手は二十歳も年下の学生で、のちにニュージーランドへ移住してしまったという。ジュリア・ベアードはミミのことがずっと嫌いだったから、私はこの記述に疑問を抱き、空想の産物だろうと予想した。ところが現在では、多くのビートルズ研究家が事実として受けとめている。もちろん、ミミはこの世にいないから、反論することもできない。

私は、いまだに信じられずにいる。ほかの人ならともかく、ミミが、である。見た目の姿や外に現れた態度だけで人を判断するな、ということなのだろう。ジョンが何も知らなかったというのは、ミミから行動や服装のことでさんざん叱責を受けていたことを思うと、たいそう残念である。ジョンが驚き、落胆する姿は想像がつく。「こん畜生！」と言いながら、涙が出るたびに眼鏡のあたりをこすり、転げまわって笑っている姿が目に浮ぶ。

もう一つ、同じ傾向の逸話が発掘された。今度はジョージに関するもので、最初の妻パティ・ボイドの著作に書かれている。ジョージとリンゴの妻モーリーンとのあいだにロマンスがあった、という話だ。ただし、どちらの側の結婚生活も破綻していた時期のことである。こちらのゴシップに関しては、なぜか私は、ミミの話のときほど度肝を抜かれたり、意外性を感じたりはしなかった。

こうした男女の関係をめぐる「新事実の暴露」は今も続いているし、これからも出てくるだろう。常に忘れてはならないのは、噂話の当事者たちはほとんどの場合、すでに亡くなっているということだ。ミミにしても、ジョージにしても、モーリーンにしてもそうだ。だから否定することも、釈明することも、自身の見解を述べることもできないのである。われわれには、きちんとした調査をする裁判官のような人物が必要なのかもしれない。既知の事柄を精査し、真実を突きとめ、なおかつ、高い見識に基づいた知見を授けてくれるような存在が。

その一方で、存命中のビートルズのメンバー二人は、ますます精力的な活動を繰り広げている。今後も長くそうあって欲しいものだ。二〇〇八年には二人ともリヴァプールを訪れ、同市が欧州文化首都に選ばれた年を記念して演奏した。

二人はそれぞれに、相変らず多忙な日々を送っている。リンゴの活躍の場はほとんどがイギリス国外で、アメリカを中心に、オール・スター・バンドを率いて、体力の要るツアーを続けている。バンドの顔触れはツアーのたびに変動する。また、トップ・ミュージシャンたちと組んだ単発のライヴもときどき行ない、アルバムも定期的に発表している。二〇〇〇年、六十歳を迎えたときに、そろそろドラムスティックを置こうかと話していたこともあるが、さいわい、そんな事態にはならなかった。演奏するのはもちろん、金が必要だからではなく、ただ楽しみたいからである。バーバラとの結婚生活も変らず続き、主としてアメリカとモナコで生活しているようだ。

ポールも同じように、定期的にアルバムを作り続けている。仕上がりも良く、高い評価も受けているが、ポール自身も認めている通り、昔のような売上げを記録するには至っていない。二〇〇七年発表の『追憶の彼方に～メモリー・オールモスト・フル』は多くのファンに親しまれ、賞賛を受けた。この作品の中に、リンダへの追憶や愛情を感じとった人は少なくないだろう。この時期のポールには、リンダのことを思い出さずにはいられない大きな要因があったのだから、それも無理からぬことなのだ。

ほかにもポールは、詩集や絵画集や絵本を出版し、クラシック音楽も作曲している。『心の翼』は、二〇〇七年の英国を代表するクラシック・アルバムと称された。ヘザーをめぐる心の傷も癒えたことだし、これからの年月、ますます多くの、ますます独創的な作品が誕生することだろう。演奏家としては、二年をかけて世界ツアーを行なう計画を立てているという。しかし、成長の過程にある娘ベアトリスともっと一緒に過ごしたいので、最後のツアーになるかもしれないとの話も出ている。今後の動向を見守っていきたい。

もちろん、私が最も関心を寄せ、この本でも多くのページを割いているのは、かつての黄金時代のビートルズである。後年の訴訟合戦や、解散前後の諍《いさか》いについては、魅力ある題材だと思ったことは一度もない。

その一方で私は、研究家たちによるさまざまな成果に触れると、思わず目が輝いてしまう。彼らはアルバムのヴァージョン違いや、珍しい音源のことや、各レコーディング・セッションの詳細や、何年の何月何日（さすがに何時何分までは無理だが）に四人がどこにいたかまで、実によく知っている。そういった事柄の究明は、現代のビートルズ研究家たちに任せておけば充分だ。

今後出版されるビートルズ伝は、もっと分厚く、数巻分ものヴォリュームになっていくのだろう。話の本筋を外れた部分に深く立ち入ったり、あまり重要でない人物の生涯について言及したり、些末な事柄も余すところなく詳述することが可能になると思われるからだ。当然ながら私は、研究家たちの勤勉な仕事ぶりには満足し、感動さえ覚える。中でも、マーク・ルイソンによる調査と著作は本当にすばらしい。そして喜ばしいことに、ビートルズのメンバーに逢ったことも、ライヴ演奏を見たこともない人たちが、好奇心と情熱を失わずに調査を続け、ビートルズ研究という砦を守り、来たるべき次の世代へとバトンを渡そうとしている。

もちろん、一番重要なのは音楽である。ビートルズは百五十曲以上もの作品を残してくれた。それらは、世界が唄を歌うための呼吸を止めないかぎり、永遠に生き続けるだろう。

この本は、あの時代、すなわち、彼らが最も創作に打ちこんでいた時代を描き出そうとする試みである。だがその前に、私がこの本を書くことになったそもそもの経緯について述べておきたい。

ビートルズのうち私が最初に会ったのはポールで、それは一九六六年九月のことである。一九六六年というのは重要な年だった。七月にはウェンブリーで行なわれたワールドカップ・サッカーでイングランドが初優勝した。私は前年に出版した最初の小説の映画化権をユナイテッド・アーティスツに売り、またBBCからは水曜日のドラマの脚本を依頼された。十月には妻の書いた小説を映画化した『ジョージー・ガール』のワールド・プレミアが行なわれた。一九六六年はデイヴィス家にとっても記念すべき年だったわけである。

私の本業はロンドン「サンデー・タイムズ」の記者で、その新聞の「アティカス」というコラムを担当していた。同紙のスタッフの一員となったのは一九六〇年だが、最初の三年間は一度も名前など載らないままひたすら書きまくっていた。今はちょっと考えられないことだが、当時はまだ署名記事が一般的でなかったし、「サンデー・タイムズ」は非常に古風な新聞だった。ゴシップ・コラムである「アティカス」も同様に古臭く、主教様だの、紳士階級のクラブだの、大使たちだのについてのニュースをもっぱら扱っていた。北部の労働者階級の出身で、公営住宅で育ち、地元のグラマー・スクールから地方大学へと進学した私は、いわゆる「アティカス」風コラムニストとは生い立ちも喋り方も関心のありようも異なっていた。ほかの人たちはイートンからオクスフォード、ケンブリッジへ、といったタイプで、実際に主教たちとも面識があり、最上流のクラブにも出入りしているのだった。たいへんな有名人もいて、私が入る直前（一九五九年）まではイアン・フレミングが、その前にはサー・サシェヴァレル・シットウェルのような作家がいた。

イギリスの生活に奇妙な変化が起り始めたのは一九六〇年代半ばである。「アティカス」コラムばかりでなく世の中全体で伝統的な役割やしきたりが覆され始めていた。このコラムを始めた頃、私の興味の対象は北部出身の小説家やロンドン下町出身の写真家、成り上がりのファッション・デザイナー、大口を叩く若い実業家などだった。私がこうした人々を扱ったのは、古参の人々がそれらを毛嫌いしていることを知っていたので、挑発してやろうという気もあったからだが、それよりもむしろ私自身が彼らの成功に魅力を感じていたからだった。

ニューヨークの「タイム」誌が「スウィンギング・ロンドン」と銘打って、ここで起っているらしいたいへんなことを取材し分析すべく記者とカメラマンの大軍団を送ってきたとき、私たちは大いに嗤《わら》ってやったものだ。が、振り返ってみれば六〇年代のロンドンには確かに一種の爆発があった。八〇年代の生活が多くの人にとってどれほど退屈で絶望的かを思うと、六〇年代に起ったことは確かに若者にとっては刺激的かつ革命的なことだったと言える。まわり道をしてしまったが、ビートルズがこの古い価値としきたりの崩壊の中で不可欠な要素であったことは言うまでもない。

『ラヴ・ミー・ドゥ』が出たときには、これは一発屋のグループで、この先伸びるといった兆候もない、と私は思い、あまり気にもとめなかったし、ジョンがアメリカ人風に『ツイスト・アンド・シャウト』を叫びたてるのを初めて聴いたときには頭が痛くなった。しかし

『抱きしめたい』は大いに気に入り、それからは次のレコードを待ちかねるほどになった。コンサートにも一度行った。場所は確かロンドンのフィンズベリー・パークで、コンサート自体はすばらしかったのだが、女の子たちの絶叫には参った。若い女店員や美容師たちに耳を聾されることなく音楽をちゃんと聴きたいものだと思った。

ビートルズの生い立ちと姿勢には完全に共感できた。私がかつて暮した所はリヴァプールよりさらに北西の海岸にあるカーライルで、ここの住民は自分たちこそ真の北部人であり、リヴァプールなど地中海沿岸みたいなもの、と思っている。私はジョンより四歳上だが、ジョンやポールやジョージが同じような学校へ通っていたことから同年輩のような気がした。

ビートルズ以前に本当に私のために、私の人生とつながりのある唄を、自分自身の体験から、私の体験について、歌ってくれた歌手はただの一人もいなかった。私が育った頃は、光沢のあるスーツを着こんだ中年男が、皆さんこんばんは、ようこそ、すばらしいお客様をお迎えできてたいへん嬉しい、てなことを言いながら、相も変らぬろくでもない歌詞の感傷的なバラードを歌い、こういった類いのアメリカ的な子供欺《だま》しを、私は楽しみながらも同時に馬鹿にしてもいた。それでも私は今でもガイ・ミッチェルの歌を少なくとも三曲はそらで歌えるのであるが。

ビートルズの絶大な人気にもかかわらず、六〇年代半ばになってもまだ、彼らの成功は基本的にファッションの問題だと言う人が多かった。彼らの服、髪、言葉の訛《なま》り、人を食った態度、ユーモア。音楽ではなくこれらが人気のもとであって、すべて宣伝のテクニックだ、すぐ新しいグループに取って代られる、と言うのである。

一九六六年八月、『イエロー・サブマリン』の片面として『エリナー・リグビー』が出たが、私にとってはこれこそ彼らが本当の叙情詩を書けるという証しだった。そして音楽そのものもクラシックの楽器と和声を使い、成長のあとを示していた。

私はセント・ジョンズ・ウッドのキャヴェンディッシュ・アヴェニューにあるポールの家を訪ねた。それは全く自分のわがままから出たもので、彼に逢うこともさることながら、『エリナー・リグビー』のできた背景を聞きたかったのだ。歌っているのがポールの声であることからして彼の作品だろうと私は思っていたのだが、この頃はまだ単にレノン＝マッカートニー作曲というだけで、どちらがどちらを作ったなどとうるさく言う人はいなかった。それまで読んだインタビューの中に、作曲の方法についてまじめな質問をしたものは皆無で、大衆紙はもっぱら金のこととファンの大騒ぎのことに固執し、ファン・マガジンは、好きな色やお気に入りの映画スターのことしか訊ねなかった。

私は本当は『エリナー・リグビー』の歌詞全部を掲載して、無知な人たちにそれがどれほどすばらしいものであるかを知らしめ、ビートルズの想像力の豊かさ、質の高さを感じとらせたかった。だが、上司はその考えに反対だった。俗なポップソングに大切な紙面を割くなどもったいないと言う。現時点でこれほどの言葉と曲を持ったポップソングはない、と私は反論したのだが。

インタビューは内容の濃いものだったと自分では思っている。しかし今読み返してみると、ポールには少し自己満足の気があり、それと同時に自己をわきまえた人間らしく見せよう、あるいは自信を表面に出すまいとさえしている。ポールは変ったというが、はたしてそうだろうか。記事の中では「ストーンド」(stoned)という言葉の使い方が面白い。それまで普通はドラッグではなくアルコールに酔うという意味でこの言葉は使われていたし、このときも私はそういう意味に解釈したのだった。

ポールとは気が合ったようだった。私たちはほかの唄の成立した事情についてもいろいろ話したのだが、そのことを書きしるすだけのスペースはなかった。インタビューのあとで私が気づいて愕然《がくぜん》としたのは、ビートルズについて、あるいはその作品について私の知らないことがまだ多すぎるということだった。それなのにだれもが彼らの名声と成功について千篇一律のことを繰り返し尋ねている。そしてシャボン玉がはじけるのはいつだろうかと考えている。

ビートルズの本を探してみると、僅か二冊があるのみで、どちらも満足のいくものではなかった。一冊はファン・クラブの本で、一九六四年に出た『これがビートルズ』という題の薄いペーパーバック。「ビートルズ・マンスリー」を作っているスタッフの編集だ。マイケル・ブラウンという若いアメリカ人が書いた『ラヴ・ミー・ドゥ』のほうが遥かにましだが、旅公演中のインタビューに基づいた範囲の狭いものだった。これも六四年の出版である。それ以来ビートルズはずいぶん成長していたのに、ビートルズの全体像を扱ったものも、しかるべき時間をかけて本人たちや関係者にインタビューしたものも、また、学校時代はおろかハンブルク時代の真相に迫ろうとしたものさえ皆無だった。

私のアイデアは結構なものと見えたが、ビートルズがこの企画に協力してくれるという保証は何もない。一九六六年当時、ビートルズはすでに百万長者で、金にも名声にも成功にも不足はなく、自分たちがビートルズであるということに関して今さらのように退屈なお喋りをする気はもうないはずだ。私はあきらめ、自分の生活と仕事に精を出した。一九六六年には二番目の子ジェイクが生れた。

私は三冊目の本の中途まで進んでいた。イギリスの大学と学生、教員に関するルポルタージュで、題は『六六年次生』とする予定だった。すでに本の半分、マンチェスター大のアンナ・フォードとサセックス大のバズ・グッドバディという二人の若い女子学生のプロフィールを扱った部分を、それぞれ一万語ほど書き終えていた。

そして一九六六年の十二月にはいったんこの本から離れ、ユナイテッド・アーティスツに映画化権の売れた小説の脚本制作にとりかかった。『桑のまわりをまわろうよ』という、北部の生活の断片を描いたもので、公営住宅に住む男の子が半独立家屋の女の子をなんとか誘い出そうとする話である。この物語を映画のために買いたいと言われたときには驚いたものだったが、本当に映画化すると言われてなお驚いた。権利が売れた本のうち、実際に映画になるのはごく一部なのである。方向としては現代的なティーンエイジャーものとし、監督のクライヴ・ドナーはテーマ音楽をポール・マッカートニーに頼んではどうか、と考えていた。ポールはすでに映画音楽を手がけていた。

こんなわけで、何か面白い発言を期待するジャーナリストとしてではなく、今度は共同作業を望む脚本家としてキャヴェンディッシュ・アヴェニューを訪ねることになった。ポールは確かに関心を示し、私たちは数回逢ったり電話で話したりもしたのだが、最終的な答はノーだった（結局、音楽はスティーヴ・ウィンドウッドとスペンサー・デイヴィス・グループが担当することとなり、できあがりは上々だった）。

以前とは少し違った立場でポールと話すことになった私は、当初のアイデアを話してみた。ビートルズに関する本格的な本はどうか。細大もらさず記録して決定版を作る。相も変らず馬鹿げた質問を繰り返してくる手合いには、本に書いてある、と言ってやればいい。いいアイデアだとは思わないか。

もちろんビートルズが一つのことに一定期間、集中するなどということはむずかしいことだった。ポールが家にいるあいだにもレコード関係者、デザイナー、美術家、アシスタントたちが詰めかけ、そこらに坐って彼に逢う順番を待っている。そんな調子だったから、この話を持ちかけたときも、その場で返事を貰えるとは期待していなかったのだが、ポールは、いいじゃないか、やるだけのことはありそうだ、と言った。しかし問題が一つあった。すでにほかの作家がこのようなプランで許可を得ているのではないか、と思ったのだ。

「まずブライアンと話すのが先決だ」とポールは言った。「決定するのは彼だから。でも、ちょっとこっちへ来てかけてくれ。手紙の下書きを手伝おうじゃないか」

そこで私はその場で文案を作り上げ、翌日タイプしてブライアン・エプスタインに送った。

おかしなことに、私はこの手紙のコピーをとっておいたのを忘れていたのだが、文面を見るとポールに入れ知恵された通り、自分がいかに大物かということが得々と述べられ、「ビートルズのインタビューは数回行なって」いると書いてある。これはでっちあげか。それとも忘れてしまっているのだろうか。いや、今、思い出した。確かにインタビューはしている。一九六四年、映画『ハード・デイズ・ナイト』のセットでのことだ。この日、ジョンがちょっと凝ったジョークを言ったのを覚えている。ちょうどスタジオでレコーディングに入ろうとしたとき、「サウンド・オン」というランプがついたのを見て、ジョンが「サウンズ・オン、サウンド・オン」と何か詩のようなものを唱え始めた。大丈夫だ、というようなことを意味する「サウンズ・オン」というフレーズがその頃流行っていたのである。私はこのジョークを記事にしようと悪戦苦闘したと思うのだが、何しろそのようなものだったからうまくいかなかったのだろう。記憶に残っている限り、記事が新聞に載らなかったことからも分る。

ブライアン・エプスタインとは一九六七年一月二十五日の水曜日に逢う約束を取りつけたが、仕事の都合で直前になって彼がキャンセルしてきたので、翌日ということになった。翌日行ってもなお長いあいだ待たされ、私は客間をぶらぶらと歩きまわって、二枚かかっていたラウリーの油絵を鑑賞していた。当時エプスタインは、大使館などの建ち並ぶ最高級住宅地の真ん中、ベルグレイヴィアのチャペル通り二十四番地に住んでいた。

ようやく現れた彼はいつも通りのスーツ姿で、たいへん若々しく頰もふっくらとして健康そうだったが、いくぶん放心状態のようにも見えた。数日後発売になるビートルズの新しいシングル『ペニー・レイン』と『ストロベリー・フィールズ・フォーエバー』のテープをかけてくれて、一種家父長的な誇らしげな顔で椅子に深く腰かけ、自分が音楽を聴くというより私が聴くのをじっと見つめていた。私は『ストロベリー・フィールズ』にはびっくりした。それは明らかな飛躍であり、『イエロー・サブマリン』のような子供じみたものを遥かに超えていた。不協和音を使った急転に満ち、不気味なエコーのかかった曲はまるでシュトックハウゼンでも聴いているかのようだった。はたしてビートルズ・ファンの気に入るだろうか、と私は思った。タイトルの意味をエプスタインに尋ねたが、彼も知らないようだった。

エプスタインは注意深くテープをしまうと鍵をかけ、念には念を入れなければ、と言った。以前にビートルズのテープが盗まれて大騒ぎになったことがあるという。正式の発売日より前に新曲を海賊局に流せばたいへんな金になるというのだ。当時イギリス中で海賊ラジオ局は数局あった。相手よりほんの数日先んずるためにテープを盗む人がいるというのが私には理解できなかった。

ようやく話が本題の、手紙のことになって、私は彼の考えを尋ね、そのことについてもう少し突っこんで考えてくれたかどうかを訊いた。初めエプスタインは手紙のことをよく覚えていないようだったが、魅力的な笑顔を向けてくれたので、細かいところまでいろいろと話すと、いいでしょう、いい考えだと思う、しかしビートルズ全員に相談してみなければ、と言った。

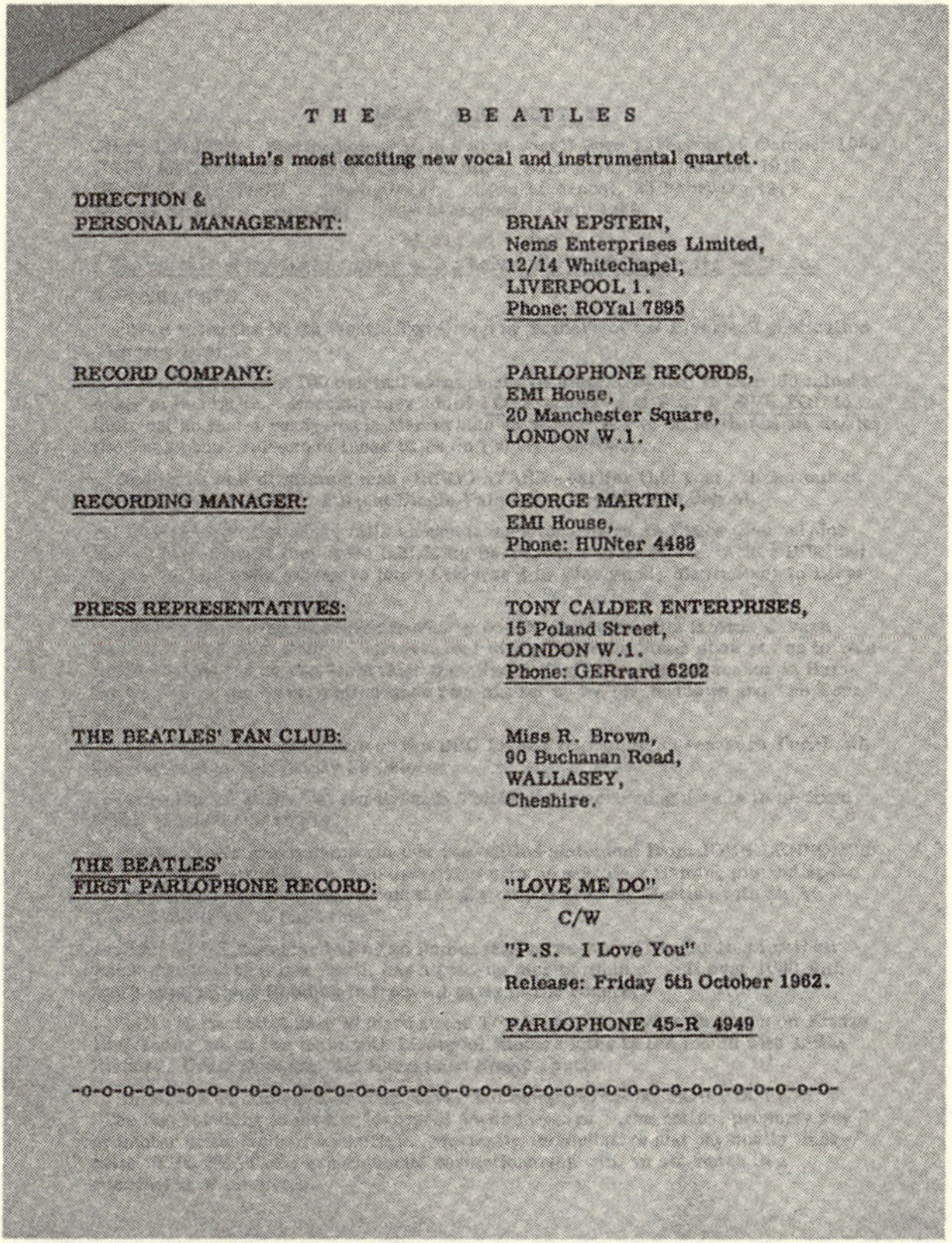

THE BEATLES

Britain's most exciting new vocal and instrumental quartet.

DIRECTION & PERSONAL MANAGEMENT:	BRIAN EPSTEIN, Nems Enterprises Limited, 12/14 Whitechapel, LIVERPOOL 1. Phone: ROYal 7895
RECORD COMPANY:	PARLOPHONE RECORDS, EMI House, 20 Manchester Square, LONDON W.1.
RECORDING MANAGER:	GEORGE MARTIN, EMI House, Phone: HUNter 4488
PRESS REPRESENTATIVES:	TONY CALDER ENTERPRISES, 15 Poland Street, LONDON W.1. Phone: GERrard 6202
THE BEATLES' FAN CLUB:	Miss R. Brown, 90 Buchanan Road, WALLASEY, Cheshire.
THE BEATLES' FIRST PARLOPHONE RECORD:	"LOVE ME DO" C/W "P.S. I Love You" Release: Friday 5th October 1962. PARLOPHONE 45-R 4949

-o-o-o-o-o-o-o-o-o-o-o-o-o-o-o-o-o-o-o-o-o-o-o-o-o-o-o-o-o-o-o-o-o-o-o-o-o-o-o-o-

ビートルズに関する基本情報をまとめた初期の宣伝用資料。1962年作成。

私は続けて、先の手紙には書かなかったのだが、独占の形にしてもらえれば印税をビートルズと分割しようと思う、それが正当と思う、と言った。そんなことはどうでもいい、とでも言うように彼は手を振った。白いシャツの袖に半ば隠れた指は爪の手入れが行き届いていた。版元は出版社としては一流のハイネマンだと言うと、出版社側と私のエイジェントに逢ってその話は煮つめたい、とエプスタインは言った。次回は翌週の水曜日、一月三十一日に逢おう、それまでにビートルズの意向は聞いておく、ということだった。

当時、私が依頼していた版権代理業者は、その種の会社としては世界最大だったが、社長のカーティス・ブラウンは、直接エプスタインに逢いたいと言い、ハイネマンの取締役チャールズ・ピックも同様の意向だったので、私は二人に、もし話が進展するようならばエプスタインの所から電話をするから、用意して待っていてくれるよう頼んだ。三時にエプスタインに逢うと、ビートルズのほうでは異論なしとのこと。私はスペンサー・カーティス・ブラウンとチャールズ・ピックの二人に電話してすぐ来てくれと言った。

この契約は特に大きいものではなかったから、二人がエプスタインに逢いたいと言ったのは、今を時めくこの人物がどんな家でどんな暮しをしているか覗《のぞ》いてみたい、ということだったのだろうと思う。私は出版社のほかの人々にもこの本がどんなものになるかを話していたのだが、だれも大して感心したふうは見せなかった。ある男が言っていたように、ビートルズについては知りたいようなことは全部分っている、ということだったのだろう。そもそもポップスターを扱った本は売れない、例の、クリフ・リチャードの本だって大して売れなかったではないか、と言う。実はこれは社会学の本なのだ、現代のわれわれの生活に影響を与えたグループに関する社会学……と私が言うと、社会学だって？　社会学を読みたがる読者がいるかね？　売れないことに変りはないさ、と言う。

ブライアンは私たち三人に、本の企画を進めてよいこと、そのために必要な資料などはすべて提供することを約束したが、ビートルズのメンバーがこの企画について他言しないよう強制することはできないと言った。私は少し心配になった。印税をどう分配するかについての話は、社長のスペンサーに任せた。彼は、ビートルズ側が三分の一、私が三分の二ということでどうかと提案した。すべての作業は私がやるのだし、過去の友人や関係者を取材して世界中をまわることになるだろうから、と言って。大きなプロジェクトになりそうな予感がした。私たちは三人とも、決定版と言える本を作りたいと思っていた。安っぽいペーパーバックや、急ごしらえのファン・マガジンのようなものにはしたくなかった。ブライアンも同意した。

契約はまとまった。直接交渉に当ったのはビートルズのマネージャーとして全権委任されたブライアンである。ハイネマンからはこの本の印税として三千ポンド払うことになった。ということは私の分は二千ポンド。もちろんこのうち十パーセントを代理店に支払うわけである。これは当時としてもそう大した額ではなかった。もちろん今考えれば信じられないほどの低額だ。特に、私のあとからビートルズ本を出したある人物が、一九八〇年代に出版した本でこの百倍も稼いだことを思うと。

しかし私としては大満足だった。これで、最も逢いたいと思っていた四人に自由に逢うことができる。たとえ何かの理由ですべてが無駄になったとしても、彼らの家の中に入り、スタジオで録音中の彼らを見ることはできるわけである。一つ心配なのは、だれかがこの本のことを嗅《か》ぎつけて、お座なりのインタビューや新聞の切り貼りというやっつけ仕事を先に出してしまうことだ。そこで私たちは皆、この本については秘密を守ることにした。

もう一つ気がかりだったのは、こんなことは言うのも恥ずかしいのだが、一九六六年当時、シャボン玉もまもなく破裂するのではないかという感じ方をあながち否定できなかったことだ。私はビートルズの音楽が好きだったが、二年後には世間一般のムードが変ってしまうという可能性もあった。それまでビートルズに関して本格的な本が一冊も出ていないというのも、そのへんに理由があったのではないか。本が失敗作でろくに売れないということでは困る。すでにお金を貰ってしまったのにまずいではないか、というのが私の気持だった。『六六年次生』についてはビートルズの本が終ってからにしようということで話はまとまった。『六七年次生』という題に変えればすむことなのだから。

一九六七年一月七日、三十一歳の誕生日に、私はリンゴへのインタビューを皮切りに仕事を始めた。彼が一番やりやすそうだと思ったのである。伝記の場合、少なくとも生きている人間を扱う場合にこわいのは、作業が順調に動き出す前に相手と気が合わなくなったり、関係がぎくしゃくしてしまうことである。リンゴはいつも温和で親切に見えた。一人のファンとしての印象はそうだった。この日「サンデー・タイムズ」にいると、私に電話があった。そのとき私はまだ「アティカス」のコラムを書きながら夜と週末の時間を使ってビートルズの本を進める計画を立てていた。前の二冊の本もこのようにして書いたものである。さて、その電話はヨーコ・オノと名乗る妙な声の女性からで、あなたはロンドン一の名コラムニストだそうだが、と持ち上げておいて、私が今撮っている映画にあなたの裸の尻を出演させてくれないか、と言うのである。あなただれ？　ふざけるのはやめて下さい、と私は言った。「オブザーヴァー」の記者か何かが酔っぱらって私をかつごうとしているのだと思ったので。いいえ、いたずらではありません、と彼女は言い、それまでに撮った映画の題名を並べたが、それはいずれもがやはりあほらしいものばかりだった。彼女は現在撮影の行なわれている場所の所番地を言い、どうか来てくれるようにと言ったが、私は、行くかもしれないが約束はできない、いずれにせよ尻を見せる話だったら代理店のほうに連絡してくれ、と言った。

もしかしたら一種の馬鹿話として今週のコラムに使えるかと思って、結局、私は出掛けて行ったのだが、まだ半分はいたずらではないかと疑っていた。行ってみると、パーク・レインにあるしゃれたアパートの中で、確かに男たちが列をなして、子供の乗る回転木馬のようなまわり舞台に立つ順番を待っており、男たちが舞台の上で次々にズボンを下ろすのをヨーコがカメラに収めている。うかぬ顔の男に話しかけてみると、アンソニー・コックスという名のアメリカ人で、彼女の夫だと言う。彼女は金がなさそうだったから夫が出資しているのだろうと私は想像した。コックスは身だしなみ良く、いかにもアイビー・リーグふうの教養あるアメリカ人だったが、そうした彼がなぜこんなナンセンスに乗せられているのか、私には分らなかった。彼の説明を聞いていると、彼女の行為には何かたいへんな意味があるらしいことは分ったが、それがなんだったかはもう忘れてしまった。

ヨーコはなんとか私のズボンを脱がせようと説得にかかったが、私は言いわけをしてその場を去った。ジャーナリスト危きに近寄らずである。出演してしまうと作品について客観的に書けなくなるから、などと私は言った。

この一件は一九六七年二月十二日の紙面に載った。あまりひどいからかい方はしていなかったつもりだが、コラムの標題「オー・ノー・オノ」が彼女を怒らせるかもしれないと心配していた。だが、一流紙に名前を載せるという彼女の目的は達せられたわけで、のちにヨーコは私のところへお礼の電話をよこしている。

次に直接彼女に会ったのは、一九六八年のある夜、アビイ・ロードのスタジオに行ったときのことだ。そこでは彼女が超然とおさまりかえり、ジョンはその姿に賛美の目を向けたまま釘づけになっていた。ほかの三人は何が起ったのか分らず、ただ当惑しているばかりだった。

この間、私はリンゴに初めて会って少し話をし、続いてほかの三人にも会っている。このときはインタビューというようなものではなく、ただ挨拶をして本の制作計画を説明し、学校時代の友人や校長、近所の人々の名を聞き出し、特に、彼らの親に会う許可を取りつけただけである。準備段階としてどうしてもこれは必要だった。

最初の六カ月はビートルズに直接会わずに書こうと私は決めていた。ビートルズのメンバーは新聞の記事でしか彼らを知らない連中の相も変らぬ質問にうんざりしているに違いないと、本能的に感じていたので。いったん昔に戻り、それから順を追ってゆっくりと彼らの経歴を辿っていけば、とうの昔に忘れてしまったような人や場所の話題を持ち出すことができよう。そうすればビートルズも私が行くのを楽しみにしてくれるのではないか、と私は思った。そうでもしなければ名声に酔い、成功にひたりきった彼らに昔のことを思い出させるなどとても無理だろう。

そこで初めのうちは主としてアビイ・ロードで、録音の前にごく短いあいだ、手短に言葉を交す程度だった。ビートルズは仕事の現場に見知らぬ人間や外部の者が立ち入ることをいやがると知っていたから、初めの頃私は長居をして邪魔にならぬように気をつけていた。

ジョンに会ったときには、自分が何者で、どこの出身、何をしている人間かを簡単に自己紹介しただけだが、彼はそれを覚えていたらしく、しばらくしてから手紙を送ってよこした。宛名は「ロンドン、西一区、クイーン通り十五番地、ウィリアム・ハイネマン社長付ホワイト・ハンター（サファリパークの案内人のこと）・デイヴィス」となっていた。このジョークは悪くない。中には新聞の切り抜きが一枚。日付はないが、リヴァプールの地元紙らしく、ビートルズという名のリズム・グループがネストン・インスティチュートで初めて演奏したことを伝えている。

この切り抜きの日付をようやく突きとめたのはごく最近のことで、リヴァプールのあちこちや大英博物館の新聞記録室などを尋ね歩いた末である。日付は一九六〇年六月十一日（私が結婚した日）、「バーケンヘッド・ニューズ」のヘズウォル＝ネストン版だ。「ビートルズ」の名が活字となったのはおそらくこれが最初である（地元のポップ・ミュージック紙でビートルズをずっと追っていた「マージー・ビート」が発刊されるのは翌一九六一年六月のこと）。

同紙が「ザ・ビートルズ」と書いているのが興味深い。わずか二週間前、五月二十七日の「ホイレイク・ニューズ・アンド・アドヴァタイザー」紙ではまだ「シルヴァー・ビートルズ」となっており、「ザ・ビートルズ」と恒久的に名乗るのはこの年の後半以降のことなのである。

切り抜きを見ると、ジョンは実名で通しているのが分る。ポールは一九二〇年代のハリウッド俳優ふうにポール・ラモーンという名に変えているし、ジョージは憧れのカール・パーキンスにならってカール・ハリスンとしている。スチュ・サトクリフは画家の名を借りてスチュアート・ド・スタール。ドラマーのトマス・ムーアというのもいかにも変名ふうだが、これは実名。

ジョンは一貫してビートルズの歴史などに興味はない、という顔をしていたが、こうして切り抜きをとってあったのを見れば、その頃新聞に名前が載るだけでもたいへんなスリルだったことは間違いなく、ジョンもやはり過去にある程度の関心があるということが分った。この切り抜きの入っていた封筒の裏を見ると「ジェイクたあ参ったね」と書いてある。

せわしない会話のあいだにどうやら私は個人的なことも話していたらしく、最近男の子が生れたと報告したのだろう。が、そのとき、銀縁の丸眼鏡をかけ、なんとなく焦点の定まらないようなジョンの目つきを見て、私の話は聞いていなかったのだろうとばかり思っていた。北部出身の労働者階級の男は息子にそんな気取った名前をつけるものではない、というような意味だったのだと思う。当時、私はジュリアンのことを知らなかった（彼の妻子のことはまだほとんど伏せられていたから）。あとになって私はいつも、ジュリアンとはなんと中産階級的な、気取った名前なんだ、と言ってやったものである。

本を書くための調査の中で、親に逢うというのは実に奇妙なことの一つであった。本としてまとめる際には親のこと、親たちがいかに反応したかをかなり入れたいと思った私は、ノート数百ページ分も取材をした。しかし結局、ページ数に制約されて、親たちにどんなことが起ったかについてはせいぜい数段落《パラグラフ》しかしるすことができなかった（第二十八章参照）。息子たちが突然有名人になったことだけでも大きな驚きだったが、さらにそれまでの労働者階級の住宅から郊外の邸宅に突然引越したことも、親たちにはいっそう大きな変化だった。確かに、ジョンの伯母であり育ての親であるミミの場合、自分は昔からずっと中流だったと主張する。公営住宅や借家に住んでいたほかの三人とは違ってミミとその夫は自分の家を持っていた。それは車の往来の激しい通りに面した質素な半独立家屋で、富裕というのとは程遠《ほどとお》いし、そのあたりは高級住宅地などでは全然ない。しかしミミにはいつもある種の自負があって、ジョンが有象無象と交わるのをひどく嫌っていた。こんなミミにも文化的、感情的、社会的ショックはやはりあったのである。それは四人の若者が有名になり大金持になったということにとどまらない。親までも有名人になり、突然百万長者の暮しをし、百万長者として扱われることになったということ。こうした変化にたいする反応は人によって少しずつ異なっている。

最もショックの大きかったのがリンゴの母エルシーと継父ハリーで、まるで名声というサーチライトに照らし出されたウサギのように、ほとんどおびえきっていると言ってよいほどだった。二人はまだおしゃれな平屋建ての屋敷に移り住んだばかりで、知人は一人もおらず、全く隔離されたような状態で、一日何をしたらよいのか分らないのだった。この本ではそれほどあけすけな書き方をしないように注意したけれど、実際は見ていても気の毒になるほどだった。ディングルの集合住宅に住んでいた二人はそこでの生活についに耐え切れなくなって、やむをえず引越してきたのである。

私は電話で自分の仕事の内容や、すでにリンゴの許可を得ていることを話した。新しい、まだビニールのカバーやペンキの匂いのする客間に坐って話をしていると、何かまずいことを言いはしないかとびくびくしている二人の気持が痛いほど伝わってきた。そこで電話を借りてリンゴに連絡し、二人をとりなしてもらって、ようやく打ちとけた話が始まった。

「本当にもううんざりしたのは」とエルシーは話す。「郵便箱は持って行かれるし、ドアは削り取られるし、表の石は持って行かれるし、というふうになってから。ある晩、帰って来たら入口のドアと全部の窓に『ウイ・ラヴ・ユー・リンゴ』ってペンキで書いてあるのよ。「だいたいはいい子たちでしたけどね。確かにレコードを買ってくれてるんだから、それなりのことはしてあげなくては、と思ってね。あの子の古いソックスやらシャツや靴をくれと言うから、ありったけ渡してしまったわ。

「リチーがうちにいるときなんかは闇にまぎれて、こっそり出入りしなくちゃならなかったんです。内であの子がじっと隠れていて、私が、リンゴは留守よ、と言うこともあった。そんなわけでどうしても引越さなければならなくなったわけ」

これとは対照的に、ジョージの母ルイーズ・ハリスンは新しい豪邸の中で誇らしげに腰を下ろし、大満悦のていだった。彼女は初めからファンの攻勢を歓迎し、ファンとの会話を楽しみ、パーティを開き、サインの求めに応じ、ちょっとしたスピーチまでした。ビートルズの一人の母親であることを、いわば自分の本職にしたのである。

一九六七年初頭、初めて彼女に会いに行ったときには、また例のビートルズ解散の噂が流れていた(噂といえば解散か、または四人のうちのだれか——普通はポールだったが——が死んだ、というものに決っていた)。このたいへんな話題に関して彼女の所にも手紙が寄せられ、それをさばくために彼女はタイプで打った返事を用意し、それをファンに返送していた。

ジョージの母であることを利用して彼女はすでにリヴァプールに新しく店を開き、ケン・ドッドやジミー・ターバックといったリヴァプールのテレビスターたちと交際していた。私と会う直前には、夫と二人で地元のポップシンガーの葬儀に招待されて出掛けていった。その歌手とは一面識もないのだが、ジョージの代理として出席するのが自分の義務だと考えたわけである。

四人の親の中で、初めの頃からビートルズの音楽を応援し、自分自身も一種のグルーピーとなって初期の多くのコンサートに行ったのはハリスン夫人だけである。彼女は当時もなお、初めの頃の話をするのが好きだった。一九六七年当時、それはまだ記憶に新しいものだったに違いない。

「最初のレコードの『ラヴ・ミー・ドゥ』を作った頃のことを思い出すわ。ジョージが、ひょっとしたらラジオ・ルクセンブルクでかかるかもしれない、と言うので、みんなしてラジオにへばりついて二時まで起きていたんだけど、ちっともかからない。それでハロルド〔彼女の夫〕は、明日はバスの早番で五時起きだと言うのでベッドに入ってしまったんです。私も寝ることにして寝室に入ると、ジョージがラジオを持って駆け上がってきて『やってるよ、やってるよ』と言いました。そしたらハロルドがむっくり起き上がって『うるさい電蓄を持ちこんだのはだれだ?』って」

初期のコンサートについてはビートルズ自身よりもハリスン夫人のほうがよく覚えていたので、出来事の前後関係を整理するにはありがたかった。日付や年ということになると、ビートルズのメンバーは全くあてにならなかった。

「あの子たちがビートルズになった頃、コンサートには四十八回行きました。マンチェスターとか、プレストンとか、サウスポートとか、北部をあちこちとね。私はいつも最前列の席。

マンチェスターでは夜のコンサートをテレビが録画するってことがあったのですけれど、私はいつも通り第一回目、第二回目の二部とも切符を持っていました。ジョージは、母さん馬鹿だよ、って言うんです。今日は録画のために音をめいっぱい上げるから死んじゃうよ、って。第一部はなんとか持ちこたえたのですけれど、第二部が始まると、叫び声があんまり凄くて気絶しそうになりました。お巡りさんに頼んで外へ出してもらったのよ。第一部も見たんだって言ったら、信じられないって言ってたわ。

「初めてジョージが私たちにすてきなことをしてくれたのは、たとえば一九六三年のこと。私に誕生日のプレゼントをくれたんです。目にも見えず、手でもさわれないもの。ただ、水曜日にジャマイカへ向けて出発する準備をすればよかったんです。着ていくものがないわ、って言ったら、水着があればいいんだよって。あのモンテゴ湾の休日は一生のうちで最高だった。

「そのとき浜辺にいたら男の人が来て腰を下ろして、こんにちは、ハリスン夫人と言うんです。なぜ私が分ったのかと尋ねると、午前中にホテルを出たとき何を着ていたかを聞いたって。記者だったんです。私はハロルドを起して、あなたの鼾《いびき》を全部記事にされてしまうわよ、と言いました。喉がかわいて、何か飲まないと話もできない、と言うと、その記者は一緒に連れて来た日本人のカメラマンを何か買いに行かせました。カメラマンはビールを八本買って来たの。そのあと、夜はその記者にあちこちのクラブに連れてってもらって、本当に楽しかった。

「なんと言っても誇らしく思ったのは、やはりリヴァプールの市民歓迎会のときでしょう。自分の町の人たちがみんな出てきてくれてねえ。スピーク空港からずっと街の中まで八列に並んで、年とった貧しい人たちが、通りすぎる私たちに真っ白いきれいなハンカチを振ってくれるの。見せたかったわ。老人ホームから特別に一日だけ外出を許されたんだって。全く、すてきな日だった」

その頃は、ジョージがインド音楽に興味を持ち始めて間もない頃だったが、これもハリスン夫人は、やや遠まわりにではあるが、自分と無関係ではないと考えていた。

「私はいつもラジオをいじくりまわしてはインド音楽を探していたんです。以前に偶然インド音楽がかかったことがあって、すてきだと思ったのよね。それでその後もずっとラジオで聴こうとしていた。別にこれがジョージに影響を与えたと言っているのじゃありませんよ。だってあの子が生れる前のことだから……」

ポールの父、ジム・マッカートニーもやはり新しい生活へごくスムーズに移行している。とはいえ、彼はできるだけ人前に出ることを避けているが。ほかの人と違い、この人の場合は、新しい平屋建て住宅などよりもさらに高級で贅沢な、郊外のチェシャー州にある古いエドワード朝時代の邸宅を買って紳士階級のようにおさまりかえり、しゃれたスポーツ・ジャケットにチェックのズボンという身なりをし、競走馬を持ち、温室でブドウの手入れをする、という生活だった。もちろん、もとセールスマンだったから、いつも身だしなみは良かったのだが。

息子とその仲間の景気がいいらしいことをジムが初めて知ったのは、家の電話が鳴りやまなくなったときである。当時はまだ公営住宅住まいだったが、妻が助産婦だったために、昔から電話は引いてあった。その電話が「まるで毎秒みたいに鳴るんです。大事な電話だったら放っておけないと思って出ると、カリフォルニアの女の子からで、ポールはいるか、と言うのです。なんという金の浪費でしょう。はるばる家まで訪ねて来れば、お茶でもどうぞ、と言ってやり、それから、こちらが台所だ、と案内してやったんですがね。そうすると、写真で見たのと同じだってことで、きゃあきゃあ喜ぶんです。あの子たちは私のことを私よりもよく知ってるみたいで。ファンというのは立派な探偵になれるものだねえ。

「一体いつまで続くのか、とよく考えました。どの新聞を見ても警察がファンの子たちを押し戻している記事でしょう。無料《ただ》で大した宣伝になっているわけだ。ブライアンは一銭も払う必要がないのだからね。

「連中が子供たちに人気のあったのは、ファンの考えていることを代弁して、自由とか反逆とかをファンに代って歌ったからだと思うね。そして連中もそれをするのが大好きだった。だからあれほどうまくいったわけだ」

私はジムと新妻アンジーのもとを数回訪ね、いつも楽しい夕べを過ごした。ジムはロンドンに来ることがあると私に電話し、お茶に立ち寄った。ある晩、私がチェシャーに彼を訪ねると、父を思って作ったという『ホエン・アイム・シックスティ・フォー』の試聴盤《しちょうばん》がポールから届いていた。この晩、夫妻はこの曲を二十回も繰り返してかけたのではなかろうか。

居間の中で、いつまでも踊りまわる夫妻の姿を見て、ジムが心臓発作を起しやしないかと、私は心配したものである。ジムよりだいぶ年下のアンジーは夫に飛んだり跳ねたりをけしかけるのだった。

この当時はまだポールの弟のマイケルが両親と一緒に暮していて、ポールの生来の外交的センスについて話してくれたことがあった。マイケルは子供の頃からずっとそのことに気づいていたという。

「ぼくはみんなと一緒にパリにいたんです。ジョージ・マーティンは四人に『シー・ラヴズ・ユー』をドイツ語で歌わせるお膳立てをしていました。しかしスタジオで二時間待っても来ないんで、ぼくたちが泊っていたジョルジュ・サンク・ホテルへ呼びに来ました。ジョージ・マーティンが入って来るのを見ると、四人はいきなりテーブルの下に隠れました。ジョージ・マーティン、『きみたち、仕事をしに来るのか、来ないのか』とマーティンが訊くと、ジョンが、行かない、と言い、次にジョージとリンゴが行かないと言いましたが、ポールは黙っていました。

「また食事の席に戻って、しばらくしてポールが不意にジョンのほうを向くと、なあ、あのなんとかのところ、こんなふうにしたらどうだろうか、と話しかけました。ジョンはポールの話を聞いてしばらく考えていましたが、うん、それがいい、と返事をしました。

「四人がスタジオに行かなかったのは、実はそこがひっかかっていたからだったんです。ところがポールは議論にならないようにうまくその問題をもう一度持ち出し、けりをつけてしまった。まもなくみんなは立ち上がってスタジオへ出掛けていきました」

ミミだけがリヴァプール近郊を去って南海岸、ボーンマス近くの新しい一戸建の平屋に移っている。彼女もやはりリヴァプールでの生活をファンたちに侵害されたと感じていたが、いつもファンにはやさしくしようと心がけ、ジョンの古い持ち物を探し出しては与えていた。「ある日とうとう何も見つからないときが来ました。『ボタン一つないの？』とその女の子は訊きます。考えてみれば、私はいつも、服を捨てるときは必ずボタンを取らないと気がすまなかったのです。そこで何年間もボタンをためてきた大きな缶を出してきて、そこから一つあげました。女の子は私に抱きついてキスをすると、このことは一生忘れない、と言いました。あとで手紙を送ってきて、あのボタンに金の鎖を通して首にかけています、工場の友達がみんなうらやましがります、と書いてきたわ」

当然、工場の女の子たちから、そしてこの話が伝わるにつれて、あらゆるところのファンから、ボタンを下さいという手紙が寄せられるようになる。「世界中の国々にボタンを送ったものよ。アメリカやらチェコスロヴァキアやら、到る所に」

ミミが耐えられない思いをしたのは、病気で二階に寝ていたときに二人のファンが侵入するという事態が起ったときである。医者が入れるように裏口を開けて寝ていると、階下で音がする。強盗だと思った彼女が、襲われることを覚悟でそっと下りていくと、女の子が二人、新品のソファに手足を伸ばし、キャラメルの包み紙をそこら中に散らかしていた。勝手に入ってきて人の家で傍若無人に振舞っている女の子たちに腹を立てた彼女は、出て行けと二人に言った。二人は結局、言われた通り出て行ったが、帰りがけに勝手口の鍵を盗んで行った。

ミミは腰を下ろし、泣き出した。

「そうしているとパン屋の配達が来て、親切に、自分のパン工場に電話してくれたわ。別の人がやって来てドアに新しい錠をつけてくれた。これほど人の親切がありがたかったことはありません」。これからまもなくミミはリヴァプールの家を引き払う決心をする。

数十年後、こうしたビートルズの記念品の多くがロンドンのサザビーズに出品されて莫大な額で売られ、日本の百万長者かだれかの娯楽室やサイドボードを飾ることになると思うと、実に奇妙な気分である。

私が訪ねるとミミはとてもよく協力してくれた。が、ジョンの少年時代に関する話の多くが、ジョン自身の口から、あるいは昔の級友の口から語られたものと大いに矛盾するのである。

ミミの目からはジョンは完全に中産階級的な育ち方をしたことになっている。確かにときどきはいたずらをしたけれど、それは少年物語の主人公ジャスト・ウィリアムのいたずら、といった罪のないもので、絶対に法律に背くようなものではなかった。そんな話がどこから出てきたのか分らない、とミミは言う。彼女の話はほとんどジョンの子供時代のことばかりで、それ以外の部分には覆いをかけて、少なくとも彼女の頭の中では彼をいつまでも幼く愛らしく無邪気な子にしておこうと心に決めているように見えた。

一九六三年のクリスマスに、レコードが大成功を収めて以来初めてビートルズはリヴァプールで凱旋コンサートを行なったが、これを見ているときでさえミミの心はジョンの幼年時代に戻っていった。最前列に坐るのがいやだったからうしろに立っていた、と彼女は思い出を語る。

「リヴァプールのエンパイヤ劇場でした。ステージの上のジョンを見ていても、見えるのは小さかった頃の姿ばかり。年に一度のお楽しみとしてクリスマスにはエンパイヤに連れて行ったんです。『長靴をはいた猫』を見たときのことを思い出すわ。その日は雪が降っていて、ジョンは劇場の中でも長靴をはいていたんです。猫が大きな長靴をはいて登場すると、ジョンは立ち上がって『ミミ、猫が長靴はいてるよ！　ぼくと同じだ』って。あの子の可愛い声はそこら中に聞こえて、みんな笑いながら振り返ってましたっけ。

「もちろん、あの子がエンパイヤのステージで演奏しているのを見ていると、とっても誇らしい気持でしたよ。あの子たちがどれほど影響力があるか、初めて分りましたからね。ファンたちを抑えるために警官隊が待機していました。うしろのほうで私のいた所にはベッシー・ブラドックも立っていて。本当に気持がわくわくしたわ。

「でも私はずっと、いいえ違う、あの子は本当はビートルズじゃなくて、私と一緒に二階席にいて『ミミ、猫が長靴はいてるよ』と叫んだちっちゃな子なんだ、っていう気がしてならなかったんです」

　確かにジョンの幼い頃の写真、特にこの本にも掲載している三枚組の写真などを見ると、実に愛らしい、無邪気な子だったことが分る。

　四人の幼年時代を再現する点で厄介だったのは親のうち二人が亡くなっていることだった。

ジョンが母ジュリアを早く亡くしていることはよく知られているが、ポールも同様である。リンゴの実父が母親と早くに離婚して、しかし健在であることは分っていた。また、フレディ・レノン――ミミの側の親戚は「あのアルフレッド」という言い方をする――もどこかで生きているだろうと思われた。少なくともフレディが死んだという話は一度も耳に入ったことがない。ジョンが学校に行っている頃ずっと、ミミは、いつかアルフレッドが姿を現すのではないかと恐れていたという。私は彼が皿洗いをして働いていたと思われる船会社やホテルに当りをつけてみたが、初めのうちはなんの手がかりも得られなかった。

リンゴと同名でリチャードあるいはリチーと呼ばれるリンゴの父を探すのはもう少し運良くいった。ところが、最初の手紙で私は名前のスペリングを間違えて、彼の感情を多少害してしまったのだ。もともとスペリングにはあまり自信のないほうなのだが、しくじりもいいところで、宛名の Mr Starkey を Mr Starkie と書いてしまったのである。ビートルズ・ファンならだれでも知っていることなのに。彼は返事の中でこのことを指摘していたが、話をするのはいっこうに構わない、と言ってくれた。

彼はクルー（リヴァプールの南東五十キロ）に住み、窓拭きなどをしながら生活していた。こちらが知りたい情報をそれほど持っているわけではなかった。が、離婚して以来リンゴから遠ざかっていようとする態度は立派だった。息子が有名になった今もそれに乗ずるなどという気は全くなく、頑固にリンゴとも元の妻とも連絡をとろうとしなかった。

親とは別に、私はリヴァプール近在の級友たち、学校教師たち、クオリーメンで共にプレイした仲間の行方を探してまわった。

キャヴァン・クラブにも行った。ジャズ・クラブに戻ってはいたが、一九六七年当時まだ営業中で、ボブ・ウーラーやアラン・ウィリアムズといった人に逢うことができた。私は「マージー・ビート」のバックナンバーを買い、昔のプログラムやポスターをできるだけ入手した。

ジョンはリトル・リチャードの前座として名前の載ったプログラムを探し出してきて私にくれたことがある。そのプログラムの表紙には普通のファンと同じようにリトル・リチャードにサインをしてもらっている。アメリカの住所も書いてある。いつかジョンがアメリカへ行ったときのため、というわけだが、当時そんなことはまだ夢の夢だったのである。

リヴァプールでのインタビューで特に記憶に鮮やかなのは、ピート・ベストのものだ。一九六二年八月十六日、ビートルズをクビになったドラマーである（第十七章参照）。一九六七年当時、彼は結婚し、パン工場に勤めていたが、私がいくら手紙を出し、伝言してもらっても全く返事をくれなかった。結局、母親のモナ（モー）・ベストに逢う段取りだけはついた。モーは自分の開いていた小さなクラブ、カスバに演奏の場を提供して、初期のビートルズに大いに貢献している。

彼女に逢ったのはヘイマンズ・グリーンにあるやたらと大きなヴィクトリア朝ふうの家で、一時はこの地下にカスバ・クラブがあった。十五分もドアを叩き続けて、もうここにはだれも住んでいないのかと思い始めたときに中へ招き入れられた。このときばかりは私が「ビートルズ公認の伝記」を書いているということがプラスに作用しなかった。彼女は今でもピートが受けた仕打ちについて激しく怒っていたので、こちらはただ、あらゆる側からの話を聞いて真相を知ろうとしているだけだと納得してもらうのに苦労した。私のことは母親からピートに伝わっていたが、彼はビートルズに関わることではだれにも逢いたくないのだという。しばらくするうちに彼女の態度も和らぎ、ビートルズと逢ったときのことや、カスバの始まりから終りまでを話してくれた。その話はすべて本に使わせてもらった。

私は知らなかったのだが、実はそのときちょうどピートが母親の所へ来ていたのである。彼は別の部屋に一人でいたが、出て来て話をすることはあくまでも拒んだのだった。私はベスト夫人に、ハンブルク時代の日付の整理だけでも協力してほしい、と弟のローグを通じて伝えてもらえないかと頼んだ。そうこうするうちに、ベスト夫人が、いらっしゃい、ピートに逢わせてあげる、構わないわよ、と言ってくれた。ピートとは長いあいだ話をしたが、本に使ったのはその一部だけである。

彼は母親のせいで遂に見つかって逃げられなくなったと分ると、立ち上がって、参ったな、とでも言いたげに苦笑した。当惑し、疲れた様子で、人に見られることをいつも気にしているように頭を片一方に極端に傾けていた。表情は、いささか気の毒になるほど悲しげだった。ゆっくりと、物静かに喋った。ちょうどパン工場の交替勤務から戻ったところで疲れていたのだろう。しかし話を聞いていると、彼の中にまだ大いにプライドが残っていることが分った。

ハンブルク時代など初期の頃について語っているうちに、たとえばジョンがももひき姿《ロングジョン》で街へ出たなどというおかしな話になると表情も明るくなった。

「ずいぶんたくさんのことを乗り越えてきたと思いますよ。長いあいだかかりました。マスコミの取材にもずいぶん付き合されました。あの時代の話を売らないかという誘いもずいぶんありましたけれど、これはことわりました。全くその気にならなかったんです。金のことは別として、そんなことしてもなんの得にもならないでしょう。もうすべてすんだこと、あれはあれでおしまいなんですから。

「二度ほどひどく落ちこんで、本当にどん底まで行って、どうやって生きていったらよいか分らなくなったことがありました。妻のキティは、元気を出して、もう一度最初からやり直そうと言ってくれました。モーはずいぶん一所懸命になってくれました。ぼくにショウビジネスで成功させたいという気持はずっと変らなかったんです。母は何によらずぼくの味方をしてくれたけれど、本当に闘うのはこのぼくですからね。

「ショウビジネスから足を洗うのはそうたいへんじゃなかった。お前はイモだった、なんて言いそうなほかのグループには逢いませんでしたしね。普通の仕事を始めるのは、最初、たいへんでした。ショウビジネスで頑張るべきだ、と言う人もいました。仕事をしていると、こっちをじっと見て、奴はこんな所で何をしているんだ、って言うんです。

「パブで飲んでいるときも、人が寄ってきて、きみは確かビートルズにいたよね、なんてごちゃごちゃ言ってくるんです。そして、お決りの質問を繰り返してぼくを苦しめる。少しちょっかいを出しているだけなんでしょうけど、もううんざりです。だれだってそんなのはいやでしょう。ぼくはただ、何も言わないようにするだけです。

「あの四人を憎いと思ったことはありません。それは当時でも同じです。確かに初めは、裏でこそこそとぼくを追い出す相談を続けながら、決めたことを面と向かって言わないというのはちょっと卑怯だと思いました。しばらくしてそれも乗り越えました。なぜこそこそしていたのか分るような気もしたのです。

「辛かったのは、彼らが大物になるのだということをぼくがよく知っていたことです。ぼくにはそれが分っていたし、それは全員が分っていた。リヴァプールでも、どこへ行ってもたいへんな数の客が来るようになっていましたから。こういった楽しみが全部なくなってしまうのだなあ、というのが実感でしたね。

「何かもめたことがあったかと思い出そうとしても、それができないんですよね。最近になってちょっとした出来事を思い出したんですが、実際に辞めるより二カ月ほど前に、ぼくが辞めるという噂を小耳にはさんでいるんです。ブライアンに訊いてみると、そんな話は何も聞いていない、調べてみよう、と言いました。彼は実際に調べてくれて、何もない、大丈夫だから心配するな、ということでした。

「考えてみると、ぼくは保守的になりすぎていたかもしれない。それが原因なのかもしれません。あるいは髪を下ろさなかったことか。こうしたことも原因の一つなのかも。

1961 年、ハンブルクで屋根の上に立つジョージ、ポール、ジョン。

「腕が不足していたとか、そういうふうに考えられるのは我慢できないんです。ドラムの上手い下手ってなんですか。スタイルの違いだけの問題であって、上手いとか、そういうことじゃないんです。だれかが上手いというのをどうやって測ることができます? ハンブルクから帰って来た頃は、ぼくみたいなスタイルが流行りだった。ぼくたちに人気が出始めたのを見て、ほかのグループのドラマーたちもぼくの、めいっぱい叩くスタイルをコピーし始めたんですよ。

「ほかのメンバーに妬《ねた》まれたんだって母は思っているわけですけど、そういうことではないと思う。ぼくたちのやっていたのはグループ・サウンドで、一人の人間じゃないわけです。ぼくのテクニックはずっと彼らに合っていたけれど、いつの間にか合わなくなった。それだけのことでしょう。結局、本当の理由は分らないでしょうね。

「もちろん彼らは一般に思われているイメージとはちょっと違っていましたよ。一時期はまるで聖歌隊の男の子たちみたいに襟なしのスーツを着て天使のようでしたけれど、彼らが天使どころじゃないことはぼくがよく知ってます。あんな格好しなくてはならなかったのは、パパ、ママ連中を欺すためでしょうね。

「テレビでインタビューされるのはよく見ました。ジョンはだいたいいつもと同じ調子。みんなずいぶん大人になりましたよ。ずいぶんずるくなっている。でも宗教に関心を持つようになったのは理解できませんね。こともあろうに彼らが宗教とはねえ」

ピート・ベストは、バンドを離れてまもなくリー・カーティスのグループで演奏しているときに、キャヴァンでほんの二言、三言ジョンと言葉を交した以外、ビートルズには全く逢っていない。ビートルズの中で彼とずっと一番親しかったのがジョンである。

「彼らからの援助だって拒まないかもしれません。たとえばどこかでまた出逢って、なつかしいなあ、ということになって、その場のなりゆきで、取っといてくれ、ってことになればね。しかし、ただ慈善の気持で何ポンド、というのだったらことわるでしょうね」

ピート・ベストおよび全員の親とリヴァプールの旧友たちとのインタビューを終えたあと、私はロンドンのビートルズの所へ戻って、インタビュー旅行中のことを細々と聞かせてやった。彼らは私の話にたいへん興味を持ったが、ピート・ベストのことに話が及んだときだけは違った。まるでそんな男と関わったことはないとでもいうように黙殺したのである。ピート・ベストが今、週に十八ポンドでパンをスライスしていると言っても、皆ほとんど反応を示さなかったけれど、ポールだけがいやな顔をした。ジョンがそのほかにも、何か質問したが、その話はそれでおしまいになり、彼らは録音に戻っていった。

思うにこの話で彼らは、ピート・ベストをクビにする際、面と向かってはなんとも言わずに裏工作をしたことを思い出しただけではなかったのだ。運が強くなかったら、あるいはブライアン・エプスタインがいなかったら事情は全く違っていたかもしれず、彼らもまた週十八ポンドでパンを切っていたかもしれないということをみんな分っていたのである。

のちに私はジョンの家で、ピート・ベストにたいしてはもう少しましなやり方があったはずだ、という発言を聞いている。「ぼくたちは臆病だったのさ」とジョンは言った。

ピートがあれこれ喋りちらさないことが私には印象的だった。その気になればハンブルク時代のかなりスキャンダラスな行状を暴露することはいくらもできたはずだ。このとき彼には失うものは何もなかったのだから。ビートルズ自身も放っておけばそうしたかもしれない。が、ブライアン・エプスタインはまだ、ビートルズの愛すべき面を極力打ち出そうとしていた。結局、ジョン自らの口から楽屋裏の暴露、というか過剰暴露がなされて、ピートの話など価値がなくなってしまうわけではあるが。

その後、ピート・ベストの本（邦題『もう一人のビートルズ』CBS・ソニー出版）が出た。彼がこの本で経済的に少しでも潤えばいいと思う。なんと言っても、彼は大切な一時期、ビートルズの一員だったのだ。ほんの数週間のあいだビートルズの秘書なり運転手なりを務めたというだけで、本当のビートルズ時代がとっくに終ったのち、そそくさと本を書いて出版するような輩とはわけが違う。

ハンブルク時代はむずかしかった。この時代を正確に摑むことは不可能かと思われたほどである。ハンブルクに何度行ったのか、あちこちのクラブで、どういう順で出演したのか、どの出来事がどういう順に起ったのか、ビートルズ自身の記憶が全く食い違っていた。ビートルズの一人一人と長い時間話をして分ったのは、ハンブルク時代がどれほど重要な段階だったか、彼らがグループとしてまとまり、それぞれが個性を伸ばし、自分たちのサウンドと、もちろん新しいスタイルとを確立するのに役立ったか、ということだった。彼らの人生で決定的な役割を担うこの時期について書こう、あるいはここまで戻って事実を明らかにしようとする本はまだなかった。さかのぼってみて初めて分ったのは、一日十二時間の公演のあいだ目を覚ましているために、彼らがほとんど薬漬けになっていたことだった。これでは当時の日付や場所、人間についてぼんやりした記憶しかないとしても無理はない。

私は一九六七年にハンブルクへ行き、彼らが演奏したすべてのクラブを訪ね、彼らを覚えている人にできるだけ会った。また、ベルト・ケンプフェルト・プロダクションと結んだレコード契約のコピーを手に入れることもできた。その日付ははっきり一九六一年五月十二日となっていて、出来事の前後関係を明らかにするうえで役に立った。たとえばまず、スチュ・サトクリフがこの時点ですでにビートルズを抜けていることが分った（彼はビートルズの一員だったが、一九六二年四月にハンブルクで死亡している）。八ページに及ぶ契約書を見ると、第四項として、バンドは「録音完了後即座に録音を聴き、その場でいかなる異議をも申し立てる」ことができる、とある。一九六一年に、やっつけ仕事として数曲の伴奏をつとめるにすぎない外国の無名バンドにたいして、なかなかフェアな契約ではある。また第七項には「ジョン・W・レノンをグループの代表とし、出演料は一括して支払うものとする」とある。

こうした書類をいくつか入手し、いろいろなクラブの記録帳を見た結果、ビートルズのハンブルク公演は三回あったという結論を得た（ジョンは二回、ポールは四回、ジョージはよく分らない、と言う）。それにしても出来事の順序に関しては、間違っているかもしれない、という気持がつねにあって、このときビートルズはここにいなかった、などという証拠がいつ出てくるか分らない、と思っていた。

今でもハンブルクの日付については誤りがいくつかあるかもしれない、と考えているが、これはそれほど重要なことなのだろうか。実は当時、私はそれほど心配もしておらず、こんな細かい点まで気にするのは私ぐらいなものと高をくくっていた。が、それ以後何十人という人々がハンブルクを訪れて残り火をつついているのは周知の通りである。ハンブルク時代のビートルズに関して特別研究をし、イギリスとドイツの学術誌に掲載しているというランカスター大のトニー・ウェイン博士もその一人だ。ビートルズ研究家という人種は、私にとってはいつも新しい驚きである。

私のハンブルク訪問における最大の収穫はアストリット・キルヒヘアと逢ったことである。彼女はビートルズのハンブルク時代の事実を教えてくれ、思い出話をしてくれて大いに助けになった。またビートルズのそれぞれ違った個性と才能をはっきりと見抜いている人に逢ったのもこれが初めてだった。

アストリットとハンブルクの美術学校の少数の仲間たちは、最も早いインテリのビートルズ・ファンである。それ以前、そしてそれ以後の何年間もビートルズは主として女店員や美容師などに受け入れられ、あるいは、いくつか仕事をとって一稼ぎしてやろうという三流の素人マネージャーに短期間使われるという具合だったのだが、アストリットは一九六〇年から六二年にかけて、ほかの人には分らない何かに気づいていた。ただし、彼女が最も高く評価し、婚約までした相手はスチュアート・サトクリフだったのだが。

一九六七年当時の彼女の生活は、私にはかなりのショックだった。まず第一に、まだ母親と同居している家の、彼女の自室がまるで神殿とでも言うべきものだったこと。『大いなる遺産』の主人公ミス・ハヴァシャムのように、彼女はこの部屋を手つかずのまま、スチュが生涯を終える最後の数カ月間と同じにしておいたのである。ベッドもカーテンも家具も、何から何までが真っ黒で、明りといえば何本かのロウソクだけ。実に異様だったが、彼女自身は冷静で抑制もきき、センチメンタルになって涙を流すことなくスチュとビートルズについて語ることができるのだった。

一九六三年、ビートルマニアが始まった頃、彼女はドイツのマスコミなどから取材を受けている。「みんながうまくいっているのが嬉しかったから手助けになれば、と思って。新聞に正しく事実を伝えてもらおうと精いっぱい努力しました。初めのうちの新聞ときたら、四人のことをリヴァプールの屋根裏に住む薄汚い連中みたいに書いていました。私はあの人たちがどれほど頭が良く、才能があるかということを知って欲しかったのです。でも喋った通りに載ることは一度もありませんでした。どのインタビューでも必ず訊かれるのが、ビートルズの髪型を発明したのは本当にあなたですか、ということでした」

その後、彼女はインタビューにはいっさい応じていないし、何年も前からいくつかのドイツの雑誌に手記を書くように求められても、それもことわっていた。また、スチュやジョンらがリヴァプールの美術学校で演奏しているテープをスチュから貰って持っているが、いくら金を積まれても手放そうとはしなかった（この録音はジョンが学校に買わせて私物化したテープレコーダーを使ったもの）。

「あるレコード会社が三万マルク出すと言ってきたんですが、ことわりました。次に五万マルクと言われたのもことわりました。十万マルクだろうといくらだろうとノーだと言ったんです。レコード会社ではこれをビートルズの名で売って大儲けしようとしたのですが、あの人たちにとって得になりません。ただふざけて笑ってるだけのテープですから」

彼女は自分が撮ったビートルズの写真によって一文たりとも収入を得ていないという。世界中に出まわっている、ハンブルク鉄道駅での五人の写真でさえ例外ではなく、彼女はこれらの写真を、有名になるずっと前にビートルズに与え、それがまた人の手を経て代理店に渡っている。彼女の写真はただ他人を大儲けさせただけではない。彼女はビートルズ写真のスタイル――ハーフ・シャドウ――を確立し、その後多くの写真家やグループによって真似られている。

「困ったことに、私はネガをとっておくということをしないから、あれが私の作品だっていうことを本当に証明することはできないんです。そうそう、一回ブライアンからお金を貰ったことがあったわ。あの人たちにあげた写真のお礼として三十ポンド貰いました」

もちろん彼女はビートルズを撮った実績を買われて、多くの依頼を受けてはいる。ある有名なドイツの雑誌からは、ビートルズがほかのカメラマンを拒否しているので、その雑誌のカメラマン一人を助手として同行させるという条件で彼女が撮ってくれないだろうか、という依頼を受けている。「引き受けなよ、とジョンは言いました。お返しに少し儲けさせてやるよ、って。ところが、連れて行ったカメラマンは撮ってはいけないときにひどい写真を何枚か撮って、雑誌は彼のものばかりを使いました」

一九六七年に逢ったとき、彼女はまだビートルズと接触があり、ジョンがドイツで映画『ハウ・アイ・ウォン・ザ・ウォー』（邦題『ジョン・レノンの僕の戦争』）を撮影中だったときも彼女を訪ねている。

「ジョンは独創的な人で、新しいアイデアがひらめくのね。ポールもすごくオリジナリティはあるけれど、同時にまとめ役でもあって、ジョンができないことや面倒臭がってやろうとしないことを実行に移すことができるわけ。

「二人はお互いを必要としているし、必要としていない。どちらとも言えると思います。ポールも作曲家としてはジョンに負けないから、どちらも一人立ちして充分やっていけるわね。

「あの人たちの凄いところは、一緒にいても同じにならないこと、互いに影響を受けないことでしょう。それぞれが違うまま、自分自身のままですものね。ポールは今も『ミッシェル』みたいなメロディの、甘い曲を書いているし、ジョンはごつごつした曲を書いてます。これだけ長いあいだやっていて、それぞれの個性が消えてしまわないところがすてきだと思うんです。

「初めのうちは、あの人たち、本当に人の気持や友情が分るのかしらとよく思ったものでした。人の前でひどいことを平気で言うんです。『あのキャベツ野郎（ドイツ人のこと）あっちへ行っちまわねえかな』とか、そういったことを。今でもあの人たち、気に入らないとひどいこと言うでしょう。あっちへ行け、お前なんか嫌いだ、って。でも、それもそんなに悪くないと思います。好きなふりをするよりましです。

「スチュが死んだあとはみんなとてもやさしくしてくれました。そのとき、本当はひどい人たちじゃないんだと分ったのです。どこまでやったらやりすぎか、どこで抑えるべきかをわきまえた人たちなのです」

アストリットがビートルズにずいぶん貢献したことはビートルズ自身も認めるところだが、ある面では彼女の人生はビートルズによってめちゃめちゃにされたとも言える。一九六七年当時、スチュの死はまだ彼女には身近なことのようだったけれど、私が逢ったときにはやはりリヴァプール出身の男と結婚したばかりだった。ドイツのジャーナリズムにたいする幻滅から彼女は写真家としての道を断念してもいた。

その頃の彼女はバーに勤めていて、昼のあいだ中話をしたその日の夕方、私をそこへ連れて行ってくれた。ハンブルクには怪しげなクラブやバーがたくさんあるが、レズビアン・バーに入ったのはそのときが初めてだった。彼女は友人として私を連れて入ったが、その店は夜の仕事に出かける前に女同士で踊る娼婦たちでいっぱいだった。アストリットはカウンターの中にいて、客に求められるとフロアへ出て踊った。こうして一晩中働いて週給四十ポンドを得ていた。一方で彼女は多少の財産を持ち、ビートルズの思い出と共に暮していた。

ロンドンに戻ると、私は一部始終をポールに話した。古き良きハンブルク時代の思い出が彼によみがえった。確かに今から思えばスチュにはひどい仕打ちをしたとポールは言う。おそらくジョンがスチュに一目置いているのが妬ましく、仲間外れにされたような気がしたからではないか。

「最後の日も奴にはひどくあたった。ぼくたちがハンブルクを発ち、奴はそのままアストリットの所に残るという日さ。奴は、ぼくらとの演奏はこれが最後だった。ステージの上で目が合うと、奴は泣いていた。だれかが急に親しく思えるときのような、そんな気持がしたよ」

ブライアン・エプスタインがホモセクシュアルであることに私はずっと気づかなかった。それを知ってからも最初はべつに気にもとめなかったのだが、しばらくするうちに、この事実は彼の性格およびビートルズとの関係を知る上で決定的な要素だということに思い至った。ブライアン・エプスタインは彼らを愛していた。ようやく彼の身体が空いて、なんとか腰を落着けて初期の思い出を話してもらう段になると、話をやめさせることもできないほどだった。私は、彼自身がタイプした、ステージ上ではこうしろ、煙草を吸ったりガムを嚙んだりするな、と指示するメモを貰った。初期の地元での出演日程をタイプした古い紙切れも貰った。これはページ数の都合でこの本には載せられなかったが、ビートルズの専門家にとっては関心があるかもしれない。ビートルマニアの時代、その日その日にビートルズが何をしていたかについての本が続々と刊行されているのだから。

さらに興味深いのは、頭文字のBEを図案化したロゴのついた用箋で、一九六二年六月六日のオーディションに先立ってブライアン・エプスタインが演奏予定曲をジョージ・マーティン宛に書き送ったものである。今そのリストを見直してみると『ピンホイール・ツイスト』などという、聞いたこともない曲が入っている。いったいこの曲はどうなったのだろうか。

ブライアンはまた、マスコミ用宣伝パンフレットの第一号やら、彼の会社であるNEMSが初めてロンドンにオフィスを開いたときスタッフに送ったメモなども引っ張り出してきてくれた。これにもやはり、だれにたいしても礼儀正しく、などと事細かに書いてあって、いかにもブライアンらしい。

インタビューのあいだ中、私はずっと、パンフレットやちらし、ファン・クラブの会報を含め、英米両方の資料を、できる限り集めていた。ブライアン自身も多くのものは二部、三部ととってあって、私に分けてくれた。

初めの頃、ブライアンはきわめて慎重で、仕事ぶりも非常にきちんとしていたらしい。ところが、少し親しくなってから初めて知ったことだが、一九六七年当時の彼の生活はめちゃくちゃだった。いつも鬱状態の深みにいて薬漬け、つまらないことで会社のスタッフや親しい友人に当り散らしたかと思うと涙を流して許しを乞う、というありさまだった。当時は緘口令が敷かれていたが、自殺を試みたことも二度に及んでいる。

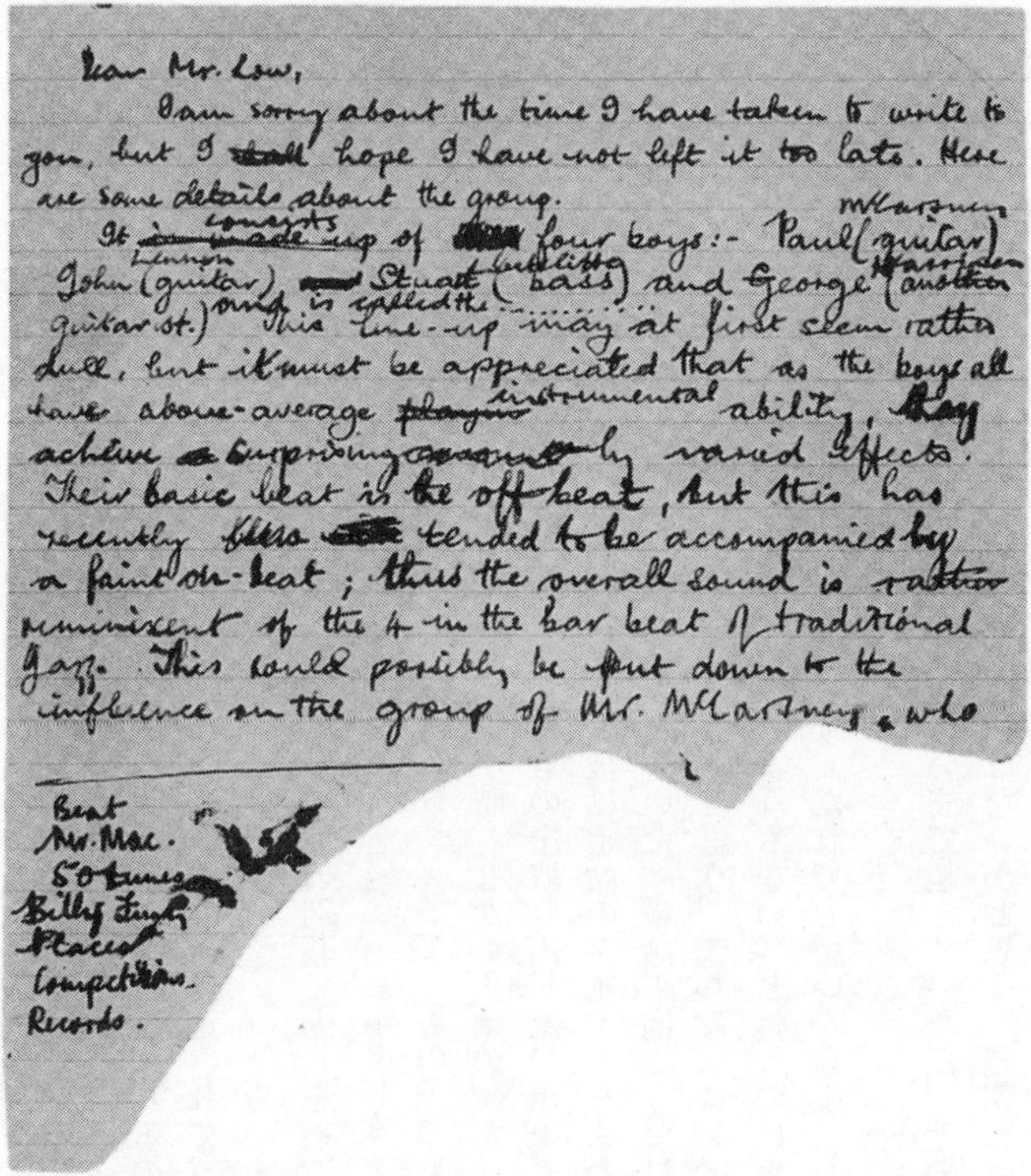

Dear Mr. Low,

I am sorry about the time I have taken to write to you, but I hope I have not left it too late. Here are some details about the group.

It consists up of four boys:- Paul McCartney (guitar) John Lennon (guitar), Stuart Sutcliffe (bass) and George Harrison (another guitarist.) This line-up may at first seem rather dull, but it must be appreciated that as the boys all have above-average instrumental ability, they achieve surprisingly varied effects. Their basic beat is the off beat, but this has recently tended to be accompanied by a faint on-beat; thus the overall sound is rather reminiscent of the 4-in the bar beat of traditional Jazz. This could possibly be put down to the influence on the group of Mr. McCartney, who

Beat
Mr. Mac.
50 tunes
Billy Fury
Places
Competitions.
Records.

ポールがビートルズのことを少しでも記事にしてもらおうと、ロウ氏という未知のジャーナリストに宛てて書き送った古い手紙。

性生活の面から言うと、彼はただ同性愛者だっただけでなく、マゾヒスティックな面も持っていた。わざと同性愛の気のない若い男――船乗りが多かった――を誘って家に連れて来ては酒やドラッグでもてなす。最後はたいてい殴られて物を盗られるのがオチで、ビートルズ関連のものもずいぶんやられたようだ。しかも、その後脅迫されて、さらに深い鬱状態に落ちこむのである。

私は一度、サセックス州キングズリー・ヒルの彼の別荘で週末を過ごしたことがある。土曜の夜、当時有名だったポップミュージシャン（今はさらに有名になっているので名前は伏せておく）も加わって愉快に食事をした。食事を終え、さて、男の子でも呼んで騒ごうか、ということになったのだが、そのときはもう十一時。しかも土曜の晩だ。

ブライアンはクレジット・カードのようなものを取り出した。ホモセクシュアルのためのコールボーイ・クラブの会員カードだった。彼は電話のダイヤルをまわすと自分の名前と番号を言ったが、このあとずいぶん押し問答が続いた。電話の向こうでは、もう遅くて全員が予約ずみ、特に人気のある子は出払っている、と言う。こちらはロンドンでなくサセックスで、と言うと、それではなおのこと、どうしようもない、と言うのにたいし、ブライアンは、タクシー代はこちらが持つ、料金も倍額払う、だれでもいいからよこしてくれ、と言って電話を切った。

私は二人と共に酒を飲みながら十二時くらいまで起きていたが、その後床についた。ロンドンからだれかがやって来たのは四時すぎではないかと思う。翌朝私は一人で朝食をすませ、昼頃別荘を出て帰った。ほかの人たちはまだ眠っていた。

自分が同性愛者であることは書いても構わない、とブライアンは言った。もちろん私はこの話題を事細かに述べる気はなかったけれど。

ブライアンの人生のこのような面に関しては、ビートルズもすべてを知っていたわけではない。ともかく、私が知り合った頃、ビートルズにとってブライアンの影は薄くなり始めていた。ポールはアップル社設立後、組織を積極的にリードしており、たとえば『サージェント・ペパー』のジャケットを決めるなどということでもイニシアティヴを握っていた。四人はブライアンが同性愛者であることを知っていたが、それはそれだけのこと。私がこれを話題にした相手はジョンだけで、というのも彼が大いに関心を示したからだが、ポールはどうやら不快に思っていたらしい。ブライアンもそれを知っていて、特にポールの機嫌を取り結ぶことにはいつも熱心で、彼にはいつも最高のプレゼントを贈っていた。ブライアンのスタッフによると、彼が一番心をくだいていたのはポールとうまくやっていくことで、ポールからの電話があると何をおいても出たという。

ジョンはブライアンと一夜を共にしたことがあると私に言った。ブライアンが彼を数日間の休暇でスペインに連れ出したときのことで、一九六三年、ジュリアンが生れた数日後、彼はシンシアを置いて出掛けている。この短い休暇についてはこの本でも触れたが、ジョンの言った出来事については書かなかった。というのは、いくらジョンが一応なんでも試してみるというタイプであるとはいえ、やはり眉唾という気がしたことも一つの理由だ。ジョンが同性愛者でないことは確実であるのに、こうした自慢というか出まかせをそのまま載せたら誤った印象を与えるだろうと思った。また、当時の妻、シンシアにたいしてもまずいことだった。

しかし一九六七年には、このジョンでさえブライアンとのつながりは弱くなっていたようである。ブライアンの私生活が悲劇的な様相を呈していることを知るにつれ、その原因の一部は、ビートルズにあるのではないかと私は思うようになった。ビートルズは彼をはじき出し、無視し、生きがいをなくさせ、ひどい鬱病の一因を作ったのではないか、というようなことを私はこの本の中でも暗示している。しかし今から振り返ってみると、原因はブライアンのほうにあったと思う。軍隊時代のブライアンが精神分析医の所へまわされたあと、医学上、精神上の理由で除隊になっているという事実の重要性がよく分らなかったのである。彼はこの話を、まるで軍隊から逃げ出すためだったという調子で冗談半分に喋り、私もそのまま書いた（第十五章参照）。今はっきりしているのは、彼がこうしたごく初期の段階でしかるべき精神分析上の措置を講じておくべきだった、ということだ。私はリヴァプールで、いくつかの出来事を耳にはしているのだが、詳細を確認することはできなかった。

むしろ、ビートルズが彼を彼自身から救い出し、少なくともビートルズのために全身全霊を捧げ、エネルギーと才能と情熱を使い果たした六年あまりのあいだ、彼の人生を長びかせた、とさえ言っていいのではないか。一九六七年、再び一人になった彼は自分自身をもてあまし始めていたのである。

一九六七年九月の公式の検死報告では、死因は薬物の過量摂取ということになっていて、私はそれを信じるが、自殺ということを証明しようと試みた人もいるし、彼の死の前の何日間か、まだ不明な点がいくつかあることから他殺を臭わす無責任な物書きもいる。確かに、あのときあのやり方で、というつもりで意図したのではないと思うが、気持の面ではあれは自殺だった。そして私は、いずれにしても、遅かれ早かれそうしたことが起ったはずだ、という感想を持っている。

ブライアンの死を知ったのはビートルズと共に北ウェールズのバンゴアにいたときである。妙な雰囲気の週末だった。前の晩にはポールの弟、マイケル・マッカートニーから私の所へ電話で、ウェールズのどこかへマハリシとかいう人物に逢いにみんなで行く予定だ、と言ってきた。きっかけはジョージのインド熱で、ジョージが皆を誘ったのだという。これこれの時刻にユーストン駅からバンゴア行きの列車に乗るからプラットホームへ来るように、とマイケルは言った。ハプニングが起るぞ、というわけだ。一九六〇年代、ハプニングという言葉が流行ったのを覚えているだろうか。ビートルズが四人揃ってどこかへ出掛けるなんて公演旅行以来のことだ、と私は気がついた。それを観察しているだけでも面白いはずだ。

一九六七年八月二十五日の金曜日、私はビートルズと一緒の車両に乗った。ビートルズの四人にミック・ジャガー、マリアンヌ・フェイスフル。全員フラワー・パワー調の服だ。ジャガーとレノンの同席というのはなかなかの見ものだった。なんとなく警戒し合い、敬して遠ざける、といった具合なのである。

前にそのことはジョンと話したので知っていたのだが、ジョンはミック・ジャガーに嫉妬を感じていた。もちろんその音楽にたいしてではなく、成功や名声にたいしてでもない。ジャガーがデビュー以来ずっと反体制のイメージを保ち続けていたことにたいしてである。ジョンは自分自身も本来はそうあるべきだった、と考えていた。ルールを次々に破壊し、あとから続くストーンズに道を用意し、基礎を作ってやったのはビートルズではないかと私は主張したのだが、この時点でジョンはまだ、ブライアンに押しつけられた清潔なイメージ作りに遺恨を感じ、この作戦に乗ったことをある意味では恥じていた。のちに彼が自分に泥を塗りつけ、どちらかといえば自分を実際より悪く見せていたのはあの時代への反動だったと私は思っている。

車中では皆、口数は少なかった。しかし、前のほうに乗っていたマハリシのコンパートメントに案内されて戻って来たあとは、マハリシが一人一人に言ったことを種に冗談を飛ばし、笑い合っていた。しかし、そうしながらも皆、彼の言葉を真剣に受けとめているのがよく分った。

この旅行はお忍びということで、いろいろな手配はぎりぎりになってからなされたのだが、話はどこからか洩れていて、あちこちの駅に大勢のファンが集まっていた。まるでビートルマニアの時代の再現だった。列車が停まると、ファンが殺到して窓やドア越しにサイン帳を突きつけてくる。ヒーローたちがこれだけ、同じ時、同じ場所に集まっているのだからファンにすればたまらないわけだ。だいたい皆、仕方なしにサインを引き受けたが、ジョンだけは、もうたくさんだと言ってじきにやめてしまった。仕方がないので、ファンがあまりひどくがっかりしているときは私が代って何度か小さな手帳にサインをしてやった。サザビーズがサインの真贋を見分ける方法を確立していればよいが。

その晩バンゴアでは皆で連れ立って食事に出かけた。夜も遅く、小さな田舎町なので、開いているのは中華レストラン一軒だけだった。食べ終って勘定書が来たとき、私は懐中が不足していることに気づいた。ほかの人も同様だった。ビートルズは王族と同様、現金を持ち歩かない。そしてこのときは彼らの財布を預かっているいつものお伴がいなかった。

われわれが無銭飲食を決めこむのではないかと中国人の給仕が顔色を変え始めたとき、ジョージがいきなりテーブルの上に裸足《はだし》の足を投げ出した。見ると靴を脱いで底のところを調べている。踵《かかと》には切れ目が入っていて、そこから彼が引っ張り出したのが二十ポンド札。勘定を払ってお釣りのくる額だった。いざというときのために何年か前、とまでいかなくても何カ月か前にしまっておいたのを思い出したのである。

ブライアンの死が伝えられたのは、この日曜日、マハリシの長い講話を聞いたあとだった。知らせを聞いたとき、一行の反応には冷淡なところがあって、それがブライアンの家族を怒らせたが、一つにはちょうどマハリシの、死などはほとんど意味を持たないという話を聞いたばかりだったということがある。また、こうしたことにたいするビートルズ特有の反応というものもあって、何年も前にポールは母親の死に関してまことに馬鹿げたジョークを言ったことがあった。それは酷薄さからでなく恐怖心から出たものだった。ジョンも自分の母が死んだとき、ほとんど気にもかけないそぶりを見せている。

ブライアン・エプスタインの死は岐れ路であり、一つの時代の終り、ビートルマニアの時代の最終章であった。もちろん、その当時の私たちはまだ、活動中のグループとしてのビートルズももうすぐ終りに至るということに気づいていない。とはいえ、次の時代には何が来るのか、とだれもが考えた。私はジョージ・マーティンに、なんらかのオーガナイザーがいなければ、だれか頼れる人物がいなければ、彼らはこの先やっていけないだろう、と言われたのを覚えている。彼らにはいつもなんらかの助けが必要だった。

ビートルズ自身については、一九六七年の時点で何をし、何を考えていたかということを、この本の第三部に詳しく書いたから（第二十八章〜第三十四章参照）、それほど付け加えるべきことはない。当時は、今書いたことがすぐさま時代遅れになるような気がしたものだ。彼らはどんどん先へ進み、考えを変え、服装を変え、興味の対象を変えて、いつも新しい方へ向かっていった。

話をするのが一番むずかしいのはジョンだった。ウェイブリッジの彼の家に何時間もいて、プールで一緒に泳ぎ、食事をし、彼の小さな居間に坐っていて、それでもほとんど口をきかず、廃品寸前のテレビが部屋の隅でちらちらしているだけ、ということもよくあった。そんなとき、結局、話はできないと分ると、私は荷物をまとめ、もう少し彼の機嫌が良いと思われるときに出直すのである。シンシアにたいしてもこんな状態が何週間でも続くのだった。まるで永遠に、心ここにあらずといった状態が続くようだった。確かに彼はマリファナをずいぶん吸ってはいたけれど、これがドラッグの作用だとは私は思わないし、マハリシの瞑想の影響だったとさえ考えていない。ただ外界との接触を絶ち切って長い休息をとっていたのだろう。今から思えば、ヨーコが出現してもう一度生命に火をつけてくれるのを待っていたわけであるが。

ジョンはこの当時でも、その気になればグループの中で一番強い立場に立つことはできた。昔のように君臨する、というほどではないにしても。しかし彼は主導権をほとんどポールに委ねて『マジカル・ミステリー・ツアー』のような新しいプロジェクトにも黙って従い、ジョージのすすめるインド神秘主義にも付き合った。

『マジカル・ミステリー・ツアー』の打ち上げパーティを友人たちと親族、近しいスタッフとで内輪で開いたことがあって、ずいぶん盛り上がったのだが、こんな場でさえジョンは鬱屈していた。仮装パーティということで私と妻がそれぞれボーイスカウトとガールガイドという、イマジネーションに欠けたいささか情けない格好で行くと、ジョンは十年前の彼のようなグリースべったりのロックンローラー姿で決めていた。しかし、彼は私の妻と本のことをしばらく話していたと思うと、めまいがすると言って腰かけてしまった。

彼の家と彼の頭の中には半分できあがった歌や、未完成の歌詞の断片がたくさんあってよく口ずさんでいたが、それにもたちまち飽きてしまうのだった。『アクロス・ザ・ユニバース』などはいくつかのヴァリエーションを作りながら何カ月もいじくりまわしていたと思う。一つの断片ができるとそれを数週間も弾いたり歌ったりして、私が次に訪ねるときにも全く先へ進んでいないのである。

一番話がしやすかったのはポールだ。ポールはエネルギッシュで溌剌《はつらつ》としており、ジョンと違って人に好かれることが好きだった。少なくともたいていのときは。これはべつにポールにたいする批判だとは思っていない。ジョン自身もポールが小犬のように人にすり寄るなどとひどい言い方をすることもあった。皮肉だったのは――これは現在も変らないが――ジョンがその口の悪さ、無礼さ、意地悪さのためによけい人から好かれるのにたいし、ポールの場合、その根っからの人なつっこさが逆に人を疑わせ、計算ずくだなどという非難を浴びせられる結果になることだ。確かにポールは先を見通し、どうなるかを予想し、狙った通りの効果を上げることもある。けれど結果が思い通りにならず、自分で自分の首をしめてしまうことも多いのだ。私はポールの性格の中に何か不安定なところがあり、それが彼をいつも一所懸命にさせるのだと考えている。だからこそまた批判に傷つきやすいのだ。ジョンは批判を平気で聞き流すことができた。

私がこの本を書いていた頃のジョージは、ものに憑《つ》かれたようになっていたために、話はしづらかった。彼はこのときでもなおビートルズの日々を憎んでおり、すっかり忘れて前進したがっていた。これは全員が感じていたことだが、ジョージが最もこの気持が強いようだった。ビートルズ時代で成長が著しかったメンバーといえば、なんと言ってもこのジョージである。どうしても忘れがちなのだが、ビートルズに参加した頃の彼はまだ十七歳の坊やだったのだ。何年ものあいだ、ほとんどの人は彼をほんの子供扱いし、あまり相手にしていない。なんと言ってもボスはジョンだったし、バンドとしてのキャリアのこの時点では三歳の違いというのはいかにも大きく、ジョンの陰に隠れたジョージはかすんで見えた。しかしジョンとポールは当初から、ギターが抜群に上手いこととは別に、ジョージの中に秘められたものに気づいていたのではないかと思う。もともと二人はギターの上手いジョージを兄貴のような目で見守り、誇りに思っていたのだが、一九六七年あたりになると、すばらしい曲を作り出すばかりでなく、インドの音楽や文化をよく知り、苦労してシタールの独学まで始めたジョージにたいする気持は賞賛のようなものに変っていた。生れて初めて彼は、ボスとして君臨するのでなく自ら率先することによってリーダーとなったのである。

リンゴに会うのも何か妙なものだった。彼はそわそわと自分の屋敷内を歩きまわっていた。家での彼は、ジョンもそうだったが、ちょうど漫画のアンディ・キャップのようにだらしなかった。一方、ポールはジェーン・アッシャーと付き合っていたせいでもっと中流階級らしいマナーを身につけていた。

リンゴは将来を案じていたのだろうと私は思う。旅公演の時代は終り、スタジオでは、特に最新鋭の機器が導入されるようになると、彼のドラムは以前のように重要な役割を持たなくなっていた。スタジオのドラムをポールが叩いてみせて、こんな音が欲しいんだ、と説明することも珍しくなくなっていた。ジョージとジョンがビートルズであることに飽き飽きしており、ポールはまだやり残していることがあるからもう少し続けたいと望んでいるのにたいし、リンゴは将来にたいしてなんの展望もなかった。映画にときどき出演すること以外、これといってできそうなこともなかった。

初期からビートルズのロード・マネージャーを務めていたニール・アスピノールとマル・エヴァンズは当時もまだ、世話役として付き添っていたが、始終人から、どのビートルが一番好きかと尋ねられたという。とうてい答えようのない、しかし当然の質問ではある。それぞれのメンバーはさまざまな顔を持っていた。一般大衆から見ればポールとリンゴが一番「人なつっこく」見えるのだろうが、この二人と身近で仕事をしながらずっと愚痴を言っている人に私はずいぶん逢った。ジョンやジョージと違って、この二人は私的な場では人が変ったように怒りっぽくなることがあった。特に金の問題に関して、スタッフなり出入りの業者なりが自分たちを利用しようとしている、といきなり決めつけるのである。金のことについて、ジョンとジョージはほとんどどうでもいいようだった。

一番独創的なのはジョンだと私はずっと思っていた。しかし天賦の才といったものを一番持っているのはポールだ。いつも音楽が流れるように出てくる。しかもその天才を最大限に活かす能力もそなわっている。ジョージは独創性と天才の両方を兼ねそなえているが、そのありようはいくつかの点で前の二人とは異なっている。リンゴは気取りのない人柄で、ほかの三人と違って知的向上心も特に示さないし、自分の仕事と自分の価値に幻想を抱くこともない。何事にせよ取り組み方はごく常識的、時にきわめて切れ味のいいウィットのセンスを示す。

彼らに逢いに行くのはだれの場合でも同じように楽しみだったけれど、一緒にいて一番面白かったのはやはりポールとジョンではなかったろうか。この二人は私自身の世界というか、生活全般にも興味を示し、その日の出来事を話し合ったりもした。もちろんジョンの場合、だれとも口をきかない日でないときに、であるが。意外なことに二人とも四方山話をする機会に飢えていた。わけのわからぬ考えを持った妙な連中がときおり彼らの生活の中に入ってきたのも、こんな理由からだったのではないか。

これより前の十年間、彼らの生活は常軌《じょうき》を逸したものだったから、彼らのものの見方はそれがどれほど素朴なものでも私にはすべて面白かった。現実から全く隔絶された結果、彼らは世の中がどうなっているか、ほとんど何も知らない状態で、たとえばジョンなどは電話もかけられないのだった。いつもだれかが代りにかけてくれるものだから、かけ方を忘れてしまったのである。

彼らはまるで別の惑星からやって来た人間の見本のようなもので、われわれ普通の人間とはものの見方も違い、教育もされていなければ頭ができあがってもいなかった。逆にほかの人間が想像するしかないことを見たり、経験したりしてきていた。自分の音楽や名声にたいして自慢する気持が全くないというのも私には驚きだった。だれでもその気になれば人生で思った通りのことができる、と彼らは信じて疑わなかった。自分たちがやったのだから他人にできないはずがない、というわけだ。アップル社設立の理念は、それ自体常識外れのまともとは言えぬものだったにせよ、自ら助くる者を助けようという思いに基づいたものである。彼らはあらゆる種類の教育や訓練は時間の無駄であると信じ、あらゆる固定観念を打破し、だれもが無理だと言ったにもかかわらず、リヴァプールから出てきてあんなふうに歌ったのだ。だからだれでも同じようにできるはずだと思いこんでいたのである。

彼らはつねに何かを求めていた。特にジョンとジョージは、自分の人生にぽっかりとあいた穴、あの狂乱のビートルマニアの時代が去ったあとの空虚さを感じながら、それがなんであるか分らぬままに何かを求めていた。これは過去から現在に至るあらゆるスーパースターに共通した感情で、おそらくトトカルチョやビンゴや宝くじで大儲けをした人も皆そうなのだろう。少なくとも、感受性のかけらなりとも持ち合せていれば。

私もよく、どのメンバーが一番好きか、と尋ねられたもので、そういうときは、一番最近会ったのが一番好きなビートル、と答えることにしていた。これはニールとマルの答え方を真似たものだが、しかし、それだからこそ私は、今までのことをすべて文章にしてしまうという現実的な仕事にかかるよりもむしろいつまでもビートルズを観察していたい、と願ったのである。

一九六八年を迎える頃、私はまだインタビューを続行中で、それまでに書きためたノートは十五万語に達していた。例の、イギリスの大学に関する本はもう頭の片隅に追いやられていた。もう一度、タイトルを『六八年次生』と変えることも考えたのだが、結局、まるっきりやめにしてしまうことに決めた。当時はすでに学生運動と変革を叫ぶデモが吹き荒れ、大学のありようそのものがすっかり変っていたからである。

私はもっぱら、ビートルズの本の仕事に集中した。とは言うものの、実際に原稿を書き始めるのは先延ばしにしていた。『サージェント・ペパー』が発表され、絶讃を浴びたことで、それまでビートルズなんてすぐに消えてなくなると思っていた人々も、ビートルズにたいして全く違う見方をするようになった。もうそろそろどこかで打ち切って本の形にまとめなければならないのは事実だったが、まだ変化は続いており、私は新しい展開を見逃したくなかった。一九六三年から六九年まで、ビートルズのレコードには必ず何か新しい、今までとは違うものがあった。今やめてしまっては劇的な音楽的成長を捉える機会を失ってしまうのではないかと私は恐れた。

この本を作っていて一番楽しかったのはアビイ・ロードのスタジオに出入りできたことだ。このスタジオに入るとジョンは家で朦朧としているときとは打って変って潑剌とし、ポールと一緒に仕事をすることでいっそう生き生きとするようだった。苦労している曲はポールの手助けで完成にこぎつけた。彼らは依然として彼らbooらしく、それぞれ個性ある曲を生み出し、お互いがいることで最良の部分が引き出されてくるようだった。そして完全に手詰まりとなり、性格の違うメロディ二つがどうしても融合しない場合、ジョージ・マーティンが乗り出し、二つをつなぎ合せることで解決した。『ア・デイ・イン・ザ・ライフ』などがそれである。

普通、二人はセント・ジョンズ・ウッドのキャヴェンディッシュ・アヴェニューにあるポールの家で午後から会った。最上階で、ジョンとポールがそれぞれのちょっとしたアイデアを披露する。いつも内輪の、くだけた雰囲気で、友人たちや家族も出入りして、その辺をうろうろしている。お茶にしようということになると目玉焼やトーストを作って食べた。夕方からはアビイ・ロードをちょっと入ったスタジオに入ると、もうジョージとリンゴが待機している。それからあとはもっと真剣で、仕事中、外部の者は立入りを禁止された。ジョンとポールは封筒の裏やその辺の紙片に新しく変更された歌詞を書いて、ドラム・セットに坐っているリンゴに渡し、今どうなっているかを知らせていた。作業が進むにつれて細かい部分が変更され、新しい部分が付け加えられていく。

セッションはいつも深更に及んだが、終ったあと、私はその辺に散らかっていてもう必要なさそうな紙片を、貰っていいかと尋ねてから、できるだけ集めておいた。駄目だと言われたことは一度もない。非常に多くのものがその辺に投げ捨てられ、掃除夫任せになっていた。ビートルズは自分たちに関する記録や切り抜き、スクラップなどをとっておくことはしなかった。何年も前から身のまわりの変化があまりにも激しかったため、細々としたものを集めてとっておくなどということに関心は向かなかったのだろう。

そろそろ中年にさしかかった今、ポールとジョージはそのことを悔やんで、過去に関するものを集めようとしている。最近も、カリフォルニアにいたときジョージがだれかから来た手紙の裏に書きとめた『ブルー・ジェイ・ウェイ』のオリジナルを私が返すと、もうどこかに行ってしまったと思っていた、と言っていた。ポールにも、一九六八年に私の本のためにと言って書いて説明してくれたが結局紙面がなくなって使わなかった、『マジカル・ミステリー・ツアー』のマスター・プランを返した。彼らが私にくれた細々としたものを集めた私のコレクションにしても、何年も前に泥棒に入られてずいぶん減ってしまった。ビートルズのレコードで彼らがじかにサインしてくれたのもごっそりやられた。これがどれほど価値あるものか分らないまま持っていったのだろうと思う。今はどこにあるのだろうと思い出すことも多い。サザビーズの競売にいつも目を光らせているのはそのためである。アビイ・ロード・スタジオの床に散乱していた作詞原稿をもっと集めておけばよかった、と今は思っている。

もう一つ、特に『サージェント・ペパー』制作の頃、もっと綿密にノートをとっておけばよかった。家で、相手と二人だけのときにはノートにその場でなんでも書きこんでいたのだが、スタジオの中とか、彼らが全員揃っているときとか、食事中などは、私はもっと壁の蠅のようなものになって静かに観察していよう、詮索がましい物書きではなく、なんだか知らぬがいつもその辺にいる奴というふうに見られようと心がけていた。そして家に飛んで帰っては（幸いなことに私の家はアビイ・ロードから僅か十分のところにあった）急いでその晩起ったことをタイプしておくのである。まだこうしたノートの山が残っているが、今見ると乱雑なタイプでスペリングの間違いも多く、自分にも意味不明の部分もある。

さらに、今になって思うのは、テープレコーダーを使っておけばよかった、ということだ。

私は、意味がないと思って一切使わないことにしていた。六〇年代の初め、W・H・オーデンにインタビューした際に、一度だけ使ったことがある。家一軒分の大きさはあろうかという巨大なグランディグ製のものだった。ところがインタビューはうまくいかず、記事が掲載されることもなかった。私はずっと、あのテープレコーダーのせいだと思っており、それ以降は取材ではノートだけを使おうと心に決めたのである。私の考えでは、インタビューを録音すると仕事が倍になる。もう一度全部聞き直して書き起さなければならない。しかも、人が喋ることの大部分は二回はおろか、一回聞けばもうそれで充分なのである。ノートであれば、その場で取捨選択して、使えそうだと思う部分だけを書きとめればいいので、時間を節約できる。それだけでなく、背景となる情報をしるしておくことも可能だ。その人の身なりや身振り、話すときの癖といったものは、当然ながらテープレコーダーには記録されない。それが、私がこだわり続けてきたやり方だった。ああ、しかし、あの十八カ月、ビートルズやその親たち、友人たちと過ごしたあの期間だけでもテープレコーダーを使っていたなら、今日、どんなにすばらしい、貴重なコレクションとなっていたことだろう。

記憶というのはあてにならないものだ。先日もニール・アスピノールと昼食を共にしたときに『サージェント・ペパー』のジャケット写真を撮った際のことを思い出していた。コスチュームがポールの家に届いたときのことを覚えている、ビートルズの四人が試着している様子がはっきりと記憶に残っているから、と私が言うと、ニールは、いや、コスチュームはフラッド通りの写真家のところへ直接届けられたのだ、と答えた。さっそく家へ帰って取材ノートを見ると、この小さな出来事については何もしるされていなかった。

『ペパー』のジャケット写真をめぐっては何週間も議論が続いた。ジョージは写真の登場人物の多くをヒンドゥー教の導師《グールー》にしたいと言い、ポールはシュトックハウゼンのような芸術家が望みだった。ジョンは革命家とか、ヒトラーのような悪漢がいいと言ったが、取材ノートを見ると、寸前のところで説得されてヒトラーをあきらめたことになっている。撮影のあいだ中ヒトラーの顔を切り抜いた厚紙が置いてあってそれが目をひいた。

サッカーのヒーローを入れてはどうかというのが私の提案だった。男の子はたいてい、リヴァプール出身なら特に、サッカー・スターをよく知っている。私は以前からビートルズの中にスポーツ、とりわけサッカーに関心を示す人が全くいないのをやや残念に思っていた。結局、ジョンは、彼がリヴァプールにいた子供時代の国民的ヒーロー、アルバート・スタビンズを押し通したのだが、これはスタビンズのサッカー選手としての功績よりむしろ、名前の響きがおかしかったからだろう。

確実に覚えているのは、私たちがポールの家を急いで出るとき、彼が私に、画面を埋めるために、その辺にある飾り物をなんでもいいから持って行ってくれ、と言ったことだ。『サージェント・ペパー』のジャケットの前のほうに弾丸に台座をつけたような置き物があるが、隙間を埋めるために私が置いたものだ。このことを子供たちに何度も話してやったのだが、全く興味を示さなかった。

『サージェント・ペパー』のアイデアを思いついたのはだれか。四人の中で一番早くそれを口にしていたのを聞いたことから、基本的なアイデアを考えたのはポールだろうと私はずっと思っていたが、この本ではその辺を突きつめることはしなかった。実はもう少し注意を払っておけばよかったと思っている。このアルバムは彼らにとって一つの里程標であり、彼らのレコーディングの頂点であったのだから。また、最初の「コンセプト・アルバム」として知られたことでポピュラー音楽史上ちょっとした事件でもあった。ピーター・ブレイクの創造性もあって、美術面でもきわめて大きな意味を持っている。この有名なジャケットについては、何が写っているか、それは何を意味しているか、とずいぶん研究の種にされた。

マルはいつも、サージェント・ペパーという言葉は自分の口から出たものだと言っていた。だれかが「ソルト・アンド・ペパー」というのをはたで聞いていて聞き間違えた、というのである。ニールによれば、アルバム全体をペパー軍曹一座のショウというコンセプトでまとめることを最初に言い出したのは自分で、そのアイデアにポールが飛びついたのだという。もちろん、今となっては真偽のほどは分らない。それはちょうど、ビートルズという名がどこから出てきたかということと同様だ。ジョージはこの名の由来がマーロン・ブランドの映画『乱暴者《あばれもの》』にあると考えている。この映画に現れる、揃いの黒い革ジャンパーに身を包んだ暴走族が、その場面だけにすぎないが、カブト虫たち《ビートルズ》と呼ばれる場面があるのだ。スチュ・サトクリフがこの映画を見、この台詞を聞いて帰ってきてからグループの新しい名としてジョンに提案すると、ジョンが、それでいこう、ただしおれたちはビート・グループだからBeetlesをBeatlesと変えて綴ろうということになった、というわけだ。まあ、今のところ、これが最新説というところだが、このあともまだまだ新しい説が出てくるに違いない。

この本で私はできるだけ「説」から離れようと努めている。当時は言えなかったこともあるが、書いたことのすべては事実だったと今でも思いたい。要するに、そのときまでに起ったことをビートルズおよびビートルズにごく近いところにいた人々の記憶に基づき、そしてまた私の調査と観察に基づいて再現したということであって、それ以上でも以下でもない。

一九六八年初め、ようやく私は、そろそろお喋りを切り上げ、調査に終止符をうち、腰を落着けて、集めた資料を一つの形にまとめる頃だ、と決論を出した。資料はあまりにも多く、どこから始めたらいいかよく分らなかったし、何が重要で何が実は全く些末なことなのか、という判断もむずかしかった。

最初の原稿は本二冊分になった。それを半分ほどに切りつめて手頃な分量にするために興味深い材料や写真や資料をずいぶんと捨てなければならなかった。次の仕事は、「ビートルズ公認伝記作家」という厄介な看板を掲げてしまったために、本に登場する主要人物のすべてから同意を取りつけなければならなかったことだ。実はこれが、本当の苦労の始まりだった。

まず、書いたものをビートルズに見せなければならない。私は契約の際、よく注意して言葉を選び、彼らが「事実関係の」誤りを訂正できる、というふうにしておいた。この辺が存命中の人の協力を得て本を書く場合一番問題になるところだ。どんな部分が相手を怒らせることになるか、全く予断を許さないのである。普通、それは自分が危ないなと思った所ではなく、どうしてこんな所が、というような箇所であることが多い。初め相手は、なぜ怒っているのかをはっきり言わずに「ニュアンス」が違うとか、思ったよりも「突っこみ」が足りないなどと全体的に不満を述べる。が、のちに、気にくわないのがどの箇所なのか、具体的に聞き出せるようになると、訂正はたやすくなるというのが普通である。

もちろん私は、旅公演の楽屋で何が起り、殺到する女の子たちがどれほど彼らの歓心を買うことに熱心だったかをつぶさに書きしるすといったことはしなかった。一九六八年とはいえ、十五歳以上の読者ならそのことの意味は充分に分っていたと思う。が、当時はそうしたことを露骨に書く者はいなかった。今日、グルーピーなどという言葉は日常茶飯のもので、彼女たちがどれほど過激なことをするか、だれでも知っている。ビートルズとてそうしたグループの一つにすぎなかった。ただ違うのは、選択すべき女の子の数がほかのグループより多かったことだろう。きみときみと、ええときみ、それからきみは五分後に、と選び出すのはロード・マネージャーの役目だった。一九六八年当時、ビートルズ四人のうち三人は、少なくとも外面的には仕合せな結婚生活を送っており、もう一人には決ったガールフレンドがいた。言うまでもなく妻たちはこうした話題が発表されることを望まなかったし、それはビートルズ自身にしても同じことだったただろう。

しかし、LSD服用のことなど、ドラッグに関する記述は入れておいた。これは一九六八年の時点ではかなり大胆なことでもあったから、私はいつも、これは過去のことで今のビートルズはマリファナもやらないと書いたが、それは嘘だった。とはいえ事実はかなり明らかにできたと思っている。

返事を貰うのにはかなり時間がかかった。彼らは本を読むのがあまり得意ではなかったから。しかししばらくすると続々と、文句はない、これでよい、この通りだ、と言ってくれたので、私はほっとした。人名の綴りが違うといった事実関係の小さなミスをいくつかポールから指摘されたが、どういうことだったか忘れてしまった。

電話で真剣なコメントを寄せてくれたのはジョージ一人だった。もっとインドのことを書いて欲しい、と彼は言い、自分のこと、自分の哲学について、あまりまともに取り上げていないようだ、いくつか、もっとよく説明すべきところもある、と言った。私は本のページ数が増えない範囲で彼の要求に応じた。

彼らの反応に胸をなで下ろし、エイジェントにアメリカ向けの原稿のコピーを準備させているところへ、いきなり、ジョンからの手紙が舞いこんだ。その手紙には、母のジュリアがのちに再婚し、ジョンにとっては義妹にあたるジャッキーとジュリアを生むことになった相手のウェールズ人の男について、自分の喋ったことを取り消してくれ、とあった。二人の義妹が将来直面することになるであろう「意地の悪い世間」について心配したのである。

しかし何より問題だったのは、必ずミミに原稿を見せてくれとある点だった。心配のあまり彼女は病気になりそうだ、とジョンは書いていた。これは実に頭の痛いことだった。ジョンの変更点はどれも小さなことだったから処理するのはたやすかった。しかし、親たちと面倒なことになるのは避けたいと思っていた。

原稿を送ると、彼女はヒステリーを起した。返ってきた原稿を見るとジョンの子供時代に関するすべてのパラグラフは大幅に削除と加筆がなされていた。ジョンの言葉を引用したあたりの余白には彼女の字で「馬鹿馬鹿しい」とか「ありえない」と書いてあった。

彼女はジョン自身の、子供時代の思い出の多くを否定した。特に同じ人々、同じ出来事に関して自分自身の記憶と矛盾する場合はそれがはなはだしかった。ジョンが小さい頃、汚い言葉を使うことは決してなかったと主張するように、言葉遣いの悪いところには殊に反発を示し、ジョンが盗みをしたことなどには触れさせまいとしていた。

余白に書かれたミミのコメントには愉快なものもあった。家にいるときはミミに見つからないようにギターを練習しなければならなかった、ガラス張りの玄関ポーチでギターを弾かされた、というくだりがあるが、その行の上には「この鬼ババア」と書いてある。また別のときには、ジュリアと新しい夫についての新しい情報と、二人が本当はジョンのことをどう見ていたかといったことを余白に書き、これはまだジョンにも話してないのだから活字にはしないようにとも書いてあった。

ジョンが初めてポールに、ウールトンの教会のパーティで逢った日のこと、ジョンが初めて正真正銘のテディ・ボーイらしい格好をして出かけて行ったその日のことについて役に立つコメントもあった。

「あの子がほかの子と演奏しているのを見たのはこれが初めてでした」と彼女は書いている。

「たいへんなショックでした。あの子が来ているとは知らなかった。そのとき私は、これはもう私の手には負えない、とつくづく思いました。けれど、あきらめようとは思わなかった。全く時間の浪費だったし、健康にも良くなかったけれど」

ジュリアの二人の娘を守りたいと思う気持はよく分った。一九六八年、二人はまだ十代だったし、ジョンは彼女たちの父親にたいして良い感情を持っていなかったから、この要求は全面的に受け入れることができた。しかしミミがジョンの口から出た発言まで検閲しようということになると、これはいかにもまずい。

子供時代の思い出は大部分が疑わしいもので、人によって自分に関心のあったところを選んで記憶するものである。そもそもミミとジョンのどちらが記憶力が良いのか。この頃ジョンはこうした話題にはすっかり飽きていて、なんでもいいからミミの満足のいくようにしてくれ、の一点張りだった。そこで私はボーンマスまで出かけて行き、気にくわないというパラグラフを一行ずつ検討することになった。言葉遣いの悪い箇所を大幅に削減し、ジョンの話から武勇伝をいくつかカットしていくうちに彼女の気持も和らいできた。

この本の第一章の終りを見ていただくと「ジョンはこの上なく仕合せな子だったというのが、伯母たちの意見である」という気の抜けたような文でいささか唐突に終っていることに気づかれると思う。これはミミの強い希望だった。私は妥協した。ジョンの話の大部分を守るためには仕方がなかったのだ。こうした語句があれば前の印象が柔らかくなる、というのが彼女の考えだった。それは彼女の目から見た、ジョンの少年時代の真実である。ほかの事実も残すことができたから、どちらが本当の真実かは読者が判断してくれると思い、私は一応これでよしとした。

本が出てみると、イギリスとアメリカの両方で、また、ヨーロッパでも日本でも、あらゆる批評家が「飾らぬ」伝記と褒《ほ》めてくれた。「公認の伝記としてこれほど率直なものはなかった」という言葉も頂戴した。一つ打ち明け話をしよう。この本が出てから何年も経ち、そのあいだにいろいろなことがあったのは言うまでもないが、出版から数年後に一つ気に障ることがあった。ジョンがインタビューの中で私の本を「でたらめ」と評したのだ。ちょうど彼が、ビートルズのイメージはすべてきれいごとだと思っていた頃である。しかし、私の本に関する限り、ジョンについての記述で書き直した箇所はほんの僅かであり、それも一カ所はジョンの、そのほかはミミの要求があったからなのである。

また、アップル社の側近たちがそのほかの、たとえばドラッグに関する箇所などを変更させようと乗り出してきたのにも大いに苦労させられた。ビートルズが原稿を読み、これでいいと言ってインドへ行ってしまったあと、留守を預る人々から数カ所の書き直しを求められたのだ。

こうした要求はおおむねなんとか突っぱねることができたのだが、必要な人々の了解を取りつけ、原稿のコピーをあちこちへ送りつけては訂正原稿を整理する、という数週間で身も心もくたくたになった。ビートルズ自身はそれぞれのコピーを読んだあと自宅やアビイ・ロードのスタジオやアップル社のオフィスに放り出しておくものだから、だれもが自分が本の中に出てくるか否かを知りたがって大騒ぎだった。ジョンから私に変更を求めてきた手紙の中にも「ドットはマーガレットから、自分のことが書いてあると聞いたそうだ」とある。ドットというのは当時のジョンの家の家政婦で、本には名前が一、二度出てくるだけのこと。マーガレットに至ってはだれであったかさえ思い出せない。

この頃の数週間のことをもう一度詳しく書くつもりはない。が、最大の難関はこのあとにやって来た。私は、ビートルズの代理として本契約に全権を委任されているのがブライアンだということを忘れていたのである。彼がすでに死去していたため、エプスタインの家族から原稿を見せるようにとの要求があった。法的には彼の財産権は母親が相続している。であるから、形式上、原稿の最終的チェックをするのは、ポップス界について何も知らない、さらに悪いことに、ブライアンの隠された一面について何も知らない老婦人、ミセス・エプスタインということになってしまった。

ブライアンがホモセクシュアルであるといった記述を目にしたときに彼女がどう思ったかは容易に察せられると思う。彼女はこれを否定した。少なくとも彼女の目から見て、それは事実ではなかった。どうしても彼女の了承が必要な私はここで行き詰まった。このときにはもうアメリカを始めいくつか版権を売ったあとであり、相手は当然、法的手続きがすべてすんでいる証しを見たいと言ってきていた。

ブライアンの弟クライヴ・エプスタインがよく協力してくれたが、とはいえ彼も母親の納得のいくようにと考えていたことは言うまでもない。愛する息子を失ってまだ間もないとき、死の前の二、三年についてあまり具体的に何もかも暴きたてるのはうまくない。もともとこのことについては多くを書いていなかったこともあり、結局彼の性生活については全く触れないことで私は妥協した。第十五章に、彼は生涯にただ一人の女友達しかいなかったと書き、続けて不幸な恋について語っていることで言わんとするところは分ってもらえるだろうと思ったからでもある。「ゲイ・バチェラー（独身者）」と呼んだ箇所もある。当時、イギリスではまだ、「ゲイ」という言葉が本来の「陽気な」のほかに「同性愛の」という意味で使われることは一般的でなかったが、多くの人に真実を知らしめるにはこれで充分だと思った。

ブライアンがホモであることがそれほど重要なのか、という人もあろう。これは彼自身が書いてもよいと言ってくれたことでもあり、それ以来公に口にされていることでもあるので、はっきりと書けないのを当時私は残念に思った。大部分の人にとって性生活が仕事と関わりを持つということは全くないけれど、最近では、少なくとも芸術、芸能関係の人々は公的生活においても自分がどういう人間であるかを隠そうとはしない。ブライアンの場合だが、私は彼の性生活が重要な意味を持っていたと考えている。それは彼の人間性と彼の死、そしてビートルズにたいする関心のめばえを理解する重要な鍵である。

ビートルズの物語の全体を通じて最も大きな謎の一つは、そもそもなぜ、ブライアン・エプスタインのような人物が彼らに興味を持つに至ったか、ということだ。パブリック・スクール出の、育ちの良い中産階級のユダヤ人の青年で新進実業家、シベリウスを愛し、個人的にはいかなる種類のポップ文化にも全く無関心だった彼をひきつけたものは何か。こうした彼が、なぜわざわざ薄汚い労働者階級の兄《あん》ちゃん四人組を見るために不潔な臭いのする地下のコーヒー・バーにまで足を運んだのか。彼らに気があったから、というのが一つの解釈だが、はっきりそう書くことは結局できなかった。彼が特にひかれたのは、革の上下を着こみ、大きなカウボーイふうの長靴をはいたジョンだった（何年もあとに、ブライアンのお目当てはポールだったという噂が立ったことがある。ビートルズの中でポールが一番可愛らしいことになっていたからだろうが、これは間違いもはなはだしい。ブライアンは彼らのガラの悪く攻撃的なところを好んだのである。たとえ彼らのほうでブライアンを好きでなくても。そして、彼らのほうでブライアンを性的に好まないからこそ、という面も大きかったのである）。

ほかの、もっと世故にたけた者がビートルズを通りすぎていってしまったあと、ブライアン・エプスタインは彼らを世に送り出した。確かにビートルズは個性と音楽と演奏を自らの力で作り上げていったけれど、短いあいだに金を儲けて吸い上げてやろうというような者の手中にあったなら、国内デビューはずっと違った形になっていたはずだ。一般的にはブライアンはただ、えらく切れるユダヤ人実業家で、ビートルズが金になると読んだ、ということになっている。しかし本当は大実業家というわけでなかったのは、あとで彼の業務をずいぶん整理し直さなければならなかったことを見ても分る。彼は物質的な目的を追っていたのではなかった。ブライアン・エプスタインは文字通りビートルズを愛していたのである。すべてはそれに尽きる。

ちょうど原稿が印刷所に入る頃、ちょっとした幸運が舞いこんだ。フレディ・レノンと突然、接触する機会を得たのである。彼が最初に姿を現したのは一九六四年頃だった。ホテルで働いていたときに皿洗い係からジョンがビートルズの一人だと知らされたのだという。当時レノン家では皆、彼と会ったり彼を援助したりすることを拒んでいたから、いくつかの雑誌のインタビューに答えたあと、フレディはまた姿を消していた。

ジョンは父親の出現を面白がり、特にレコードを作ったことをおかしがっていたが、もしフレディをなんらかの形で援助しようものならミミを始め家族が断乎《だんこ》許さないだろう、ということも知っていた。なんのかのと言っても結局、妻子を捨てて逃げた男なのだ。

一九六八年初め、私はようやくフレディの所在を突きとめた。彼はジョンのウェイブリッジの家からそう離れていないハンプトンコートのホテルで皿洗いをしていた。

「ちっぽけな人生を私なりに生きてるだけ。行きあたりばったり。それが私だ。どこにいるかマスコミに知られるのはいやだね」

二、三年前いきなりジョンの家を訪ねたところ、鼻の先でドアを閉められたことがまだずいぶんショックだったようだ。私は彼に数回逢い、かなり心をひかれるところがあった。若い頃の話をずいぶんしてもらい、それがこの本の第一章の初めの部分の基礎となった。

ジョンと妻とを捨てた理由を尋ねたが、自分でもよく分らないようだった。確かにジョンを手放すのはとても辛かった、本当にどうしていいか分らなくなった、特にブラックプールで一緒に過ごしたあとは、と彼は言う。

「あの晩、ジョンが連れて行かれてから、私はブラックプールのチェリー・ツリーってパブで歌ってた。アル・ジョルスンの『リトル・パル』っていう唄だったけれど『リトル・ジョン』と替えて歌って、目に涙があふれたよ」

フレディが話してくれたことは半分も信じてよいかどうか分らなかったから、すべてを書くことはしなかった。もちろん彼の若い頃の話については真偽を確かめようもないわけだが、本に出てくる、特に「有能な給仕人だった」とか、ジュリアの母親が自分の「体格を褒めた」といったくだりからしても、彼が自分のすぐれた点を過大に言う癖を持っていることははっきり分ると思う。それとも、みんな本当なのだろうか。

私はジョンに、フレディが姿を現したこと、再びその日暮しに戻り、ホテルからホテルを転々として、たいてい調理場で働きながら、バーの客に唄を歌って一杯飲む金をせしめようといつも考えていることなどを話した。

こうした話のいくつかに触発されて、ジョンの頭の中には、ジュリアに聞かされた、フレディとの新婚時代の思い出がぼんやりとよみがえってきたようだった。「結構楽しかったこともあったに違いないと思うんだ」とジョンは言った。「もう昔みたいに本当に憎いという気持はない。二人が別れたのにはジュリアの責任もきっとあったのだと思うよ。

「ビートルズがなかったらぼくも結局フレディみたいになっていただろう」

私はジョンのこの言葉を聞いて笑ったのを覚えている。が、この言葉にはいくらか事実もあると思う。ジョンがいわゆる堅気の仕事を持って落着き、あるいは会社のヒエラルキーの中におさまっていることはもとより、画家やデザイナーとしてなんとか生活している姿でさえ、想像するのはむずかしいのだ。これはもちろん、美術学校の試験に通ったからどうの、という問題ではない。彼はたちまち飽きてしまった筈だと思うのだ。だから結局は浮浪者に落ちぶれたとしても不思議ではないのである。

ある夜ジョンから電話でフレディの家の電話番号を訊いてきたことがあった。フレッドはだれかのところに居候をしていて電話などなかったから、私に分るのは彼が働いているホテルだけだった。ジョンがホテルに電話をするのはいやだというので、私が代って連絡をとり、もう一度逢いに行った。そして彼に、ジョンが今は逢いたいと言っているが、すべて極秘にしなければならない、マスコミにばれると、いや、それよりミミがこのことを聞きつけたら一巻の終りだ、と言った。

二人の会合の段取りは決り、二人は意気投合した。ジョンはフレディを愉快な男と思い、それに気を良くしたフレディは自分の人生と苦労を、前にもまして大げさに語って聞かせた。ジョンはフレディに金をやると言って相当の額を無理やり手に握らせた。住む所がないと知ると、しばらく自分の所にいればよい、と言った。

結局、ジョンは彼にフラットを一つ用意してやった。久しぶりに金が入ったフレディはすっかり上機嫌で、フラットに移る際、十九歳の女友達を一緒に連れて来て、結婚するつもりだと言った。

二人を逢わせてくれてありがとうということで、フレディからは気持の良い手紙と彼の若い頃の写真が送られてきた。この写真はどうしても本に使いたいと思ったのだが、あいにくもう間に合わなかった。

この写真の彼は船の上で囚人服を着、手に自分の番号を書いた紙を持っている。当時四十歳ぐらいだろう。ジョンが死んだときと同年輩である。顔はとてもよく似ている。

私がフレディと逢っていた頃、原稿はすでにタイピストの手に渡っていた。第一章が細切れで、話が唐突に飛ぶのはそのせいである。フレディについてできるだけ多くのことを、できるだけ早く詰めこむのが精いっぱいだったのだ。

この本は全体としてもぎくしゃくしたところが多い。もし仮に今、書き直すとしたら文章に手を加えてもっとなめらかな洗練されたものにし、もっと客観的に物事や人物、事件を全体の流れの中に配置するだろう。いや、しないかもしれない。ことによると、この本の良さは、その時代に書かれたものであること、つまり異常な時代の現場報告であること、一つの現象が高まり、ピークを迎え、そのときはわれわれのだれにも分らなかったが、まもなく瓦解していくのを目撃した者の証言であることにあるのかもしれない。これでいいのだろう。後知恵のしたり顔はよそう。

これは一九六八年に見たままのビートルズを描いた、ごく単純な物語なのだ。楽しんで読んでいただければ幸いである。

ハンター・デイヴィス

二〇〇九年

ビートルズの最も初期の宣伝用写真。1962年10月、最初のレコード『ラヴ・ミー・ドゥ』のプロモーション用にパーロフォンが作成した資料より。

第一部　リヴァプール

1　ジョン

ジョンの父親のフレッド・レノンは孤児として育てられ、当時は孤児を入学させていたリヴァプールの慈善学校《ブルーコート・スクール》に入った。そしてシルクハットや燕尾服を与えられ、フレッド自身の話によれば、至れりつくせりの教育を受けた。

みなし児になったのは一九二一年、九歳のときで、その年に父親のジャック・レノンが死んだのだった。このジャック・レノンという人は生れはダブリンだが、人生の大半をアメリカで、職業歌手として送った。初期のケンタッキー・ミンストレルズのメンバーだったという。歌い手をやめてから、リヴァプールへ帰り、そこでフレッドが生れた。

立派な教育を受け、二着の新調の背広を貰ったフレッドは、十五歳で孤児院を出て、或る事務所の雑用係になった。「うぬぼれてると言われるかもしれないが、勤めて一週間目に、ボスはまた孤児院に申し込んでさらに三人も雇いましたよ。お前の馬力の半分もありゃ充分使いものになる、なんて言ってね。私は凄い子供だと思われたらしい」

凄い子供だったかどうかはともかく、フレッドは十六の年に事務所をやめて、海へ出た。まず使い走りのボーイになり、やがて給仕人になった。給仕人としてはフレッドは優秀だったが、特に野心はなかったという。フレッド・レノンが乗らないうちは船はリヴァプールから出航できない、と言われたほど有能な給仕人だったというのが、フレッド自身の証言である。

船の仕事に乗り出す直前に、フレッド・レノンはジュリア・スタンリーと出逢った。初めて二人が逢ったのは、フレッドが孤児院を出て一週間後のことだった。

「あれはすばらしい出逢いだった。私は二着の新調の背広の一着を身につけていた。一人の友達が女の子のハントの仕方を教えてくれるというので、そいつと一緒にセフトン公園で坐っていたんだ。私はシガレット・ホルダーと山高帽子を買ったばかりだった。そういうもので女の子を迷わす気だったんだね。

「私らは一人の女の子に目をつけた。ぶらぶら歩きながら、その子の前を通りすぎようとした瞬間、その子が言った。『あんた、馬鹿みたいに見えるわよ』そこで私は、『きみはきれいに見えるぜ』と言い、その子のそばに腰を下ろした。いやはや、無邪気なもんさ。私はまるでうぶだった。

「私のそばに坐るのなら、その馬鹿みたいな帽子をとってよ、と女の子が言った。私は言われた通りにした。帽子を池の中に投げこんだ。それ以来、帽子というものは一度もかぶったことがないよ」

フレッドの船が港に入るたびに、フレッドとジュリアはデートを重ね、それが約十年間続いた。ジュリアの母親はフレッドの「体格を褒めた」が、父親のほうはあまりフレッドが気に入らなかった。だが、フレッドはジュリアにバンジョーの弾き方を教えたりした。「ジュリアと私はよく一緒にバンジョーを弾いちゃ唄を歌ったもんだ。今ならコンビで売り出せるくらいの腕前じゃなかったかな。ある日、ジュリアが『ねえ、結婚しましょう』と言った。結婚するなら、ちゃんと婚約を発表して、型通りにやらなきゃならないぜ、と私は言った。そしたらジュリアが、『あんた、そんなことできっこないわよ』と言うだろう。それで私は意地になって結婚したんだ。まるで冗談半分の結婚だったね」

スタンリー家にしてみれば、この結婚は冗談事ではなかった。「ジュリアがアルフレッド・レノンとデートしていたことは、私たち、知っていました」と、ジュリアの四人の姉妹の一人、ミミは言う。「そりゃあ、フレッドは美男子だったわ。でも、ジュリアのためにも、だれのためにもならない男だと、私たちは思っていました」

結婚式は一九三八年十二月三日、マウント・プレザント登記所で行なわれた。ジュリアの両親はどちらも出席しなかった。アデルファイ・ホテルの前に、午前十時、真っ先に現れたのはフレッドだった。ところがジュリアの姿が見えないので、フレッドは兄弟の家へ一ポンド借りに行った。戻って来たが、まだジュリアが現れないので、トロカデロ映画館に電話をかけた。ジュリアは映画ファンで、しょっちゅうトロカデロに入りびたっていたのである。べつに勤めていたわけではないのだが、結婚証明書の職業欄にも、冗談半分、「映画館の案内係」と書きこんだのだった。「トロカデロの彼女の友達の一人と電話で話したんだ」と、フレッドは言う。「トロカデロの女の子はみんな私に惚れていたよ。もしジュリアが嫌いになったら私が待ってるわよ、なんて、よく言われたっけ」

やがてジュリアが現れ、二人はハネムーンの代りに一緒に映画を見た。それからジュリアは自分の家へ帰り、フレッドも自分の住居へ帰った。翌日、フレッドは船に乗り、三カ月の予定で西インド諸島へ発った。

ジュリアはその後も両親の家にとどまり、フレッドもそれから一年ばかりのあいだ、上陸したときはジュリアの家で暮した。しばらくして、フレッドの留守中にジュリアは自分が妊娠していることに気づいた。それは一九四〇年夏のことである。リヴァプールは猛烈な空襲に見舞われていた。フレッド・レノンの行方はだれも知らなかった。

ジュリアはオクスフォード通りの産院に入り、子供を生むことになった。赤ん坊は一九四〇年十月九日午後六時半、激しい空襲の最中に生れ、ジョン・ウィンストン・レノンと名づけられた。ウィンストンは発作的な愛国心の現れである（チャーチル首相の名前がウィンストン）。分娩の二十分後に赤ん坊と対面したミミが、ジョンという名前を選んだ。

「ジョンを見た途端《とたん》に、私はぼうっとしてしまいました」と、ミミは言う。「だって、男の子でしょう！　男の子というものが、どうしても不思議で仕方がなかったんです。それで、ジュリアを放ったらかして、ジョンの世話ばかりしました。『私は生んだだけね』なんてジュリアは言いました」

ジョンが一歳六カ月頃の或る日、ジュリアは回漕事務所へ行って、それまでほそぼそと続いていたフレッドからの送金を受けとろうとした。ところが事務所では、送金はもうないと言った。「アルフレッドは船から脱走したのです」と、ミミは言う。「一体どういうことがあったのか、だれも知りませんでしたけれど」やがてフレッドは現れたが、ミミに言わせれば、そこで二人の結婚生活は事実上終った。本当に別れたのはさらに一年ほどあとのことだったが。

「ジュリアはまもなく別の人と知り合って、再婚する気になりました」と、ミミは言う。「再婚するについては、ジョンを連れて行くのは具合が悪かったので、私がジョンを引き取りました。もちろん、私もあの子を引き取りたかったのだけれど、とにかく、それが最善の道だったのです。あの子にはどうしても安定した幸福な家庭が必要でした。あの子はその前から私の家を第二のわが家だと思っていましたけれど。ジュリアとフレッドはどちらも子供を私に引き取ってもらいたがっていました。そういう意味のことを書いた二人の手紙を、私、今でも持っています。でも二人を登記所まで引っ張って行って、正式の離婚手続きをさせることは、とうとうできませんでした」

フレッド・レノンの話によれば、この「脱走」と、結婚生活のトラブルのことは、少し事情が違っている。戦争が始まったとき、フレッドはニューヨークにいたが、自分がボーイ長ではなくボーイ助手としてリバティ船に転属させられるという噂を聞いた。「つまり等級が下がるということさ。戦争にかかりあうのは構わないが、自分の等級が下がるのは我慢できないよ。そうじゃないかね？　私が働いていた客船の船長が入れ知恵をしてくれた。『フレディ、酔っぱらって船に乗りおくれるんだ』」

フレッドはその通りのことをやって、エリス島の収容所に入れられ、あらためてリバティ船に乗ることを命じられた。フレッドは、おれはクイーン・メリー号のボーイ長になりたいんだと言って頑張った。とどのつまり、リバティ船に送りこまれ、北アフリカへ連れて行かれた。北アフリカに着くと、フレッドは監獄に入れられた。

「ある日、料理番の一人が、そいつの部屋から酒壜を持って来てくれと言ったんだ。私がその酒を飲んでいると、警察が来た。そうして積荷を盗んだのはお前だろうと言う。私はそんなことはしやしない。私がその船に乗り組む前に、船の連中がやっていたことなんだね。ところが、その連中はもう船を下りてしまっていて、私しかいない。結局、掻《か》っ払《ぱら》いの罪を着せられてさ。申し開きをしたけれども、どうにもならなかった」

フレッドは三カ月間、監獄に入っていた。ジュリアへの送金はもちろん止まった。送りたいにも金がなかった。それでも手紙は何通か出した。「私の手紙をジュリアは喜んでくれた。私はこう書いてやったんだ。この戦争は当分続くから、あんまりくよくよせずに、たまには外へ遊びに行くといい、ってね。これがわが人生最大の間違いさ。ジュリアはほんとに遊び歩いて、ほかの男と知り合ったんだ。ところが、そうしろと言ったのは、この私なんだからね」

フレッドの航海中、母親と一緒にスタンリー家で暮していた頃のことを、ジョンは当時まだ四歳にもならなかったのに漠然と記憶している。「ある日、お祖父ちゃんがピア・ヘッドへ散歩に連れて行ってくれた。ぼくは新しい靴をはいていたので、途中で痛くてたまらなくなった。お祖父ちゃんはペンナイフで靴の踵を切って、歩きやすくしてくれた」

母親とフレッドは一時期仕合せに暮していたのだという印象を、ジョンは母親の話から受けとっていたようである。「二人でいつもふざけたり、笑ったりしていた、と母は言っていた。フレッドはきっと人気者だったんだと思うな。よく船の上でやった音楽会のプログラムを送ってきたけれども、それにはフレッドが『ビギン・ザ・ビギン』を歌うと印刷してあった」

姉妹たちの話によれば、ジュリアもいつも歌っていたという。「明るくて、洒落《しやれ》が上手で、ほんとに面白い子でした」と、ミミは言う。「人生のことにしろ何にしろ、まじめに考えたことは一度もなかったんですね。ただもう面白おかしければいいという調子で、相手の人の本心がようやく分ったときは、いつももう手遅れなんです。罪を犯されこそすれ、犯した覚えのない子なのね（「リア王」三幕二場のセリフから）」

フレッドは海へ戻り、その前からジュリアは新しい男と同棲し始め、ジョンはミミの家で暮した。フレッドは上陸したとき、ジョンに逢いにミミの家を訪ねようと決心した。「サザンプトンから電話をかけて、ジョンを電話口に出してもらった。もう五歳ぐらいだったかな。大きくなったら何になる、とか、そういったことを訊いた覚えがあるよ。ジョンはきれいな英語を喋った。ずっとあとになって、ジョンがスカウス（パン、野菜、肉のごった煮、船員食）みたいな妙なアクセントで喋るのを聞いたとき、わざとやっていやがるな、って私はすぐ分ったよ」

フレッドはリヴァプールへ行き、フレッド自身の告白によれば、ジョンのことで心を痛めながら、ミミを訪ねた。「そしてジョンに、ブラックプール（リヴァプールの北四十キロ、海水浴場がある）へ行って定期市を見物したり、砂浜で遊んだりしないか、と言ったんだ。ジョンは行きたいと言った。私はミミに、連れて行ってもいいかと訊いた。いけないとは言えないわ、というのがミミの返事だった。で、ジョンを連れてブラックプールへ行った——もう二度と帰らない気でね」

フレッドと五歳のジョンは、ブラックプールのフレッドの友人の家で数週間を過ごした。「金は唸るほどあった。戦争直後のあの頃は何をしても許されたからなあ。私は密輸のようなものにも手を出して、主に闇商売の靴下を運んでいた。ブラックプールの連中は、いまだに似たようなことをやってるんじゃないかな」

フレッドが厄介になっていたブラックプールの友人は、ニュージーランドへ移住する計画を立てていた。フレッドは友人と行動を共にしようと決心した。準備がすっかりできたとき、ある日、突然ジュリアが訪ねてきた。

「ジョンを返してくれと言うんだ。家庭生活も落着いたので、ジョンを取り戻したくなったんだね。私は、もうジョンとの二人暮しに馴《な》れたから、一緒にニュージーランドへ連れて行きたいと言った。見たところ、ジュリアはまだ私に惚れているようだった。そんならお前も一緒に行かないか、新規まき直しをしないか、と私は言った。ところがジュリアは、いやだと言う。ジョンが欲しいだけだと言う。で、言い合いになった。私は言った。よし、それじや、ジョンに決めさせよう。

「私はジョンを呼んだ。ジョンは走って来て、私の膝《ひざ》に飛び乗った。そして私に抱きついて、ママが帰って来たの、と訊くんだ。それがあの子のほんとの望みだったんだね。いや、父さんと一緒に暮すか、それとも母さんの家へ行くか、どっちにするかをお前が決めなさい、と私は言った。そしたらジョンは、父さんと暮すと言う。ジュリアがもう一度訊いたが、ジョンはやっぱり、父さんと暮すと言った。

「ジュリアは外へ出て、道を歩き出した。すると、ジョンが母親を追っかけて行った。

「それがジョンの見収めさ。次に噂を聞いたときは、あの子はビートルズの一人になっていたんだ」

ジョンはジュリアと一緒にリヴァプールへ帰ったが、母親の家に行ったわけではなかった。ジョンを取り返したがったのは、実はミミ伯母さんだったのである。リヴァプール市ウールトン区メンローヴ・アヴェニューにあるミミとその夫ジョージの半独立家屋に、ジョンは今度こそ恒久的に落着いた。

「両親のことは一度もジョンに話しませんでした」と、ミミは言う。「そういうことであの子を傷つけたくなかったものですから。私は神経質すぎたかしら。分りませんわ。私はただ、あの子の仕合せを願っただけです」

ミミのそうしたやり方について、ジョンは今でも感謝している。「どう考えても、ミミはぼくにとってすばらしい人だ。ぼくが育った環境のことをとても気にかけてくれて、両親にもいつもぼくのことをもっと考えるように、ぼくの安全のことを考慮するように口を酸《す》っぱくして言ったらしい。両親もミミを信用したからこそ、結局ぼくを預けたんだと思う」

ジョンはミミの家での生活にすぐ馴れた。ミミは少年を自分の息子同様に育てた。この女性は規律にやかましい人だったから、子供のいたずらを決して許さなかったが、ジョンを殴ったり、どなりつけたりしたことは一度もなかった。そういうことは親の弱さの現れだというのがミミの考え方である。この人の最高の罰は、ジョンを無視することだった。「それがジョンには一番辛かったようです。『知らんぷりしないで、ミミ』と、あの子はよく言いました」

しかし少年が個性を伸ばすことを、ミミは許していた。「うちはもともと個人を尊重する主義でした。母は世間のしきたりを全然問題にしませんでしたし、私もそうです。母は結婚指輪を生涯はめなかったし、私もはめていません。指輪なんか必要ありませんもの」だが家業の小さな乳製品の店を経営していたジョージ伯父さんは、とかくジョンを甘やかしがちで、この家のウィーク・ポイントになっていた。「ジョージの枕の下から、ジョンが忍ばせておいたメモ用紙がよく見つかりました。『ジョージ様、こんばんはミミのかわりにぼくのからだをあらってください』とか、『ジョージ様、ウールトンえいがかんにつれてってください』とか」

そういう類《たぐ》いの外出を、ミミは年に二度しか許可しなかった。その一つはリヴァプール・エンパイヤ劇場でのクリスマスの無言劇であり、もう一つは夏休みのディズニー映画だった。

だが、ほかにもっとささやかな娯楽、たとえば、ストロベリー・フィールドがあった。これはこの地方で救世軍が主催している子供の家であり、毎夏そこで盛大なガーデン・パーティが開かれるのである。「救世軍のバンドの音が聞こえると、ジョンは飛びあがって、『ミミ、早く行こう、おくれるよ』と大きな声で言いました」

ジョンが最初に入学した学校はダヴデイル小学校だった。「校長のエヴァンズ先生は私に、この子は針みたいに鋭い子だとおっしゃいました。ジョンは自分でする気になったことはなんでもするのですけど、月並みなことは絶対にしたがらないのです」

すでにジョージ伯父さんに教育されていたジョンは、学校に入って五カ月目に読み書きができるようになったけれども、ときどき妙な綴り《スペル》を書いた。Chickenpox（水ぼうそう）はいつも chicken pots になってしまった。「一度お休みにエディンバラの私の妹の家へ遊びに行きましたが、そのとき葉書に『面白さがだんだん低まっています』なんて書いてよこしました。その葉書は今でもとってあります」

ミミは、ダヴデイル小学校に通うジョンの送り迎えをしようとしたが、ジョンはそれをいやがった。学校へ通い始めて三日目に、恥ずかしいから、もう送って来なくていいと言った。そこでミミは、学校から出て来たジョンの二十ヤードほどあとをこっそりつけて、少年の安全を確かめなければならなかった。

「ジョンの好きな唄は『レット・ヒム・ゴー・レット・ヒム・タリー』と『ウィー・ウィリー・ウィンキー』でした。いい声をしていましてね。ウールトン区のセント・ピーターズ教会の聖歌隊でよく歌いました。日曜学校にも欠かさず通って、十五の年には自分の意志で堅《けん》信礼《しんれい》を受けました。宗教を押しつけたことは決してなかったのですけれど、十代までは宗教的な傾向が確かにあったようです」

　ジョンが十四歳になるまで、お小遣いとして、ミミは週に五シリングしか与えなかった。「お金の価値を教えようと思ったのですけど、あまり効果はなかったようです」余分の金を得るためには、ジョンは庭仕事を手伝わなければならなかった。「あの子はいつも庭仕事をいやがりましたが、お金が欲しくてたまらなくなると、物置の戸を物凄い勢いでバタンとあけて、芝刈り器を引っ張り出し、時速六十マイルぐらいの猛スピードで芝生を何フィートか走ると、たちまち家の中に駆けこんできて、お金をせびりました。でも本当は、あの子にとって、お金は大した意味を持たなかったのです。お金には特別の関心がなかったみたい。いくらかありさえすれば、嘘のように気前がよくなって」

　ジョンは七歳頃から自分の本を書き始めた。そういう自家製の本を一かかえほど、ミミは今でも保存している。最初のシリーズは『絵入りスポーツ・スピード雑誌、編集とさし絵はJ・W・レノン』と名づけられた。それには小咄や、漫画や、絵や、映画スターとサッカー選手の写真の切り抜きなどが集められていた。ほかには続きものの小説があって、毎週のように「気に入ったらまた来週読んで下さい、来週はもっと面白くなりますよ」という文句で終っていた。

「ぼくは『不思議の国のアリス』に夢中で、全部の登場人物の絵を描いたっけ。それからジヤバーウォッキー（『アリス』の作者ルイス・キャロルの戯詩）の真似《まね》をして詩を書いた。もうすっかりアリスや、ジャスト・ウィリアムになったつもりだったよ。自分を主人公にして、自分なりのウィリアムものを書いたりもした。

「少し大きくなって、感傷的な、まじめな詩を書いたときは、ミミに読まれないように、わざとぐしゃぐしゃの筆蹟で書いた。そう、暴れん坊にも案外繊細《せんさい》なところがあったんだね。

『たのしい川べ』、あれも大好きだった。ぼくは何か一冊の本を読むと、すぐその通り実際にやってみようとした。それもぼくが学校時代、餓鬼大将になりたがった一つの理由だね。自分がやらせたい遊びを仲間がやらないと、どうしても我慢がならなかった。ぼくが本で読んで覚えた遊びをね」

ジョン少年は金髪で、母方の顔形を受け継いでいた。人はよくジョンをミミの実の子と間違えたが、そういう間違いはミミにしてみればまんざらでもなかった。見知らぬ人にそう言われた場合、ミミは決して否定しなかった。

ジョンを守りたいという気持が強かったこの人は絶えずジョンの世話を焼き、自分が「下らない子供たち」と呼ぶ連中にジョンを近づけまいとした。

「ある日ペニー・レイン通りを歩いていると、大勢の子供たちが輪になって、二人の子供が喧嘩《けんか》をしているのを見物しています。『また下らない子供たちの喧嘩だわ』と私は思いました。見物していたのはジョンの学校の生徒たちではなく、どこかよその学校の子たちでした。まもなくその輪が崩れ、中から上着を肩にひっかけた恐ろしい子が出て来ました。私はぞっとしました。それはジョン・レノンだったのです。

「私がその話をすると、ジョンはいつも面白がりました。『ミミ伯母さんらしいな。ぼく以外の子はみんな下らない子なんだものね』と、あの子はよく言ったものです」

ミミの話によれば、近所の子供たちと遊ぶとき、ジョンはいつも餓鬼大将だったという。だが学校では、事態はもう少し深刻だった。ジョンには一定の仲間がいて、みんなでほかの生徒たちに絶えず喧嘩を吹っかけ、自分が一番強いことを証明したいばかりに取っ組み合いをやった。小学校時代の二人の親友、アイヴァン・ヴォーンとピート・ショットンによれば、ジョンは四六時中、喧嘩をしていないときがなかったような印象だという。

その二人の友達は同じような半独立家屋に住んでいたので、ミミはジョンに交際を許していた。

「ダヴデイル小学校では年がら年中、喧嘩をしていた。ぼくより大きくて強そうな奴には心理的な方法を使って勝った。つまり、間違いなくこっちが勝つんだということを向こうに思いこませるまで、手を変え品を変えて脅迫するのさ。

「仲間とよくりんごを盗みに行った。ペニー・レイン通りで路面電車のバンパーに飛び乗り、何マイルも無賃乗車をやった。そのあいだ、わざと汚い言葉で悪態をついたりしてね。それほどこわかったんだな。

「ぼくは同じ年頃の仲間のボスだった。まだ小さい頃から猥褻《わいせつ》な冗談なんか覚えてね。近所の女の子に教えてもらったんだ。

「ぼくら一味は万引きとか、女の子のズロースを引っ張り下ろすとか、そういった類いのことをやった。そのうちに鉄槌《てっつい》が下って、一網打尽《いちもうだじん》につかまったとき、うまく逃げおおせたのはぼく一人だった。そのときはすごくこわかったけれども、親たちの中でなんにも知らなかったのは、ミミだけじゃなかったのかな。

「ほかの子の親たちはぼくを憎んでいた。ぼくと遊んじゃいけないと、自分たちの子供につねづね言っていたらしい。そういう親たちに出っくわすと、ぼくはいつも小生意気《こなまいき》な返答をして切り抜けた。たいていの教師たちはぼくを蛇蝎《だかつ》のように忌み嫌っていた。

「もう少し大きくなると、ぼくらはお菓子屋の店先からキャンデーを掻っ払うといったことから、若干進歩して、たとえば煙草の闇売りをやったりした」

表面的には、ジョンの育った環境は、愛情にあふれた、やさしい、しかも、断乎としたミミ伯母さんという人物に恵まれ、理想的であるように見えた。しかし、ミミ伯母さんが一度も話さなかったにもかかわらず、ジョンの心の中には漠然とした過去の記憶があり、成長するにつれて、答を得られぬ疑惑がますます少年を苦しめるようになった。

「ジュリアが訪ねて来たときなど、ジョンは一度か二度、私にいろんなことを訊きました」と、ミミは言う。「でも私は詳しいことは話したくありませんでした。そんな話がどうしてできたでしょう。あの子は仕合せでしたもの。あんたのお父さんは駄目な人で、あんたのお母さんはほかの男の人と一緒になった、などとは、とても言えません。ジョンはとても仕合せでした。しょっちゅう唄を歌って」

　ミミに事情を訊ねるようになり、そのたびに或る種の説明をしてもらったことを、ジョンは記憶している。「あんたのお父さんとお母さんはもうお互いに好きじゃなくなったのだというのが、ミミの説明だった。ぼくの父と母を非難するようなことは一つも言わなかった。「ぼくはすぐに父を忘れてしまった。父は死んだのと同じことだった。でも母にはときどき逢っていたから、母にたいする愛情は決して消えなかった。よく母のことを考えた。ほんの五マイルか十マイルの距離の所に母が住んでいることには、長いこと気がつかなかったけれども。

「或る日、母は黒いコートを着て、顔中血だらけになって現れた。何かの事故にあったのだそうだ。ぼくはとても母を正視できなかった。ああ、そこにお母さんが血だらけで立っている、とぼくは思った。そして庭へ逃げ出した。ぼくは母を愛していたけれども、かかりあいになるのはいやだったんだ。精神的にぼくは臆病だったと思う。自分の気持を隠したかったんだ」

　ジョンは自分の悩みや感情を押し殺していたつもりかもしれないが、ミミや三人の伯母たち――アンと、エリザベスと、ハリエットに言わせれば、ジョンは全く開放的で明るい性格だった。ジョンはこの上なく仕合せな子だったというのが、伯母たちの意見である。

2　ジョンと「クオリーメン」

一九五二年にジョンが入学した頃のクオリー・バンク校はミミの家から程遠からぬ町外れ、すなわちリヴァプール市アラートン区の小さなグラマー・スクール（大学進学をめざす中等学校）だった。この学校は一九二二年に創立され、市の中心部にあるリヴァプール・インスティチュートほど大きくもなければ有名でもないが、現在でもなお評判の良い学校である。その卒業生の中の二人――ピーター・ショアとウィリアム・ロジャースは労働党政府の閣僚になった。

ミミは、ジョンが市内の学校ではなく郊外地区の学校に入ったことに満足していた。監督がゆきとどくと思ったのである。ピート・ショットンはジョンと一緒にクオリーへ入ったが、もう一人の親友、アイヴァン・ヴォーンはインスティチュートへ入った。それはアイヴァンにしてみれば一安心だった。この子はジョンの一味の中ではただ一人、勉強好きの子であり、ジョンと同じ学校に入れば勉強が不可能になることを知っていたのである。しかし放課後は、この子もまだジョンの一味のメンバーとして受け入れられていた。アイヴァンは自分の学校の生徒を呼んで来て、ジョンの仲間に加わらせるようになった。「最初に連れて行ったのがレン・ギャリーだった。もっとも、それほど大勢連れて行ったわけじゃない。ぼくはジョンに紹介する奴は念入りに選んでいたから」

ジョンは初めてクオリー・バンク校へ行った日のことを明瞭に覚えている。「何百人という新入生を眺めて、ぼくは思った。畜生、ダヴデイル小学校でやったみたいに、またばりばり喧嘩をして、のし上がっていかなきゃならないのかって。

「ところが、なかなか手強い相手がいた。最初の喧嘩はぼくの負けでね。ぼくはひどくがっかりしちまった。本格的な喧嘩だったわけじゃない。ぼくがさんざん悪態をついたり、どなったりしたあげく、あっさりボインと殴られちまったのさ。ちょっとでも血が出りゃ、それでもう負けだ。それからってものは、パンチが強そうな相手のときは、OK、じゃレスリングでいこう、と言ったっけ。

「ぼくが喧嘩っ早かったのは、人気者になりたかったからだ。ぼくはリーダーになりたかった。おべっかを使ったり、へつらったりする奴より、そのほうが魅力だろ。みんながぼくの言う通りに動き、ぼくの冗談に笑い、ぼくを親玉にすること、それが望みだった」

最初の年、ジョンは猥褻ないたずら描きをしていたところを見つかった。「それで教師たちとの関係がいっぺんに悪くなったね」そのあと、ミミは少年が書いた猥褻な詩を発見した。

「ぼくの枕の下から見つけたんだ。字の下手な奴がいて、そいつに無理に書かされたんだ、とぼくはごまかした。実は、もちろん、ぼくの作品さ。そういう詩はすでにどこかで読んだことがあった。読むだけでも罪になるようなやつをね。こんなものを書くのはどんな人間だろうとぼくは思い、自分で書いてみる気になったんだ。

「初めのうちは学校の勉強に多少は精を出したと思う。ダヴデイル小学校でもそうだった。でも、小学校時代は、いつだって自分の仕業《しわざ》を正直に白状して、決して嘘をつかなかった。でも、それが馬鹿らしいということに、そろそろ気がつき始めていたんだね。いずれにしろ、叱られることは同じなんだから。それでぼくは何から何まで嘘をつくようになっていった」

最初の一年が終る頃になると、あらゆる規律や義務に反抗するレノンとショットンは、二人を除く学校の全員と対立していた。ジョンが味方についていなかったら、ピートは結局折れて、学校の規律に従うようになったかもしれない。しかし、ジョンはたぶん一人でも負けなかっただろう、とピートは今でも思っている。「しかし二人だと、自分たちの信念を守りやすいことは確かだね」と、ピートは言う。「辛いときでも一緒に笑ってくれる人間がいるとね。ぼくらは年中笑いとばしていた。それを学校にいたあいだ、ずうっと続けたんだ。大したものだったよ」

今思い出してみれば二人のいたずらはそれほど面白いものではないが、しかし今でも思い出すたびに笑ってしまうような愉快な出来事もあった、とピートは言う。

「ぼくらが何か悪いことをして、初めて教頭の部屋に呼ばれたのは、あれはまだずいぶん小さい頃だったと思う。ぼくらが入って行くと、教頭はデスクで何か書き物をしていて、ぼくとジョンを自分の両側に立たせた。そして坐ったまま、お説教をしたんだが、ジョンは教頭の頭の毛をいじり始めた。教頭の頭はほとんど禿げ上がっていたけれども、脳天のあたりにほんのちょっぴり髪の毛が残っていたんだ。ところが、教頭のやつ、ジョンがいじっているのに気がつかないで、ぼくらにお説教しながら、何度も何度も禿げ頭に手をやるんだね。これはもう、ひどいものだった。ぼくは吹き出すのをこらえるので死ぬ思いをした。ジョンは文字通り、小便を洩らしてしまった。ほんとに。小便はズボンを伝って流れ出した。短い半ズボンをはいていてね。だから、まだ低学年の頃のことだったと思うんだが、そのうちに小便が床へポタポタ垂れ始めた。教頭が振り向いて、仰天《ぎょうてん》して、『なんだ、それは？　なんだ、それは？』」

ジョンには絵の才能があり、ほかのことはともかくとして絵はいつも上手に描いた。一方、ピートは数学が得意だった。自分ができない数学に興味を持っているピートに、ジョンは嫉妬して、絶えずピートの勉強を妨害しようとした。

「目の前にいたずら描きを突きつけて、ぼくの気を散らそうとするんだ。それはエロっぽい絵のこともあったけれども、たいていはただの漫画で、ぼくはいつも吹き出してしまった。ぼくが興奮状態になっていると、クラスの連中は『またショットンがふざけています、先生』なんて叫んだっけ。

「何かの理由から、ぼくがクラス全員の前に立ち、教師が一同に背を向けているようなとき、ジョンはいつも立ち上がって、絵をかざして、ぼくに見せた。こっちはもう、こらえきれなくなって吹き出してしまった」

二人が初めて校長の所へ呼ばれ、鞭で打たれたときも、ジョンは全然怯《おび》えていなかった。

少なくとも怯えたふうを見せなかった。

「ジョンが先に入り、ぼくは校長室のドアの外で待っていた。これからどういう目にあうのかと思うと、ぼくは怯え、体はこわばっていた。何時間も待ったような気がしたが、きっと数分間だったんだろう。やがてドアが開いて、ジョンが出て来た──四つん這《ば》いになって、大げさな呻《うめ》き声を上げながらね。ぼくは途端に吹き出した。そのときまで気がつかなかったんだが、校長室のドアは二重になっていたんだ。ジョンは部屋の中からは見えないロビーみたいな所から四つん這いになって出て来たのさ。次はぼくの番だったが、まだにやにやしていたので、校長にこっぴどく叱られたっけ」

ジョンは一年ごとに確実に悪くなっていった。初めトップに近かった成績は、三年生になるとBクラスに下落した。成績簿にはこんな言葉がしるされた。「見こみなし。クラスの道化者。最低のレポート。他の生徒の勉学の邪魔になっている」保護者のコメント欄には、ミミにより「鞭打ちの罰」と書かれていた。

ミミは家庭で絶えずジョンに注意していたが、この少年が学校でどれほど悪いことをしているか、どれほど非協力的であるかは知らなかった。

「ぼくがミミにぼろを出したのは一度だけだ。ミミのハンドバッグから金をくすねたのさ。その前から、ちょびちょびくすねてはいたんだが、その日は少々たくさん取りすぎたんだ」

その間、ジョンはジョージ伯父さんとはますます親密になっていった。「ぼくらは仲良しだった。伯父さんは気のやさしい人だった」ところが一九五三年六月のこと、ジョンは十三そこそこだったが、ジョージ伯父さんは脳出血で死んだ。「ある日曜日、全く突然の出来事でした」と、ミミは言う。「あの人は生涯働き詰めで、病気で休んだことはただの一日もなかったのです。ジョンはあの人と仲良しでした。私とジョンがちょっとしたことで喧嘩をすると、ジョージはいつもジョンの味方でした。二人でよく外出もしました。二人があまり楽しそうにしているので、私はときどき妬ましくなったほどです。ジョンはジョージの死にずいぶん打撃を受けたようでしたが、表には出しませんでした」

「悲しみをどう表現したらいいか分らなかった」と、ジョンは言う。「何をすべきか、なんと言うべきか、さっぱり分らないから、ぼくは二階へ上がってしまった。そこへぼくの従姉《いと》妹《こ》が来て、その子も二階へ上がって来た。ぼくとその子は、ひどく興奮して、やたらにげらげら笑っていた。そのことがあとあとまで気がかりでね」

ジョージ伯父さんが死んだ頃から、もう一人の人物がジョンの人生において徐々に重要な役割を演じるようになった。すなわち母親のジュリアである。ミミは母親のことをジョンにほとんど話さなかったが、ジュリアはミミには絶えず連絡をとっていた。明らかに息子の成長ぶりを見るのが嬉しくてたまらなかったのだろう。ジョンのほうも十代になって、母親に逢うことがますます魅力になっていた。その頃のジュリアは、すでに一緒に暮していた相手とのあいだに二人の娘を儲けていた。

「初めてカラーのシャツを買ってくれたのはジュリアだ」と、ジョンは言う。「ぼくはジュリアの家を訪ねるようになった。新しい男にも逢ったけれども、特にどう思ったわけでもなかった。顔面神経痛という綽名《あだな》をつけてやったけどね。でも、まああの奴だ。

「ジュリアは一種の叔母、でなきゃ姉のような感じだった。成長するにつれ、ミミとは、だんだん衝突することが多くなった。だから週末にはジュリアの家へ泊りに行ったりした」

ジュリアがジョンの生活において次第に重要な存在になっていったことは、二人の親友、ピート・ショットンとアイヴァン・ヴォーンが、はっきり記憶にとどめている。この女性はジョンの親友たちにまで大きな影響を与えたのだった。

ピートは、クオリー・バンク校の二年か三年の頃から、ジュリアの噂を聞くようになったと記憶している。その頃すでに、ピートも、ジョンも、そんなわるさを続けていれば将来はひどいことになると、さんざん警告されていたのだった。ピートの両親や、ジョンのミミ伯母さんはいつもそう言っておどかした。しかし二人はそういう警告を笑いとばしていた。そこへジュリアが現れ、二人の少年と一緒になって、教師や、世の母親たちや、そのほかいろんなことを公然と嘲笑した。

「大した人だったよ」と、ピートは言う。「最高だった。ぼくらがこんなことを説教されたと話すと、心配ないわよ、なんていつも言うんだ。ぼくらはあの人が大好きだった。ぼくらに似た人間は、ほかに一人もいなかったからね。いつも、ぼくらが聞きたいと思うようなことを話してくれるんだ。なんでもかんでも笑いとばすとこなんか、ぼくらにそっくりだった」

ジュリアはアラートン区に住んでいたので、少年たちは放課後によくその家を訪ねた。時にはジュリアのほうが少年たちに逢いに来た。「あるとき、彼女はニッカーズ（膝下でくくる女ものの下着）をスカーフみたいに頭にかぶって現れた。ニッカーズの足は両肩のうしろに垂れ下がっているのさ。人にじろじろ見られても、あの人はけろっとしていた。ぼくらのほうがどぎまぎしちまった。

「また別のときには、やはりあの人と一緒に街を歩いてたんだが、あの人はレンズの入っていない眼鏡をかけていた。知り合いの人に逢っても、向こうはすぐには気がつかない。あの人はお喋りしながら、眼鏡の蔓《つる》の中に指を突っこんで目をこするんだ。相手は呆気《あっけ》にとられてね」

アイヴァンによれば、ジョンが反逆者になったことについては、ジュリアの力が大きかった。ジュリアが現状を肯定し、少年の行為を一々面白がる一方、ミミはジョンにたいして厳しかった。もちろんその厳しさは世の母親並みのもので、煙草を吸ったり酒を飲んだりせぬよう注意する程度だったのだが。たとえミミが多少折れたとしても、ジョンはもちろんジュリアを選び、その家へしげしげと通うのだった。ジュリアはスタンリー家の変り種であり、厄介者だったと言えるだろう。自分の血をひいたジョンが同じような人間になることを、この女性は望んだのだった。

まもなくジョンは四年Cクラスにいた。成績最低のクラス、Cクラスに初めて入れられた。「低能の連中と一緒にされて、今度ばかりはぼくも恥ずかしくなった。Aクラスは気取っていたから、Bクラスなら、むしろ悪くなかったんだけれども。そこでぼくは試験のときカンニングをやるようになった。でも、モンゴル人みたいな連中と競争しても始まらない。ぼくの成績はますます悪くなっていった」

ピート・ショットンも同じクラスに入れられた。「ぼくは彼の一生まで台なしにしてしまったんだ」

四年の最終学期になると、ジョンの成績は二十番にまで落ちた。すなわち、最低のクラスの最低の成績である。「落伍者であることに間違いない」と、ある教師は成績表に記入した。

ジョンが五年生だった年に、新しい校長、ポブジョイ氏が赴任してきた。レノンとショットンが学校一の問題児であることを、この校長はまもなく知った。だが、この人物はまじめにジョンに接触しようとした形跡がある。それは従来の教師がだれ一人としてやらなかったことだった。どの教師もとうの昔に愛想をつかしていたのである。

「しかし彼は駄洒落ばかり上手な、救いようのない不良少年だった。私には、つまり、全く理解できなかったんですな。残念ながら、一度、彼を鞭で打ったことがあります。残念ながらというのは、つまり、現在の私は体罰には反対の主義ですので。鞭打ちも少しはやりましたが、じきやめました」

ポブジョイ氏は、ジョンがOレベル（中等教育修了共通試験の普通級）の試験に落第したので、いささか驚いた。「パスすると思ったのですがね。なにしろどの科目も一つ残らず最低の点数でしたから、これは美術学校へ行かせるよりほか手はないと思いました。絵が上手なことは知っていましたから、その方面でチャンスを与えるべきだと判断しまして」

ジョンの未来が危機に瀕《ひん》したとき、ミミは校長に逢いに行った。「校長先生は私に、今後あの子をどうするつもりかと訊きました。私は訊き返しました。先生こそあの子をどうなさるおつもりですか。だって五年間教育してもらった結果がこれでしょう」

ミミは美術学校にジョンを行かせることに反対ではなかった。ただし、そこに入学できるのがジョンにとってどれだけ幸運であるかということは、あまりよく分っていなかったらしい。「私はあの子がまともに生活できる人間になってくれればいいと思いました。要するに一人前になってくれればね。

「心の中ではジョンの父親のだらしのなさを思い出したりもしましたが、もちろんそんなことはジョンには言いませんでした」

現在、クオリー・バンク校時代を振り返って、ジョンにはいささかの後悔もない。

「ぼくが正しかったことが証明されたんだ。連中は間違っていて、ぼくが正しかったのさ。連中は今でもぱっとしないありさまなんだろう？　だとすれば駄目な人間は連中のほうじゃないか。

「教師たちは一人二人を別として、たいていは馬鹿な奴らだった。ぼくはあんな奴らは問題にしなかった。ぼくはただ、手っとり早く面白いことをしたかっただけさ。一人だけ、ぼくの漫画を面白がってくれる教師がいた。よく自分の下宿にぼくの漫画を持って帰ったっけ。

「教師は生徒にたっぷり余裕を与えて、生徒の興味や関心を大いに伸ばすようにしなきゃ駄目だ。ぼくは前から絵が好きで、何年間も絵だけはいい成績だったのに、だれもそんなことは問題にしなかったんだからね。

「美術でもOレベルの試験に落ちて、ぼくはがっかりしたが、すぐあきらめた。教師が求めるのは、きちんとけじめをつけることだけなんだ。ぼくにはきちんとしたところが全然なかった。絵具をやたらに混ぜるしね。あるとき『旅行』という題の絵を描かされた。ぼくは体中が瘤だらけになった傴僂男《せむし》の絵を描いた。教師にはその意味がちっとも通じなかったらしい。

「しかし、まあ、幸福な少年時代だったね。ぼくは喧嘩っ早くなったけれども、惨めな気持になったことは一度もなかった。いつも愉快にやっていた。

「つまり、ずっとジャスト・ウィリアムを気取っていたということかな」

クオリー・バンク校時代の終り頃、ジョンはポピュラー音楽に興味を持った。ただしミミはあまりいい顔をしなかった。ジョンが小さい頃、ラジオで覚えた旅行の唄を歌うのを、ミミはいつもいやがったものである。

ジョンはどんな種類の音楽教育も訓練も受けなかった。しかし流行《はや》っていたハーモニカは、自分で吹き方を覚えた。ジョージ伯父さんが安いハーモニカを買ってくれた。

「小さい時分に音楽を習わせようかと思いました」と、ミミは言う。「ピアノか、ヴァイオリンをね。でも、あの子はいやがりました。レッスンと聞くと初めから毛嫌いするんです。どんなことでも、習うのに時間をかけたりせず、すぐにやりたがりました。

「あの子の音楽を褒めてくれたのは、リヴァプールからエディンバラへ行くバスの車掌さんです。毎年、エディンバラの妹の家へ、従姉妹と一緒に行かせたんですけれども、あの子はジョージに買ってもらったぼろハーモニカを持って行って、道中ずっと吹き続けたんです。乗り合せた人はさぞかしやかましかったでしょうね。

「ところが、バスの車掌さんはあの子のハーモニカに感心したんです。エディンバラに着くと、こう言いました。あすの朝、バス停に来いよ、もっといいハーモニカをやるから。ジョンはその晩眠れず、翌朝飛んで行きました。そのハーモニカがほんとに上等なものなんです。あのときは、ジョンは十歳ぐらいだったでしょうか。とにかく、音楽を人に褒められたのは、それが初めてでした。その車掌さんは、なんの気なしにそう言ったんでしょうけど」

ジョンがときおり、耳を傾けるポピュラー音楽といえば、ジョニー・レイや、フランキー・レインの唄だった。「でも、そんなに熱心に聴いたわけじゃない」

それはジョンだけではなく、ジョン・レノンの時代のイギリスの少年たちは、だれもそういう唄を熱心に聴きはしなかった。一九五〇年代の半ばまで、ポピュラー音楽はなんとなく縁遠いものであり、現実生活とのつながりが欠けていた。それはもともとアメリカから来たものであり、見るからに芸人らしい専門歌手たちが、きれいな服を着て、愛想のいい笑みを浮べながら歌う恋のバラードは、主としてデパートの女店員や、若い女性向きの代物だった。

そこへ三つの事件が起ったのである。一九五四年四月十二日、ビル・ヘイリーとその楽団が『ロック・アラウンド・ザ・クロック』を発表した。それはイギリスに影響を及ぼすまでには一年の月日を必要とした。だが映画『暴力教室』の主題歌として、それがイギリスに上陸するや、ロックンロールは全イギリスを席巻《せっけん》し、映画館のシートはたちまちビリビリに破かれた。

もう一つの事件は、一九五六年一月、ロニー・ドネガンが『ロック・アイランド・ライン』というレコードを出したときに起った。このレコードは題名に偽りありで、荒々しいロック調とはなんの関係もなかった。だが目新しく面白いことといえば、この音楽がだれでも演奏できるような楽器によって演奏されたということだった。ロニー・ドネガンはスキッフルと呼ばれるジャンルを一般に広めたのである。ここで初めて、だれでも、特別の音楽知識や才能のない人間すらが、音楽に参加できるようになった。

スキッフル・バンドの中では一番むずかしい楽器であるギターさえも、単純なコードを二つ三つ覚えれば演奏することができた。ほかの楽器、たとえば洗濯板とか、茶箱ベースとかは、馬鹿でも演奏できる。

五〇年代のポピュラー界に起った第三の、そしてある意味では最もめざましい事件であり、ビートルズ以前のポピュラー界で最も影響力の強かった一人の人間——それはエルヴィス・プレスリーであった。プレスリーの登場も一九五六年の前半だった。その年の五月、プレスリーの『ハートブレイク・ホテル』は、十四カ国でヒット・チャートの一位にのしあがった。ある意味では、エルヴィスのような人物が現れることは時代の必然だった。小肥りで、容貌は中年ふうで、性的魅力の全然ないビル・ヘイリーを見るがいい。この新しい刺激的な音楽、ロックンロールが、それにふさわしい刺激的な歌手を生み出すだろうことは、火を見るよりも明らかだった。

ロックンロールはすべての少年たちを熱狂させる音楽だった。エルヴィスはその熱狂的な唄を歌う熱狂的な歌手だった。「エルヴィス以前にぼくに影響を与えたものはなんにもない」とジョンは言う。

ビートルズの全員は、同時代の数百万の少年たちと同じく、その影響に巻きこまれた。学校のどのクラスにもバンドが生れ、町の到る所にグループが誕生した時代の、共通の思い出を彼らは抱いている。リヴァプールでも一夜にして百あまりのダンスホールが現れ、スキッフルのグループが列を作って出演を待った。音楽が専門音楽家の所有物でなくなったのは数十年来初めてのことだった。だれもが立ち上がって音楽に参加することができた。それは絵の道具一式を猿たちに与えることに似ていた。一部の猿は、やがてはすばらしい絵を描くに違いない。

この熱狂が始まった頃、ジョン・レノンはギターを持っていなかったし、ほかのいかなる楽器も持っていなかった。ある日、学校で一人の少年からギターを借りたが、弾けないと分るとすぐ返してしまった。だが、母親のジュリアがバンジョーを弾けることを知っていたので、ジョンは母親にねだりに行った。ジュリアは十ポンドの中古品のギターを買って与えた。「ひびが入らないこと保証します」と書いてあった品物である。ジョンは二度ほどレッスンを受けたが、弾けるようにはならなかった。その代りに、ジュリアがバンジョーのコードをいくつか教えた。ジョンが最初に覚えた曲は『ザットル・ビー・ザ・デイ』だった。

少年は家ではミミに隠れて練習しなければならなかった。ミミはガラス張りの玄関ポーチでしか、ギターの弾き歌いをさせてくれなかった。「ギターをやるのは構わないけど」と、ミミは日に十度も言うのだった。「でもギターでは生活できませんよ」

「まもなく、ぼくらは学校でグループを作った。それを言い出した奴はグループに入らなかったと思う。初めはそいつの家で練習したんだ。エリック・グリフィスがギター、ピート・ショットンとレン・ギャリーが洗濯板、コリン・ハントンがドラム、ロッド・デイヴィスがバンジョー、というメンバーだった。

「ぼくらは初めてローズ通りで人前に出た――あれはエンパイヤ・デイ（ヴィクトリア女王の誕生記念日、五月二十四日）だった。通りでパーティをやっていた。ぼくらはトラックの荷台に乗っかって演奏した。金は全然貰わなかった。

「そのあと、パーティや結婚式で演奏して、何シリングか貰ったこともあった。でも、たいていは自分たちの楽しみでやっていただけだった」

グループはごく素直に「クオリーメン」と名乗った。メンバーはいずれもテディ・ボーイふうの服を着て、エルヴィスふうに髪を高く盛り上げ、うしろはぴったりと撫でつけた。ジョンはメンバーの中では最も筋金入りのテディ・ボーイであり、それもまた母親たちが自分の子供にジョンとの交際を禁じる理由の一つとなった。母親たちはジョンを一目見るなり怖《おそ》気《け》をふるい、時には実物を見なくても噂話だけで怯えきっていたのである。

「クオリーメン」が一九五六年の後半に誕生して、最初の数カ月間は、まだ何もかもが冗談半分であり、いい加減だった。演奏活動はしばしば何週間も停止した。パーティにだれが出られるかによって、あるいは各人の気分によって、メンバーは絶えず入れ替った。

「グループと言っても、まるっきり冗談半分だった」と、ピート・ショットンは言う。「スキッフルが流行っていたから、だれも彼もが何かやりたがってね。ぼくは音楽のことはからきし知らなかったから、洗濯板を受け持っていた。ジョンの親友だから、どうしてもやれって言われてさ」

グループのリーダーがジョンだったので、喧嘩はひっきりなしにあり、それがまたメンバーの出入りの原因になった。「だれかを追い出したくなると、ぼくはすぐそいつと喧嘩をした。喧嘩をすりゃ、もうお終いさ、グループから出なきゃならない」レギュラー・メンバーの一人がナイジェル・ウェイリーで、このナイジェルはときどき演奏もしたが、主として演奏の機会を見つけるなど、マネージャーの仕事をやった。

さて、リヴァプール・インスティチュートのほうでも、似たようなことが起っていた。いろんなグループが雨後のタケノコのように発生した。アイヴァン・ヴォーンは、インスティチュートから、レン・ギャリーをジョンのグループに連れて行き、これはうまくいったような感じであった。

一九五七年七月六日、アイヴァンは自分の学校から、もう一人の友達を連れて行って、ジョンに紹介した。

「そいつが大物だってことは分っていた」とアイヴァンは言う。「ぼくがジョンに紹介した奴はみんな大物ばっかりさ」

その会見は、ジョンの家のそばのウールトンの教区教会で行なわれた。その日は教会のパーティの日だった。ジョンは教会の人たちに交渉して、自分たちのグループがそこで演奏することを承知させたのである。

アイヴァンは自分の学校で、かねてからジョンとそのグループのことをさんざん吹聴していた。その友達がそういう類いのことに興味を持っている事実も知っていた。アイヴァン自身はジョンのグループにさして関心がなかったのだが。

「その日、ミミは、とうとうこんなことになってしまったのね、とぼくに言った」と、ジョンは言う。「ぼくは今や正真正銘のテディ・ボーイだった。その日のぼくは、ミミだけではなく、その場のみんなに不快感を与えたようだった。

「その日、ウールトンで撮った写真を、このあいだ久しぶりで引っ張り出して見たよ。写真の中のぼくは実に若々しい、ただの若者さ」

その日起ったことを、ジョンはいくらか漠然としか覚えていない。その日のジョンは酔っぱらっていたのだった。成年に達するまでにはあと数年残っていたのだが。ほかの人間はその日のことをよく記憶している。とくにアイヴァンが連れてきた友人――ポール・マッカートニーは。

「その日なんだ」と、ジョンは言う。「ぼくがポールと逢った日なんだ、事の始まりは」

3 ポール

ポールは一九四二年六月十八日にリヴァプールのウォルトン病院の個室で生れ、ジェイムズ・ポール・マッカートニーと名づけられた。ビートルズのメンバーで、こんな贅沢《ぜいたく》な環境に生れた者はほかにいない。マッカートニー家は普通の労働者の家庭であり、当時は戦争の最中だった。だがポールがこれほど恵まれた生れ方をしたのは、母親が一時この病院の産婦人科の看護婦をしていたためだった。最初の子、ポールを生むために元の職場へ現れた母親は、スター扱いを受けたのである。

母親のメアリー＝パトリシアは、一年前、ポールの父親と結婚したとき病院の仕事をやめ、保健婦になっていた。結婚前の姓はモーヒンといい、夫と同じくアイルランドの出身だった。

ポールの父親のジム・マッカートニーは、十四の年に、リヴァプール市チャペル通りの綿《めん》花輪入卸商《かゆにゆうおろししよう》A・ハンネイ商会に使い走りの少年として勤め、その労働生活が始まった。細君と違って、ジム・マッカートニーはカソリック信者ではなかった。自身では、いつも不可《ふか》知論者《ちろんしや》のつもりだった。一九〇二年の生れで、男二人女四人の兄弟姉妹がいた。

学校を出て、すぐ紡績関係の職を得たことは、当時では非常な好運だった。紡績業は花盛りであり、リヴァプールはランカシャーの紡績工場が必要とする綿花の輸入を一手に引き受けていた。紡績関係の商社に入ることは、一生を保証されたようなものだった。使い走りの少年になったジムは週に六シリング貰った。ジムの仕事は、綿花の見本《サンプル》を持って、見込みのありそうな買い手の所をまわって歩くことだった。ハンネイ商会は綿花を輸入し、選別し、分類し、しかるのちに紡績工場に売りさばいていたのである。

ジムは有能な働き手で、二十八の年には綿花のセールスマンに昇進した。これは一介《いっかい》の青年にしてみれば大変な出世だった。綿花のセールスマンは中産階級の出身者が多かったのである。ジムは善意にあふれた、まじめな、小ざっぱりした青年だった。

昇進によって年収は二百五十ポンドになった。高給というほどでもないが、かなりいい給料である。

ジムは第一次世界大戦には若すぎ、第二次大戦には年とりすぎていたが、いずれにせよ耳が片方しか使えないのでは――十歳の頃、塀から落ちて片方の鼓膜《こまく》を破ったのである――実戦の役には立たなかった。しかし別の面で戦争に協力することはできる。戦争が始まって、綿花取引所が閉鎖されると、ジムはネイピアズ社へ技術者として吸収された。

一九四一年に、三十九歳でジムは結婚した。夫婦はアンフィールドの家具付き貸間に引越した。ポールが生れたとき、ジムは昼間はネイピアズ社で働き、夜は消火活動をやっていた。病院は細君の以前の職場だったから、面会時間以外にも、ジムは自由に出入りできた。

「赤ん坊を一目見て、ぞっとした。片目をあけて、しょっちゅうキイキイ泣くんだ。抱き上げられたところは、まるで赤い恐ろしい肉の塊だった。私はそれから家へ帰って、何年ぶりかで泣いたよ」

細君は看護婦だったが、ジムのほうは一度も病気をしたことがなかった。だから病院の匂いをかいだだけでひどく不安になり、それがポールへの恐怖になったのだろう。

「しかし翌日は、もう少し人間らしく見えた。そうして一日ごとにだんだんましな感じになって、終いには可愛い赤ん坊になったっけ」

ある日、庭で遊んでいたポールの顔に細かい煤《すす》がいくつかくっついているのを母親は発見し、引越しをしようと言い出した。ネイピアズ社で戦闘機のエンジンを作る技術者は空軍の軍人に準ずる待遇を受けていたので、ジムの一家はウォラシー区のノールズリー団地に入ることができた。そこは公営住宅だったが、何軒かが空軍関係者のために空けてあった。「うちではよく半住宅と呼んでいたんだが、実にもうちっぽけな、みすぼらしい家でね。部屋の内側に煉瓦がむき出しになっていたりした。でも生れたばかりの赤ん坊をかかえた夫婦にしてみれば、家具付き貸間よりはましだった」

戦争が終らぬうちにネイピアズ社の仕事はお終いになり、ジムはリヴァプール市役所の清掃課に臨時雇いの監督として就職し、清掃人夫の仕事を監督するようになった。

市役所から貰ってくるジムの給料は僅かだったので、細君は暫くのあいだ保健婦の仕事に戻った。やがて一九四四年に次男のマイケルが生れた。

しかし保健婦の仕事は、看護婦の仕事ほどにこの人の性に合わなかった。それはあまりにも時間に縛られた、サラリーマンふうの仕事だった。そこでジムの細君はまもなく助産婦の仕事に入り、二カ所の地区助産婦の職を得た。これは一定の地域の未来の母親たちの面倒をみる仕事である。助産婦は、その地域の公営住宅に入居することができた。最初の受け持ち地域はスピーク区のウェスタン・アヴェニュー、次はアードウィック・ロードだった。急ぎの呼び出しは毎晩のようにあった。

ジムの話によれば、ポールの母親は必要以上に一所懸命働いた。昔からこの人は生真面目《きまじめ》な女性だった。

ポールの最も早い時期の思い出は、たぶん三歳か四歳頃と思われるが、この母親の思い出である。だれかが訪ねてきて、母親に石膏《せっこう》の犬をくれたことが記憶に残っている。「だれかのお産が無事にすんで、そのお礼に貰ったのだった。母はよくいろんな人から、そういう贈り物を貰っていた。

「もう一つ、物陰に隠れていて、だれかの頭を鉄棒で殴った記憶がある。でも石膏の犬のほうが早かったと思うな」

幼い頃の母親の記憶の一つとして、母親に言葉遣いを直されたことがある。「近所の子供たちと一緒になって、ぼくはものすごく下品な言葉を使っていた。母にお説教されると、ぼくは母の口真似をし、それが母をたいそう傷つけたようだった。結局、ぼくはひどく悲しくなった」

ポールは初め、住んでいたスピーク区のストックトン・ウッド・ロード小学校へ入った。

母親は保健婦としてカソリック系の学校に出入りし、あまりいい印象を受けていなかったので、息子をカソリックの学校には入れなかったのである。マイケルもやがて同じ学校に入った。「今でも覚えているが、女の校長先生が言っていたよ、うちの二人の息子たちは年下の子供にやさしいってね」と、ジムは言う。「いつも年下の連中を庇《かば》うんだそうだ。マイケルは人の上に立つ指導者になるだろうというのが校長先生の意見だった。あの子がいつも議論ばかりしていたからだろうね。ポールのほうは、もっとおだやかだった。知恵があった。マイケルはいつもいろんなことに首を突っこんだが、ポールはトラブルを避けていたようだね」

この小学校は定員過剰《かじょう》になり、二人の子供は郊外の別の地区の学校、ジョゼフ・ウィリアムズ小学校へ移った。

ポールは成長するにつれて、ますますその平和主義を押しすすめ、騒がしいマイケルと違って、いつも物事を静かにてきぱきと片付けるのだった。それは母親にそっくりのやり方だった。

「いつだったか、何か悪いことをしたマイケルを私が殴っていた」と、ジムは言う。「ポールは横にいて、『そんなことはしなかったって言えば、お父さんはぶたないよ』と、しきりにマイケルに叫ぶんだね。どんなことだったか忘れたが、マイケルは自分がやったことを認めたんだ。ところが、ポールはいつもトラブルから逃げ出すのが上手な子だった」

「ぼくはかなり陰険《いんけん》な子だった」と、ポールは言う。「何か悪いことをして殴られると、そのあと、両親がいないときに、こっそり両親の寝室に忍びこんで、レースのカーテンの裾の所を破ったりした。ほんのちょっぴりだけね。そして仕返しをしてやった気でいた」
ポールはたやすく入学試験にパスして、リヴァプール・インスティチュートに入った。これはリヴァプールでは一番有名なグラマー・スクールである。創立は一八二五年で、初めは工業専門学校だったために現在でも「インスティチュート」という名前が残っている。同じ建物に同居しているリヴァプール大学もこの学校を母体として生れた。ここが普通の中等学校になったのは今世紀の初め頃である。このグラマー・スクールの出身者には、アーサー・アスキー、ジェイムズ・レイヴァ、ジャスティス・モリス卿、そして故シドニー・シルヴァマンなどがいる。

マイケルもこのグラマー・スクールに入ったが、成績は悪くなる一方だった。ポールはよく勉強し、いつも優秀な成績だった。

「ポールはテレビを見ながら勉強することができた」と、ジムは言う。「私はやめさせようとした。二つのことをいっぺんにできる筈はないからね。ところが、或るとき、テレビで何をやっているかを試しに訊くと、すらすら答えて、しかも作文をちゃんと書いてしまったんだ。あの子は大学にも楽に入れるくらいの頭だったと思う。それが昔からの私の希望だった。名前のうしろに文学博士とか理学博士とか付けば、それでもう言うことはない。ところが、私のそういう望みを嗅ぎつけると、あの子はまじめに勉強しなくなった。ラテン語だって、ずいぶんよくできたのに、私が一言、大学にはラテン語が必要だよと言っただけで、もう怠けるようになった」

インスティチュートでは、同じ学年の生徒たちの中で、ポールは性的にきわめて早熟な生徒だった。低学年のうちから、そのことを何から何まで、あるいはほとんど何から何まで知っていた。

「一度ぼくは、クラスの連中のために猥画を描いたことがある。畳むと女の頭と足しか見えないが、広げると全裸なんだ。ちょこちょこっと陰毛を描きこんだ、下手くそな、中学生のいたずら描きさ。まだ女の裸なんか、まともに見たこともなかったくせにね。その絵を、うっかりシャツの胸ポケットに入れておいた。いつも外食券を入れておくポケットなので、母は洗濯をする前にそのポケットを探るのが習慣になっていた。

「で、或る日、家に帰って来たら、母はそれを突きつけて、お前がこれを描いたの、と問いつめた。ぼくは言った。違う、違う、絶対違う。同級のケニー・アルピンという奴がぼくのポケットに入れておいたんだ。描いたんなら正直に描いたって言うよ。その調子で二日間頑張った。そしてとうとう白状した。あんな恥ずかしい思いをしたことはなかったな」

一年生のときラテン語で九十点をとって以後、ポールは学校の勉強に飽きてしまった。

「一年のときは気楽なもんだった。勉強しなきゃいけないと思って、まじめに勉強していたからね。そのうちに何もかもが曖昧になった。自分がなんのために教育を受けているのか、学校の勉強にどういう意味があるのか、そのことをぼくにはっきり説明してくれた人間は、学生時代を通じて一人もいないよ。もちろん、父は卒業証書が社会に出てから役に立つとか、そういう類いのことをいつも言っていたけれども、ぼくはろくに聞きもしなかった。あまり年中聞かされるのでね。教師たちときたら、定規で殴るか、でなきゃ薄汚い話ばかりしやがった。休暇でウェールズへ行ったときのこととか、軍隊の話とかね。

「宿題は一番いやだった。夏の夜なんか、ほかの子供たちが外で遊んでいるのに、家に閉じこもっているのは我慢できなかった。アードウィックのわが家の向かいには空地があって、ほかの奴らが楽しそうに遊んでいるのが窓からよく見えたんだ。

「インスティチュートに通っている生徒は近所にはあまり大勢いなかった。だからぼくはよく、点取り虫とか、ガリ勉とか言われたっけ。

「ぼくの望みは女と金と服だけだった。それでときどきちょっとした盗みをやった。煙草なんかをね。店のおやじが店の裏の住居に引っこんだのを見とどけて、戻って来ないうちに掻っ払うんだ。何年ものあいだ、ぼくは百ポンドあれば充分だと思っていた。それだけあれば家とギターと車を手に入れられるからね。だから金のこととなると、もう死物狂いだった」

しかし、グラマー・スクール時代のポールはそれほど能なしだったわけではない。一九五三年には作文を書いて賞を——特別戴冠賞《とくべつたいかんしょう》（五三年はエリザベス女王の戴冠の年）というのを獲得している。賞品はハイネマン社で出版したジェフリー・トリーズ著『イングランドの七人の女王』で、この本をポールは今でも持っている。作文はポールの得意な科目だった。

「いつか視学官がぼくに訊いた、洞穴探検についての専門的な文章をよく書いたね、ってね。

それは実は夜寝床に入ってからイヤホーンで聴いたことなんだ。寝っころがって、ラジオを聴くってのも悪くない。想像力を大いに刺激してくれるから」

二人の息子が喧嘩をせずに、早くからベッドでおとなしくしているようにと、父親のジムは二人の寝床にイヤホーンを取り付けたのだった。ポールとマイケルはずいぶん喧嘩をしたが、世の普通の兄弟以上に喧嘩が激しかったわけでもない。マイケルはいやがらせにポールを「でぶ」と呼んだ。「赤ん坊の頃は目が大きくて、睫毛《まつげ》が長くて、とても可愛かった」とジムは言う。「みんなよく言ったもんだ、『ああ、この子は今に女の子を大勢泣かせるぜ』ってね」だが十代の初めの頃のポールは、小肥りだったのである。

ポールが十三歳の年に、マッカートニー家はアードウィックから引越した。母親は助産婦の仕事をやめたが、まもなく保健婦の職に戻った。

一家はアラートン区フォースリン・ロード二十番地の公営住宅に入り、以後ポールはその家で少年時代をずっと過ごすことになる。それは同じような住宅がたくさん並んでいた一画にあり、少し手狭で見すぼらしかったが、清潔なのが取柄《とりえ》だった。メンローヴ・アヴェニューはそこからほんの二マイルほど先である。

フォースリン・ロードに引越してまもなく――ポールが十四になったばかりの頃――母親は突然胸に痛みを感じるようになった。痛みは三、四週間続き、その間、激しくなったり、いくらか収まったりしたが、本人は単なる更年期障害だろうと解釈した。そのときの年齢が四十五歳だったので。「環境が変ったからよ」と、母親はジムによく言った。そして何人かの医者に診てもらったが、医者たちはいずれも、やはり更年期障害でしょうと診断し、大したことはありませんと言うのだった。けれども痛みは続き、だんだんひどくなっていった。ある日、マイケルが家へ帰って来ると、母親が泣いていた。自分とポールが何かいけないことをしたからだ、とマイケルは思った。「ぼくらはいたずらばかりしていたからね」だがマイケルは母親にわけを訊かなかった。母親もなんにも言わなかった。しかし実のところ、母親は専門医に診てもらったのである。医者は癌だと診断を下した。そして手術の結果、母親は死んだ。初めて痛みを訴え始めたときから、まだ一カ月も経っていなかった。

「私は文字通り打ちのめされたようになった」と、ジムは言う。「さっぱりわけが分らなかった。子供たちにとっても、これは恐ろしいことだった。特にマイケルはまだ十二で、母親と仲が良かったからね。子供たちは急にがっかりしたりはしなかった。影響はゆっくりと現れたようだ」

「その知らせを聞いた日の細かいことまでは覚えていない」と、マイケルは言う。「覚えているのは、ぼくら兄弟のどちらかが、どっちだったかは忘れたが、馬鹿げた冗談を言ったことだ。そのあと何カ月も、ぼくらはそのことを悔《く》やんだのだった」

ポールはその一件を記憶している。「それはぼくなんだ。ぼくは知らせを聞いた途端に言った。『母さんの収入がなくなったら、うちはどうするの』」

だがその夜、二人の子供はそれぞれのベッドで泣いた。そのあと数日間、ポールは母親が戻って来るようにお祈りをした。「馬鹿げたお祈りさ、ほら、よくあるだろう、もし母を返してくれれば、ぼくはいつもいい子でいます、というやつだ。あげくに、これで宗教というのがいかに馬鹿げているか、よく分った、とぼくは思った。だって一番必要なときに、お祈りが役に立たなかったんだから」

葬式のあいだ、数日間、二人の少年はジニー叔母さんの家へ泊りに行った。「自分が取り乱すところをパパはぼくらに見られたくなかったんだろう」と、ポールは言う。「ジニー叔母さんの家は居心地が良くなかった。マイケルと一つベッドで寝なきゃならなかった」

ジムには大きな問題が残された。細君は非常な働き者だったから、ジムはほとんど家事に手を出したことがなかったのである。ところが今や五十三歳にして、十四歳と十二歳という一番むずかしい年頃の子供二人を育てなければならない。それに金の問題もあった。ポールが残酷に指摘した通り、細君は助産婦の仕事でジムよりも遥かにたくさんの金を稼いでいたのである。一九五六年のジムの給料は週にたったの八ポンドだった。ほかの労働者たちは少なくとも生活安定の兆《きざし》を感じ始めたというのに、かつて一生を保証するかと思われた綿花業には不景気の風が吹いていた。

ジムの二人の妹――ミリー叔母さんとジニー叔母さんは大いに手を貸してくれた。二人のどちらかが必ず週に一度フォースリン・ロードの家へ来て、家の中を片付けた。そして子供たちがまだ小さいうちは、夕方まめに立ち寄って、学校から帰って来た子供たちを家に入れてくれた。

「辛いのは冬だった」と、ジムは言う。「子供らは学校から帰って来ると、自分たちで火を起さなきゃならなかった。料理はみんな私がやった。

「一番頭の痛い問題は、私が父親としてどういう人間であればよいのかということだった。家内が生きていた頃は、私は子供らを叱る役をつとめていた。必要な場合には、罰を加えた。それを家内がとりなしていた。たとえば夕食を食べさせずにベッドへ追いやったようなときは、家内があとで何か食べものをベッドへ持って行ってやった。そうしろと言いつけるのは、たいてい私だったがね。

「ところが家内に死なれた私は、態度を決めなきゃならない。自分は父親であるべきか、母親であるべきか、それとも両方を兼ねるべきなのか。あるいは子供らを頼りにして、お互いに友達になって助け合ったらいいのだろうか。

「結局は子供らをだいぶ頼りにしなければならなかった。『学校から帰って来たとき、叔母さんが家にいなかったら、家に入っちゃいけないよ』と私はよく言ったものだ。さもないと、友達を連れて入って、家の中をめちゃめちゃにしてしまうからね。

「いつか家に帰ったら、卵が五個なくなっていた。子供たちは初めのうち、どうなったのか知らない、などとトボけていたが、そのうちに白状した。ああ、そうだ、そういえば友達に目玉焼きを御馳走してやったっけ、なんてね。

「しかし概して子供たちはおとなしかった。でも私は家内に死なれて淋しかった。やはり相当なショックだった」

マイケルは、父親がどうやって生活を続けていたのか、今思うと不思議で仕方がないと言う。「ぼくらは乱暴だったし、残酷だった。ところが父はあくまでやさしかった。その間、ずっと女っ気なしだからね。想像もつかないな。ポールが一人前になれたのは父のおかげだ。ぼくらは二人とも父のおかげで一人前になれたんだ」

父親の十八番《おはこ》の家庭哲学を、二人の子供は嘲笑していた。「ほら、エーションを二個持ってパパが来たぞ」と、二人はよく言うのだった。人生で一番大切なことは二つある、それは寛容《トレレーション》と穏健《モデレーション》だと、ジムはよく子供たちに言い聞かせたのである。

「寛容は確かに大事なことだ」と、ジムは言う。「子供は残酷なものだけれども、うちの子供らもよく欠陥のある人のことを嗤ったものだ。嗤われた人がどんな気持でいるかを、私はよく説明してやった。それから穏健《おんけん》。これがないために、いろんなトラブルが起る。『あの野郎、ぶっ殺してやりてえ』なんて人はよく言うけれども、それは人間にとって何が一番良いことなのかをじっくり考えたことがないからなんだ」

人間にとって何が一番良いことなのかを、ジムはいつも考えていた。この人はだれにたいしてもていねいで、飾らぬ魅力をもって付き合ったが、それは単なるセールスマンの腰の低さではなく、もっと深い、もっと本物の態度だった。この父親が軽率な、思慮の浅い人物だったら、母親の死と同時に子供らはたちまち手がつけられなくなったに違いない。

ポールは母親から辛い献身的な仕事にたいする能力を受け継いだように思われる。現在のポールは、その気になりさえすれば、いつでも仕事をてきぱきと処理できる人間である。ある意味では、ポールはジョンに負けず劣らず、学校を軽蔑し、その規則ずくめの全体系を馬鹿にしていた。しかしポールの中には自分をおとしめることを望まない部分がひそんでいた。たとえ発作的にであろうとも、いつでも面倒な勉強に精を出すべを知っていたポールは、無事に学業を切り抜けることができた。ジョンは全くの過激分子になり、非協力分子になったが、ポールは決してそうなれなかった。

弟のマイケルによれば、母親の死はポールに一つの直接的な結果をもたらした。

「母が亡くなった直後だった、それが始まったのは。まるで憑かれたように、全生活を支配されちまったんだ。母を亡くして、ギターを見出したということだろうか。ぼくにはよく分らない。たぶん、たまたまその時期にギターというものを知って、それが一種の逃避になったんだろう。しかし何からの逃避なのかな」

4　ポールと「クオリーメン」

子供の頃、ポールは音楽に特別の関心を示さなかった。弟のマイケルと一緒にピアノのレッスンを受けたこともあったが、ものにならなかった。「夏にレッスンを始めたのが間違いだった」と、ジムは言う。「先生が家へ教えに来てくれたんだが、近所の子供たちがレッスンのあいだ中、表のドアを叩いて、一緒に遊ぼうと騒ぎ立てる。それで先生の家へ習いに行くようにしたけれども、あまり長続きしなかった」

ジムはポールをリヴァプール大聖堂の聖歌隊に入れようとしたこともある。「テストを受けに行かせたんだが、あの子はわざと嗄《しゃが》れ声で歌った。そのあと、ペニー・レイン通りのそばのセント・バーナバス教会の合唱隊に少しのあいだ入っていた」

さらにそのあと、ポールは叔父さんから中古品のトランペットを貰い、独習して、聴き覚えでいろんな曲を吹くようになった。この聴き覚えの才能は父親譲りである。父親のジムは少年時代、独学でピアノを弾いたのだった。ビートルズのメンバーの親たちの中で、多少でも音楽家としての体験をもつ人はポールの父親だけである。

「正式に習ったことはない。十四、五の頃、エヴァートンに住んでいたんだが、だれかから譲ってもらった中古品のピアノで、でたらめのコードを弾いていた。そのピアノは、ノース・エンド・ミュージック・ストア（NEMS）から買ったもので、NEMSというマークが入っていたのを覚えている。私はリズム感が良くて、たいていの曲は弾けた。人前で恥をかいたことは一度もなかったな」

就職した直後に、ジム・マッカートニーは小さなラグタイム・バンドを結成した。それは一九一九年頃、ジムが十七歳のときのことである。

そのバンドの初公演は、リヴァプール市ヴァイン通りのセント・キャサリン・ホールでダンスパーティが開かれたときだった。「何か変ったことをやろうというので、私らは黒い仮面《マスク》を顔につけて、『マスクト・メロディ・メイカーズ』と名乗った。しかし演奏が半分もすまないうちに、汗で溶けた仮面の塗料が顔を伝ってだらだら流れるんだ。それが『マスクト・メロディ・メイカーズ』の最初にして最後の公演だった」

バンドの名称は「ジム・マックス・バンド」と変った。メンバーはみんなディナー・ジャケットを着て、紙のいかい胸とカフスをつけていた。「あれはすてきだった。紙のカフスは一ペニーで一ダースも買えたからね。だれも紙だとは気がつかないんだ。

「そのバンドを四、五年続けたかな。アルバイトだったけれどもね。私はリーダーということになっていたが、ほかのメンバーと違いがあるわけじゃなかった。

「『シバの女王』が封切られたとき、その映画館で演奏したことがある。私らは何を演奏したらいいか分らなかった。二輪戦車の競争のシーンでは、仕方がないから当時の流行歌の

『馬車に乗せてもらってありがとう』というのをやった。それからシバの女王が死ぬ場面では『お馬《んま》よ、尻尾を巻け』を演奏した」

第二次大戦が始まる頃、家庭を持ったジムは、もうバンドはとうにやめていたが、それでもよく家でピアノを弾いた。「私がピアノを弾いても、ポールはまるで無関心だった。しかしベッドのイヤホーンで音楽を聴くことは好きだった。そのうちに、十四の年に突然ギターを欲しいと言い出した。どういうきっかけだったのか分らないが」

ギターは十五ポンドという値段だったが、ポールは初めどうもうまく弾けなかった。どこかまずいところがあるような感じなのである。やがて自分が左利《き》きだったことに、はたと思い至った。そこでギターを店へ持って行き、改造してもらった。「トランペットは初めからあんまり親しめなかった。でもギターは好きだった。コードをいくつか覚えればすぐ弾けるからね。それに弾き歌いもできる」

大多数の友人たちと同じように、ポールも十二歳ぐらいからポピュラー音楽に興味を持った。初めて聴いた音楽会は、十二の年にリヴァプール・エンパイヤ劇場で開かれたエリック・デラニーのバンドの演奏会だった。十四の年には学校の昼休みを利用して、ロニー・ドネガンを見に行く人々の列に加わった。「彼がおくれて来たのを覚えている。帰りが遅くなったのは私がおくれて来て待たせたからだ、という意味の証明書を、集まって来た女工たちに書いてやっていたっけ。

「ぼくらはよく楽屋口のあたりでぶらぶらしていて、だれかが出て来るとサインを貰った。

一度、ウィー・ウィリー・ハリスのサインを貰うのに行列したこともある」

ポールは「パヴィリオン」にも行った。「パヴィリオンというのはヌード・ショウをやっていた劇場だ。よく全ストをやったっけ。なかなかいい女の子がいたよ。あの年頃のぼくらが入場できたのは、考えてみれば不思議だ。でも、まあ、要するに、そんなに下品なものじゃなかったけど」

ジョンや、ほかの少年たちと同じように、ポールもスキッフル・ブームや、ビル・ヘイリーの初期のロックンロール・ナンバーに影響されたが、これまたジョンと同じく、エルヴィス・プレスリーが出現するまでは、本当に熱狂できる対象を持たなかった。「あれは凄い刺激だった。気が滅入《めい》るたんびに、エルヴィスのレコードをかけて、ぼくは大きな美しい気分をとり直した。レコードがどうやって作られるのかを、その頃はまだ知らなかったから、まるで魔法のようだった。『オール・シュック・アップ』！　あれはきれいだったなあ！」

ギターを手に入れると、ポールはエルヴィスの唄や、そのほかの流行の曲を真似して弾き歌いした。真似が一番上手だったのは、リトル・リチャードの曲だった。

「ひどい唄だと思っていた」と、父親は言う。「実にひどかった。あんなふうに歌う歌手なんて、いる筈がないと思っていた。ところが何年もあとで、ビートルズと同じショウに出ていたリトル・リチャードの唄を聴いて、ポールの物真似がどんなに上手だったか初めて分ったね」

「ギターを手に入れたのが運のつきだった」と、マイケルは言う。「ポールはもう夢中になってしまった。食事の時間も惜しんで、洗面所や、浴室や、到る所で練習していた」

同じクラスにディングル区出身のイアン・ジェイムズという友人がいて、この生徒も同じ頃にギターを手に入れた。そしてポールと一緒にギターをかかえて方々へ出掛け、お互いに覚えた曲を教え合ったりした。「ぼくらはよく定期市をまわって歩いた」と、ポールは言う。「そして新曲を耳で覚えようとした。それから女の子をひっかけようとしたけれども、そっちのほうはうまくいかなかった。ぼくはどうも要領が悪かったらしい」

ポールも、イアン・ジェイムズも、似たような白いスポーツ・ジャケットを着ていた。これは『ア・ホワイト・スポーツ・コート』というポピュラー・ソングにあやかってである。「白地に少し水玉模様が入っていて、ポケットには蓋《フラップ》がついていた。黒くて細いズボンもはいた。その同じ服を着て方々歩きまわり、自分たちではパリッとした服装のつもりでいた。二人ともトニー・カーチスばりの髪型でね。頭の手入れだけで何時間もかかった」

ジム・マッカートニーは、ポールのそんな服装をやめさせようとしたが、その努力は空しかった。「ポールは利口だった」と、マイケルは言う。「新しいズボンを買うと、まず家へ持って帰って、どのくらい太いかを父に見せる。父がOKと言うと、それをまた洋服屋へ持って行って、うんと細く作り替えるんだ。父があとで気づいても、これはお父さんが許したときの太さだと、あくまで言い張るんだね」

「ポールが不良になりはしないかと、私はたいへん心配した」と、ジムは言う。「それが一番恐ろしかった。細いズボンをはいちゃいけないと口を酸っぱくして言ったがね。あの子はどんどん実績を作っていった。髪はその頃からずいぶん長めだった。床屋から帰って来ても、行く前と同じに見えるので、私はよく言ったもんだ。『なんだ、今日は休みだったのか』」

ポールはギターと同じ程度に女の子にも関心があった。「初めて経験したのは十五の年だった。ぼくはずいぶんませていたんだな。クラスじゃ一番早かったと思う。彼女は年上で、体もぼくより大きかった。場所は彼女の家。お母さんが外出して、留守番をしていたんだ。翌日、もちろん、ぼくは学校でみんなに喋って歩いた。悪い奴だったよ、ぼくは」

一九五七年夏、アイヴァンが、これからウールトンの教会へ行くんだ、おれがときどき一緒に演奏するグループが出るんでね、今日はおれは出ないけれども、と言ったときのことを、ポールははっきり記憶している。そうかい、じゃ、おれも一緒に行こう、とポールは言った。女の子をひっかけるのも面白いしな。

「そのバンドは悪くなかった」と、ポールは言う。「ジョンはリード・ギターを弾いた。でも、まるでバンジョーを弾くように、バンジョーのコードを使って弾いていた。そのときのジョンはそれしか知らなかったんだ。

「ほかのメンバーも、ジョン同様、大して演奏の仕方を知らなかった。たいていは、ただガチャガチャ弾いているだけだった。

「演奏したのは、『マギー・メイ』のような曲だったけれども、歌詞は少し違っていた。歌詞を完全には知らなかったジョンが、自分ででっちあげたんだ。

「そこは屋外の広い原っぱだった。ジョンは演奏しながら、しきりに方々に目をくばり、聴衆を観察していた。あとで聞いたんだが、聴衆を意識して演奏するのは、これが初めてだったんだ。聴衆にたいして斜に構えるか、それとも全然動かないほうがいいか、そういうことを絶えず判断しながら演奏するのはね。

「ぼくはいつものように、白い上着に黒いズボンという格好だった。ズボンはちょうど細くしたばかりだった。学校から帰ったあとに細く直したんだ。あまりに細かったんで、みんなから凄いと言われたよ。

「演奏がすんでから、ぼくは教会のホールへ連中に逢いに行った。そして世間話をしたり、ぼくの腕前を見せてやったりした。『トウェンティ・フライト・ロック』の弾き方と、歌詞をすっかり教えてやったんだ。連中は歌詞を知らなかった。それからぼくは、これまた連中があまりよく知らなかった『ビー・バップ・ア・ルーラ』を弾いてみせた。それからリトル・リチャードの物真似をやった。要するに、ぼくのレパートリーを全部披露《ひろう》したわけさ。今でも覚えているが、ほろ酔い気分の兄《あん》ちゃんが寄って来て、弾いているぼくにしきりと酒臭い息を吹っかけた。『なんだろ、この酔っぱらい』とぼくは思った。そしたら、そいつは『トウェンティ・フライト・ロック』は好きな曲だと言った。してみると、こいつはかなりの通《つう》だな、とぼくは思った。

「それがジョンだったのさ。ビールを二、三杯飲んだだけだったそうだ。ジョンはそのとき十六で、ぼくはまだ十四だったから、相手はまるで大人に見えたよ。そのあと、ジョンの知らないコードを二つ三つ教えてやった。ぼくはイアン・ジェイムズに習ったんだがね。それから帰った。自分が連中に強い印象を与えたこと、充分に腕前を見せてやったことを意識しながらね」

だがピート・ショットンは、ポールがそれほど強い印象を与えたようには記憶していない。全く音楽に関心のなかったピートは、どんなにみごとに『トウェンティ・フライト・ロック』を演奏されようとも大して感銘しなかったのだろう。

「初めて逢ったとき、ポールの印象はあまり強くなかった」と、ピートは言う。「彼はおとなしそうに見えたけれども、初対面のグループに逢うときは、だれだってそうだ。初めのうち、ぼくはポールに大して嫉妬しなかった。なにしろ、ぼくらよりずっと若かったからね。ライバルになるとは思えなかった。ぼくとジョンは依然として親友だった。ぼくは昔からジョンの友達だったしね。それというのも、ぼくがジョンを好きだったからさ」

ジョンはポールと逢ったことを、そのあとも考え続け、暫くは何も手につかなかったことを記憶している。物事をじっくり考えるというよりも、やりたいことをどんどん実行するタイプのジョンにとって、これは異様なことだった。

「なんとなく腹が立っていたんだろう」と、ジョンは言う。「それでぼんやりしちまったんだ。

「つまり、ぼくは『トウェンティ・フライト・ロック』を演奏するポールにいかれちまったんだ。彼は確かにギターが上手だった。ぼくは、こいつ、おれと同じくらい上手いぞ、とぼんやり考えた。ぼくは、そのときまでは親玉だった。さて今こいつと組んだらどうなるだろう、とぼくは思った。もしポールを仲間に入れたら、ぼくは彼をいつも追いかけていなきゃならないだろう。でも彼はものすごく上手だから、仲間に入れる価値がある。それにエルヴィスに似ていたしね。要するに、ぼくは彼に惚れたんだ」

一週間ほど経って、ポールは自転車に乗り、アイヴァンに逢いにメンローヴ・アヴェニューへ行った。アラートン区からゴルフ場を抜けて自転車をこいだ。帰る途中で、ピート・ショットンに逢った。「きみの噂をしていたんだ、とピートは言った。われわれのグループに入らないか。ぼくはオーケーと言った」

「クオリーメン」のメンバーになって、ポールが初めて公衆の面前で演奏したのは、ブロードウェイのコンサーヴァティヴ・クラブでダンスパーティが開かれたときだった。ポールはその晩、ソロを——たぶん十八番の『トウェンティ・フライト・ロック』をやる筈だったが、何かの都合で、それは実現しなかった。

だが、ダンスのあとで、ポールは二曲ほど自分の書いた曲をジョンに演奏して聴かせた。ギターを弾き始めた頃から、ポールは自分の曲を作ろうとしていたのである。その晩ジョンに最初に聴かせたのは、『アイ・ロスト・マイ・リトル・ガール』という曲だった。ジョンも負けじと、ただちに自分の曲を作り始めた。それまでにも他人の歌詞や曲を借りて、適当な曲をでっちあげることはあったが、ポールが現れるまでは、まともな曲を作ったことはなかったのである。もちろん、ポールの曲も、ジョンの曲も、まだ大したことはなかった。ひどく単純で、擬《まが》い物くさかった。けれども二人が知り合い、お互いに刺激し合って、突然自分たちの演奏する曲を作り始めたことには大きな意義があった。その日から、二人の作曲活動はやむことがなかった。

「そのときから、ぼくは全く新しい方向に進んだんだ」と、ポールは言う。「ジョンと知り合って、すべてが一変した。ジョンと知り合ってよかった。彼はぼくより二つ年上で、ぼくはまだほんの子供だったけれども、ぼくら二人は同じようなことを考えていた」

それから数カ月のあいだに、ジョンとポールはお互いに充分知り合った。二人は四六時中一緒だった。二人とも学校をサボり、父親が仕事に出て留守のあいだにポールの家へ行き、フライエッグを食べながら、ギターのコードを練習した。ポールは知っている限りのコードをジョンに教えた。ジュリアに教わったバンジョーのコードは、もう明らかに役に立たなかった。ポールは左利きだったので、ジョンはいったんポールに教わってから自分の家へ帰り、鏡の前でもう一度練習するのだった。

ピート・ショットンは仲間外れの気分を味わった。「ぼくにとってはグループはもうお終いだった」と、ピートは言う。「スミスダウン通りのだれかの家のパーティで演奏したときだ。その日はひどく気分が乗って、ジョンもぼくも大いにはしゃぎ、お互いの冗談にげらげら笑った。そのうちに、ジョンはぼくの洗濯板を、ぼくの頭上で叩き割った。頸のまわりに洗濯板のフレームをのっけたまま、ぼくはひっくりかえって、べそをかいた。もうグループで演奏することは、ぼくの生き甲斐《がい》じゃなくなった。気が乗らなくなったことを別として、バンドの一員として立っているのがいやだった。もう照れ臭くてね」

アイヴァン・ヴォーンも、まだ家に帰ってはジョンの友人であり、学校ではポールの友人だったけれども、グループからはとうの昔に離れていた。

ポールは、自分の学校友達の中の大物の一人をグループに加える可能性について、だんだん考えるようになった。その友人もポールと同じ時期にスキッフルやロックンロールやプレスリーを覚えたのだが、ほかの連中と比べて際立《きわだ》った存在だった。ぜひともジョンに紹介しようとポールは思った。その友人はポールよりも若かったが、腕前を考えれば、そんなことは問題にならないだろう。

それを実行に移すと、アイヴァン・ヴォーンは腹を立てた。そもそもインスティチュートから、まずレン・ギャリーを、次にポール・マッカートニーを連れて行って、ジョンに逢わせたのは、ほかならぬアイヴァンではなかったか。アイヴァンは、友人の周旋を自分の特権のように考えていたのだった。だからポールがだれかを連れて行くことは、気にくわなかった。

その新しい友人はポールより若かったばかりでなく、ポールのようにインテリであることへの未練をきれいさっぱり捨てていた。ジョージ・ハリスンという名のその友人は正真正銘のテディ・ボーイだった。「クオリーメン」がなぜそんな奴に関心を示すのか、アイヴァンはわけが分らなかった。

5　ジョージ

ジョージ・ハリスンは、ビートルズの中でただ一人、兄弟の多い家族に生れ、ノーマルで平穏《へいおん》な家庭環境に育った人間である。ビートルズのメンバーでは一番若く、ハリスン家のハロルドとルイーズのあいだに生れた四人の子供の中の末っ子である。リヴァプール市ウェイバートリー区アーノルド・グローヴ十二番地で、一九四三年二月二十五日に生れた。

ハリスン夫人は頑丈《がんじょう》で、陽気で、親切で、社交性に富む婦人である。ハリスン氏は痩せていて、思慮深く、几帳面《きちょうめん》で、慎重である。この人は十四の年に学校をやめ、かつて家庭の主婦が洗濯に使っていた仕上機械を作る会社で働いた。週給七シリング六ペンスのその仕事は、仕上機械を手押車に乗せて、各家庭へ運ぶ作業だった。

ハリスン氏は海軍に行きたかったが、母親が許さなかった。父親が第一次大戦中、モンス（ベルギーの激戦地）で戦死したので、息子は絶対に軍隊には入れないと言い張ったのである。だが商船に乗ることは許してくれた。ハリスン氏は一九二六年から三六年まで、ホワイト・スター海運会社のボーイ長として海上生活を送った。

妻のルイーズと初めて逢ったのは一九二九年のことだった。「いえ、その話は私にさせて下さいな」と、ルイーズは言う。「あんなおかしなことってありゃしないわ。ある日、街で、ハロルドと、ほかの何人かの男の人に逢ったのです。ほかの男の人たちの中の一人が言いました、あんたの住所を教えてくれないか、おれはあしたアフリカへ発つんだ、香水を一壜送ってやるよ。香水は悪くないわと思って、私が住所を書いて差し出すと、ハロルドがそれを横からひったくって行ってしまいました。

「ハロルドの最初の手紙が来たときは大騒ぎになったわ。封筒にホワイト・スターの旗が印刷してあったので、ハロルドからの手紙だということはすぐ分りました。その日はちょうど、つんぼでおしの乞食が台所へ水を貰いに来てましてね。母はそういう人たちにとても親切だったんです。

「その頃は郵便というものがまだ珍しかったし、少なくともうちにはほとんど郵便が来なかったでしょう。そのつんぼでおしの乞食がかがみこんで、私の手紙を拾い上げました。自分は字が読めないくせにね。宛名が『ミス・ルイーズ・フレンチ』と書いてあるのが見えたので、私はその手紙をひったくろうとしました。でも、先にだれかにひったくられてしまった。そして手紙はみんなの手から手へ渡って、みんな大騒ぎなんです。ようやく私の手に渡ったときは、アイロンをかけなきゃ読めやしなかったわ」

ハロルドとルイーズは一九三〇年五月二十日に結婚した。教会でではなく、ブラウンロウ・ヒル登記所で。ルイーズはカソリック信者だったが、ハロルドはそうではなかったのである。

ルイーズの父親はアイルランドのウェクスフォードから来た人で、初めはアイルランドふうにfの字を重ねてFfrenchと綴っていた。背の高さは六フィート二インチで、一時期、ニュー・ブライトン・タワーの守衛を務め、その後、点灯夫になった。

「第一次大戦のあいだ父がいなかったので、母が代りに点灯夫になりました。ある日、明りをつけに上っていたとき、だれかがうっかり梯子を持って行ってしまったんです。母は両手で横棒に摑まったまま、ぶら下がってしまい、とうとう落っこちました。そのとき妊娠八カ月だったんです。でも赤ちゃんは無事でした。体重は九ポンドで」

ハロルドとルイーズは結婚して、ウェイバートリー区アーノルド・グローヴ十二番地へ移り、そこで十八年間暮した。その家は質素なテラス・ハウスで、階下は二間、階上は二間、家賃は週十シリングだった。そこはジョン・レノンやポール・マッカートニーの住居から、ほんの数マイルの場所である。

ハロルドはまだ海上生活を続け、ルイーズは八百屋の店員になって働いた。この仕事は最初の子供のルイーズが一九三一年に生れる直前まで続けられた。二番目の子供のハロルドは一九三四年に生れた。そのあと、まもなくハロルドは海運会社をやめようと決心した。海上生活に飽きていたことも事実だが、何よりもまず、子供たちの顔をもっとたびたび見たかったのである。

「当時の私は一級給仕人として月給七ポンド七シリングを貰っていた。そのうち週二十五シリングずつが妻に送金された。だから、船に上玉が乗っていたとしても、収入は不足しがちだった。チップをはずんでくれる金持の船客のことを、私たちはそう呼んでいた。暇《ひま》なときには、私は床屋の真似事をやった。船を下りて、陸で職探しをするときにそなえて、私はせいぜい貯金をしていた」

「よく私に手紙をくれて、船の生活の辛さを訴えました」と、ハリスン夫人は言う。「夜、ズボンを脱いで、綱にぶら下げるんですけど、そのズボンがまだ揺れているうちに、またはかなきゃならなくなるんですって」

ハロルドは一九三六年に船から下りた。ちょうど不景気の真っ最中《さいちゆう》だった。ハリスン家は十五カ月間、失業保険金だけで生活しなければならなかった。「二人の子供をかかえて、週二十三シリングしか貰えない。家賃が十シリング、そのほかに石炭代と、家族みんなの食費だ」

一九三七年、ハロルドはようやくバスの車掌の職に就き、一九三八年にはバスの運転手になった。一九四〇年には三人目の子供のピーターが生れ、一九四三年には四人目で三男のジョージが生れた。

「生れた日に二階へ上がって初めて対面した」と、ハリスン氏は言う。「なんとも奇妙な感じでね。私をそっくりそのまま小型にしたようじゃないか。こりゃいかん、と私は思った。こんなに似ていていいのかしらんと思ったほどだ」

「ジョージは小さい頃から独立心の強い子でした」と、ハリスン夫人は言う。「人に手を貸してもらうのをとてもいやがるんです。肉屋のミセス・クアークの所へよくお使いにやりましたけど、メモを持たせても、家を出るとすぐ捨ててしまいます。ミセス・クアークはカウンターの上に頭を伸ばしたジョージを見つけて、『メモはないの』って訊くんです。そうするとジョージは、『メモなんか要らないよ。一番いいポーク・ソーセージを四分の三ポンド下さい』って言うんですって。そのときのジョージはまだ二歳半くらいでした。近所でも有名でしたよ」

ジョージを小学校に入れるについては、かなりの苦労があった。ベビー・ブームの結果が現れ始めていたのである。どこの小学校も満員だった。「初めローマン・カソリックの学校へやろうと思ったんです。ジョージはカソリックの洗礼を受けていましたから。でも六歳までは自宅に置いてくれ、そのあとで入学させてもいい、なんて言うんです。ジョージは知能がとても進んでいましたから、仕方がないので普通の公立の小学校へやりました」

それがダヴデイル小学校だった。ジョン・レノンがかつて入学したのと同じ学校である。ジョンはジョージよりも二歳半だけ年上で、学年は二つ上だった。ジョンとジョージは小学校時代には交渉がない。だが、ジョージの兄のピーター・ハリスンは、ジョン・レノンと同学年であり、喜劇役者のジミー・ターバックとも同じ学年だった。

「入学式の日に、ペニー・レイン通りを横切って学校へ送って行きました」と、ハリスン夫人は言う。「ジョージは最初の日から、お昼はうちで食べるって言うんです。次の日、私がコートをハンガーから外すと、ジョージは言いました、『やだよ、送って来ちゃ、やだよ！』私は訊きました、『どうして』ジョージは言いました、『ママがおせっかいやきのお母さんたちと一緒になって、学校の門のとこでお喋りしてるのなんか、やだよ』あの子はいつもおせっかいやきの母親たちが嫌いでした。井戸端会議に集まる近所の人たちを憎んでいました」

ジョージの最初の思い出は、兄のハロルドやピーターと一緒に、生きたヒヨコを六ペンスで買い、家へ持って帰ったことである。

「ぼくのとハロルドのは両方とも死んだけれども、ピーターのは裏庭に飼っておいたら、どんどん大きくなった。お終いには太って意地悪そうな鶏になってね。みんなこわがって、裏口に訪ねて来た人は決って玄関口へまわるんだ。その鶏はクリスマスに食べてしまった。一人の男が来て絞《し》め殺してくれた。殺したあと縄で吊してあったのを覚えている」

ジョージが六歳のとき、一家はウェイバートリーからスピーク区の公営住宅に引越した。

「とてもモダンな家だった。二階二間、一階二間のテラス・ハウスのあとでは、ものすごく立派に見えた。玄関から居間へ、台所へ、また玄関へ、居間へと、ぼくは最初の日は走りまわってばかりいた」

その家はスピーク区アプトン・グリーン二十五番だった。まだルイーズが赤ん坊だった頃、つまり十八年前の一九三〇年に申し込んでおいた公営住宅が、ようやく手に入ったのである。

「新築の家だったけど」と、ハリスン夫人は言う。「私は引越した途端に嫌いになりました。いくら庭を手入れしても、近所の子供たちに荒されてしまうんです。夜中に植木を盗んで行ったり。そこは元スラム街を整理した土地で、暮し向きの良い家と悪い家とがごっちゃになっていたんですね。良い家を入れれば、自然に全体の水準が上がるだろうという考えで」

ジョージの小学校時代の成績は悪くなかった。「或るとき、試験のあとで」と、ジョージは言う。「先生がこう言った、パスしたと思う人は手を上げて。手を上げたのはたった一人だった。それはいつも悪臭を発散している小肥りの男の子でね。実に悲しい話さ。そいつはパスしなかったただ一人の生徒だったんだから。

「先生は罰としてぼくらをそういう臭い生徒の横に坐らせるんだ。臭い生徒をおどかす意味も含めてね。先生なんて、みんなそんな奴ばっかりだった。臭い生徒はおどかされればおどかされるほど、ますますぼくらを頼りにするようになる。無知な連中だからね。ぼくにはちゃんと分っていた。でも、そういう連中は老《ふ》けているから、それだけで無知には見えないんだ」

ジョージは一九五四年にリヴァプール・インスティチュートに入学した。ポール・マッカートニーは一年先輩で、すでにそこにいた。ジョン・レノンはクオリー・バンク校の三年生だった。

「ダヴデイル小学校から離れるのは悲しかった。校長のポップ・エヴァンズ先生は、きみたちはもうずいぶん大きくなったつもりでいるかもしれないが、次の学校へ行けば一番子供なのだと言った。だとすれば、次の学校へ行くことはなんだか駄目なような気がした。せっかく最高学年になったのにね。

「インスティチュートに入った最初の日に、トニー・ワークマンがドアの陰からぼくに飛びかかって、『てめえ、やる気か』と言った」

茫然《ぼうぜん》としていた短い期間、ジョージはしばらくはまじめに宿題をやったが、まもなく学校の勉強に関心を失ってしまった。「教師に口述されて、それを書きとることが、ぼくは大嫌いだった。教員養成所を出たばかりの早発性痴呆症《そうはっせいちほうしょう》みてえな野郎が読み上げることを、こっちは一所懸命書き取るなんて、馬鹿らしいったらないよ。あとから読み直すなんてありっこないんだからね。ぼくは欺されやしない。何もかも無駄なことさ。

「おとなしく平和に育ってきた子供が、頸根っこまで社会の一部分であることを強制されるとき、物事はみるみるうまくいかなくなるんだ。奴らはみんな、子供らしい純粋な考え方を歪め、奴らの幻想を押しつけようとする。そういうもろもろのことが、ぼくをうんざりさせた。ぼくはただ自分自身であろうとしただけだ。奴らはすべての人間を画一的なキャンデーの粒に変えようとするんだ」

インスティチュートでは、ジョージは初めから度外れの服装をする生徒として有名だった。一年下だったポールの弟のマイケル・マッカートニーの記憶によれば、ジョージは長髪が流行り出す何年も前から髪を長くしていた。

ジョン・レノンの反逆は、喧嘩をし、トラブルの種をまくという形で行なわれた。ジョージはそれを服装でやったわけだが、それも同じ程度に教師たちを困らせたのだった。

だがジョージが髪を長くしていた理由の一つとしては、昔から髪を刈ってもらうのを嫌っていたということがある。父親は床屋代を節約するために、かつて船員時代にやっていたように家族の髪を刈っていたのである。父親の使う鋏《はさみ》はもう古くなり、切れ味が悪くなっていた。「鋏が髪にひっかかって、子供たちが痛がったんです」と、ハリスン夫人は言う。「そう、少々荒っぽかったかもしれないな」とハリスン氏は言う。「少々荒っぽかった？　それどころじゃないわ」と細君は言う。

「ジョージは大きく盛り上げた髪の上に帽子をちょこんとのっけて学校へ行きました」と、ハリスン夫人は言う。「それに物凄く細いズボンをはいてね。あの子は私に隠れて、こっそり私のミシンでズボンを細目に縫い直していたんです。新しいズボンを買ってやると、真っ先にするのが細く直すことです。いつかお父さんがそれに気がついて、すぐ縫い目をほどきなさいと命令しました。するとジョージは言いました。『駄目だよ、パパ。もう縫いしろの布を切っちゃったもの』ジョージは言いわけが上手でした。いつかは学校のブレザーの下にカナリヤ色のチョッキを着て行ったりしましてね。そのチョッキは兄のハリーのものなんですけど、ジョージは自分が着たほうが似合うと言って聞かないんです」

「しゃれた服を着ること、あるいは少なくとも人と違った格好をすること、それが反抗の一つの形だった。ぼくには大して金がなかったし、学校当局なんか屁とも思わなかった。経験は教えられないからね。いろんな間違いをやりながら、自然に身につけるものだろ、経験というやつは。自分で発見したことでなきゃ自信を持ってできる筈がない。ぼくはなんとか個性を失わずにいることができた。どういうわけか、ぼくの反抗は効き目があったよ。ぼくは教師たちに理解されなかった。今にして思えば、理解されなかったことが嬉しいね」

初めの三年間、ジョージはひっきりなしにトラブルを起した。「『ハリスン、ケリー、ワークマン、立って外へ出なさい』というセリフをなんべん聞いたか知れない。それでなければ、ぼく一人が反省室に立たされるんだ」

一度、ジョージは青いスエードの先の尖《とが》った奇妙な格好の靴をはいていたことがある。「シシー・スミスという教師がその靴のことでぼくを叱った。シシー（「にやけた奴」の意）という綽名をつけたのは、いつもそいつが小ぎれいな服を着ていたからさ。そのシシーが曰く、『ハリスン、それは学校ではく靴じゃない』じゃ学校ではく靴というのはどんな靴ですか、とぼくは訊きたかったけれども黙っていた」

シシー・スミスの本名はアルフレッド・スミスといい、この人はジョン・レノンの伯父のジョージの弟だった。「そのことはずっとあとまで知らなかった。ジョンからそのことを聞いたとき、ぼくは大笑いしたっけ」

インスティチュートの四年生になった頃から、ジョージはトラブルを避けるようになった。「冷静にしていること、沈黙していることが一番だと分ったんだ。何人かの教師たちとも暗黙の了解がついていた。うしろの席で居眠りさせてくれれば、ぼくはもうトラブルを起さなかった。あったかい日なんか、つまらない教師が小声でぼそぼそ講義を続けるのを聞きながら、起きていろというほうが無理だからね。はっと目をさますと五時十五分前で、みんな帰っちゃった、なんていうことがよくあった」

ジョージの一番上の兄のハリーは、この頃すでに学校を出て、組立工の見習になっていた。姉のルイーズは教員養成所に入り、ピーターは家具職人の仕事に就こうとしていた。

ジョージの父親のハロルドはまだバスの運転手をしていたが、この頃には組合の有力な役員でもあった。フィンチ通りにあるリヴァプール市の市バス従業員社交クラブで過ごす時間が多くなった。一九五〇年代には、ハロルドは土曜日のパーティではいつもゲストを紹介する司会者の役をつとめていた。

「あのクラブから出たコメディアンとしては、たとえばケン・ドッドがいる。クラブで一緒に飲んだりすると愉快な奴でな。でも神経質だから舞台には立ちたがらなかった。しかし、そのうちにようやく舞台に出た。半ズボンをはいて、例のヘルメットをかぶって、『マンダレイへの道』をやったのさ。抱腹絶倒《ほうふくぜっとう》だった。その頃から見ると、今の彼は半分も面白くないね」

ジョージがやっと学校に順応したのを見て、ハロルド・ハリスンはもちろん喜んだ。息子たちの中でグラマー・スクールに進んだのはジョージだけだったから、父親はこの子に期待をかけていたのである。勤勉で几帳面だった組合役員の父親は、自分にもジョージのような勉学のチャンスがあればよかったのにと思っていた。

ジョンの伯母のミミや、ポールの父のジムと同じように、この父親もまた教育というものを、自己の形成ばかりでなく、世間的な成功と名声に至る唯一の道と見ていたようである。

安定した有利な職業を子供のために願わぬ親はいないだろうが、ハロルド・ハリスンの世代の人間には殊にその傾向が強かった。なにしろ一九三〇年代の不況の直中《ただなか》で何年も失業し、僅かな失業保険金で家族を養った経験の持ち主であるから。

ジョージの個人主義や反権威主義は、どうやら父親譲りではないようである。少なくとも父親の若い頃の貧乏生活は、ジョージに生活の安定が必要であることを痛感させたに違いない。だが、母親のほうはつねにジョージの味方だった。母親は子供たちみんなの仕合せを望んでいた。子供たちが何に興味を抱こうと、それをすることが楽しければ結構という主義だった。

だから、どこからどう見ても無意味なこと、だれの利益にもならぬ趣味、生活の安定や名声とは明らかに無関係なことに、ジョージが関心を示し始めたときですら、母親はこの子を激励したのである。

ハリスン夫人は陽気で社交性に富むというだけの人ではなかった。ビートルズのほかのメンバーの両親たちとは違って、この人はこの人なりに無鉄砲な変り者だった。

6　ジョージと「クオリーメン」

ハリスン夫人は昔から音楽やダンスが好きだった。夫と共同で初心者のためのダンス講習会を――主として社交ダンスだが――フィンチ通りの市バス従業員社交クラブで、ほとんど十年間にわたって続けていたほどである。

両親が覚えている限りでは、子供の頃のジョージは音楽に関心を示さなかった。「でも、やってごらんと言うと、いつでもいろんな芸をしました」と、ハリスン夫人は言う。「椅子のうしろにしゃがんで人形芝居の真似をしたりして」

十四歳の頃、ジョージは突然、学校から帰って来ると紙切れにギターの絵を描くようになった。「ある日ジョージが私に言いました。『学校の友達で五ポンドのギターを三ポンドで譲るって言う奴がいるんだけど、買っていい？』私は言いました、いいわよ、お前がほんとに欲しいんなら。ちょうどその頃、私はまた仕事をしていたんです。結婚前に勤めたことのある八百屋の店員をしていました」

音楽の面ではジョージに強い印象を与えた最初の人物は、ロニー・ドネガンだった。「フランキー・レインとか、ジョニー・レイのようなポピュラー歌手はその前から知っていたけれども、面白いと思ったことはなかった。そういう唄は大人の聴くものだと思っていた。でもロニー・ドネガンだとか、スキッフルだとかは、自分にぴったりの音楽だと思った」

母親に三ポンドで買ってもらった最初のギターは、三カ月のあいだ戸棚の中に入れられ、忘れられていた。「頭と胴体《どうたい》をつなぐネジを外したら」と、ジョージは言う。「元に戻らなくなっちゃったんだ。それで戸棚に押しこんでおいた。そのうちに思い出して、ピーターに直してもらった」

「ジョージは独学でギターを覚えようとしました」と、ハリスン夫人は言う。「でもあまり進歩しませんでした。『駄目だ、これじゃものにならないよ』とジョージは何度も言いました。

「私は言いました、『大丈夫よ、大丈夫よ。とにかく続けなさい』ジョージは指から血が出るまで続けましてね。『大丈夫よ、ものになるわよ』って私は言いました。

「午前二時か三時頃まで練習についていてやったこともあったわ。そのたんびにジョージは『駄目だよ、ものにならないよ』と弱音を吐き、私は『大丈夫よ、大丈夫よ』と言うんです。

「どうしてそんなにあの子を励ましたのかしら。それはひとえに、あの子がやりたがっていたからです。きっと自分の娘時代にしたくてもできなかったいろんなことを思い出していたんでしょうね。私を励ましてくれた人なんか一人もいませんでしたもの。

「ですから、ジョージが音楽を始めたとき、私はできるだけのことをして、あの子に力を貸したんですね。まもなく、あの子はだいぶ進歩して、私が教えることは何もなくなりました。

『ママはほんとはギターのことなんか知らないんだね』と、或る日あの子は言いました。そうよ、でもお前は頑張りさえすれば必ず上手になるのよ、と私は言いました。いや、そういう意味じゃないんだ、とあの子は言いました。つまり、新しいギター、もっといいギターが欲しいというんです。なんでもハーモニカと同じことで、よくないハーモニカだと出ない音がいくつかあるでしょう。あの子にとっては、その三ポンドのギターがじきそんなふうになってしまったんです。

「それで私は言いました、いいわ、新しいのを買ってあげるわ。あの子は三十ポンドのを手に入れました。エレキ・ギターだとかなんとか言ってましたけど。

「ピーターもギターを始めましてね。よく考えてみると、最初にギターを手に入れたのはピーターのほうでした。こわれたギターを五シリングで買って来たんです。こわれた所を膠《にかわ》でくっつけて、弦を張ると、結構使えました」

「ママはほんとにぼくを励ましてくれた」とジョージは言う。「ぼくのしたいと思ったことを絶対にけなさなかったのが、最大の励ましだったと思うな。それが母や父のいいところだった。子供にあれをするな、これをするなと言ったって、やりたいことは結局はやっちまうからね。だからやらせたほうがいいんだ。うちの父と母は、外泊も許したし、酒も許してくれた。だから、ほかの連中が外泊や酒に夢中になる頃は、ぼくはそういうものは卒業しちまっていた。今でもアルコールが嫌いなのは、そのせいかもしれない。そんなものは十歳ぐらいまでにみんな経験したからね」

「ある日ジョージが帰って来て、スピーク区のブリティッシュ・クラブでオーディションを受けると言いました」と、ハリスン夫人は言う。「お前どうかしたんじゃないの、と私は言いました。グループもまだできていないのに。そうするとあの子は、大丈夫、グループはちゃんとできてるんだ、と言いました」

本当にジョージは、そのスピーク・ブリティシュ・リージョンの一夜のためにグループをこしらえたのだった。つまり、兄のピーターがギターを弾き、友達のアーサー・ケリーもギターを弾き、そのほかに二人——一人は茶箱を叩き、もう一人はハーモニカを吹き、ジョージ自身はギターを弾いた。一行は一人ずつ、生垣《いけがき》の陰に身をかがめながら、家から脱出したのだった。ジョージは口うるさい隣人たちに自分たちの行動を知られたくなかったのである。

ホールに着いてみると、本職の楽団が来ていなかった。ほかに代りがいないので、ジョージたちが一晩演奏しなければならないことになった。

「帰って来たときは、みんなとても興奮して大声で叫んでいました」と、ハリスン夫人は言う。「初めは何事かと思ったわ。すると、みんながそれぞれ生れて初めて音楽の演奏で儲けたお金を見せてくれました。一人十シリングずつのお金をね。茶箱を叩いた子は気の毒みたい。指がもう血だらけになって。お茶箱も血だらけになっていました。その晩のジョージたちは『反逆者《ザ・レブルズ》』と名乗ったようです。その名前を赤い字で大きく書きましてね」

このほかにも、まともなグループではなかったが、ジョージはときどき演奏に加わり、やがてポールを通じて「クオリーメン」に参加することになる。

ジョージがポールと初めて口をきいたのはインスティチュートに入学したばかりの頃のことだった。バス通学の途中で二人はよく出逢った。ジョージは、ある日、母親が自分の息子とポールの両方のバス代を払ったことを記憶している。スキッフル全盛時代が来て、二人はどちらもギターを手に入れ、もっと親しく付き合うようになった。

「或る晩、ポールがうちへ遊びに来て、ぼくが中途で放り出してしまっていたギターの入門書を見た。まだ本棚に置いてあったんだ。ぼくらはその入門書でコードを二つばかり覚えて、『ドン・チュー・ロック・ミー・ダディ・オー』を二つのコードでようやく弾いた。ぼくらはどのグループにも加わらず、めいめい勝手に練習していたのさ。お互いに聴かせ合ったり、もっと上手な奴の真似をしたりしてね」

二人は暇な時間はいつも、休日でさえ一緒に過ごすようになった。これは、ポールがジョンや「クオリーメン」と出逢うずっと前から始まっていたのである。

ジョージが「クオリーメン」に加わったのは、ポールの参加の少なくとも一年後であり、たぶん一九五八年初め頃と推定される。だれも正確な年月日を覚えていないが、ジョージがポールに続いてすぐ参加したということは考えられない。ジョージはギター弾きとしてめきめき腕を上げ、すでに何度も舞台で演奏していたのだが、なんと言ってもまだ非常に若かったのだから。

「初めてクオリーメンの連中と逢ったのは、ガーストンのウィルスン・ホールで連中が演奏していたときだった。ポールもその舞台に出ていて、一度遊びに来いよとぼくに声をかけた。声をかけられなくても、どこか適当なグループに入りたかったぼくは、きっとのこのこ出掛けて行っただろうと思う。ポールの友達だということで、ぼくはジョンに紹介された。

「その晩、別のバンドにエディ・クレイトンというギタリストがいて、これがすばらしかった。ジョンは、あのクレイトンぐらい弾けるならばおれたちのグループに入れてやってもいいよ、とぼくに言った。で、ぼくが『ローンチー』を弾くと、ジョンは、よし、入れてやると言った。それ以来、『ローンチー』はよく弾いたっけ。ギターを持ってバスの二階に乗って、どこかへ遠出するときなんか、よくジョンが言うんだ、『ローンチーをやってくれよ、ジョージ』」

「でもジョージは自分が上手だとは思っていませんでした」と、ハリスン夫人は言う。「いつも自分よりずっと上手い人のことを私に話すんです。一所懸命やればそうなれるわよと、私はいつも言いました」

ジョージを仲間に入れることをためらったのは、ジョンの記憶によれば、やはりジョージの若さのせいだった。

「あまりといえばあまりだからね。ジョージは若すぎた。最初は年を訊く気にもなれなかった。使い走りのアルバイトなんかしていてね。まるっきりの子供に見えた。一度はぼくんとこへ来て、一緒に映画に行かないかと言ったが、ぼくは忙しいからと言ってことわった。一度や二度逢っただけじゃ、どうもよく分らない奴だったな。

「ミミに言わせると、ジョージはリヴァプール独特の低い声の持ち主で、なかなかの大物だということだった。『あんたはああいう貧乏人タイプが好きなのね、ジョン』って、よく言われたっけ。

「結局ジョージを仲間に誘ったのは、彼がぼくらよりコードをたくさん知っていたからだった。彼にはコードをずいぶんたくさん教わったな。新しいコードを覚えるたびに、それを使って唄をこしらえた。

「ぼくらはよく学校をサボっちゃ、午後なんかジョージの家へ遊びに行った。ジョージはポールより若く見えたよ。そのポールがまたベビーフェースだから、十か十一にしか見えなかったんだが」

ジョージはたぶんわざとジョンにつきまとったのだろうと、ジョージ自身は言う。ジョンはその頃までに美術学校に入ろうとしていたが、ミミの躾《しつけ》にもかかわらず依然として攻撃的であり、労働者階級の匂いを発散していた。

「ジョンにはとても強い印象を受けていた」と、ジョージは言う。「もしかすると、ポールよりも印象は強かったかもしれない。ジョンの青いジーンズやライラック色のシャツが、ぼくは大好きだった。でも、ぼくはたぶん美術学校の連中の雰囲気に圧倒されていたんだと思う。ジョンはとても皮肉屋で、いつも相手をやりこめようとしたが、ぼくはそれを無視したり、お返しに皮肉なことを言ってやったりした。それは結構効果があった」

「ポールと逢っていると、ちょうど二人だけで集会をやっている感じだった」と、ジョンは言う。「お互いに惚れたとかなんとかいうことじゃなくてね。要するに、ぼくら二人はうまが合ったということだ。それが今や、ジョージを加えて、同じ考え方をする人間が三人になった」

クオリーメンのほかのメンバーたちは、ジョンの毒舌を我慢できなくなるか、あるいは単に飽きるかして、いろいろと出入りがあった。当時でもギター三人だけではバンドとして成立しなかったので、演奏のチャンスがあるたびにメンバー不足は問題になった。なかでもドラマーは喉から手が出るほど欲しかったが、ジョンたちが拾ってくるドラマーは、いかに役立たずとはいえ、このグループに居ついたためしがなかった。

クオリーメンはグループとしてはスキッフル・バンドの段階から脱しつつあった。茶箱や洗濯板はあまりにも素人ふうである。三人はいずれもロックンロールが、なかんずくエルヴィス・プレスリーが大好きで、ラジオでエルヴィスの新しいレコードを聴くと、そのコードやサウンドを出そうと苦心し、プレスリーの演奏スタイルを真似ようとした。

リーダーのジョンは、スキッフル・ブームにあてこんで儲けようとする大勢のプロモーターたちに近づいて、なんとか出演契約を取りつけようとした。だが定期的な出演契約をとるのは非常にむずかしかった。スキッフル・バンドの数は多く、その大部分はクオリーメンよりもずっと上手だったのである。

しかし今や根拠地《こんきょち》は二つできた。ジョージの家は、ほとんどいつでも好きなときに使えたし、ポールの家も、父親がいないときは使えた。どちらかの家で、彼らは練習し、作曲し、でなければただなんとなく暇つぶしをすることができた。だがミミは頑としてロックンロールの好きなテディ・ボーイたちを自分の家に寄せつけまいとした。

「ポールはよくうちの玄関に現れました」と、ミミは言う。「自転車を垣根に立てかけておいて、ずるそうな目で私を見て、『こんにちは、ミミ。入ってもいいですか』って言うんです。『いいえ、絶対だめよ』と私は言いました」

ミミは初めてジョージの噂を聞いた頃は、ジョージにたいしてさほど厳しくはなかった。

「ジョンはしきりに言うんです、ジョージはとってもいい奴で、伯母さんもきっと好きになるって。さかんにジョージを褒めていましたわ。『ジョージなら絶対、伯母さんの気に入るよ』なんて。

「それで、或る日、ジョージをうちに呼びました。やって来たジョージは、頭はクルー・カットでシャツはピンクです。結局、私は好きになれませんでした。少しばかり私は古風なのかもしれないけど、学生があんな服装をするなんて。その頃、ジョンは十六でしたけれど、私はいつも学校で決められたブレザーやシャツを着せていましたから」

そんなわけで練習はたいていアプトン・グリーンのジョージの家で行なわれた。ハリスン夫妻は、或る日、自宅へ帰って来て、それまで見たこともないほど細いジーンズをはいたジョージを発見した。

「それを見た途端に、ハロルドは呆気にとられてしまいました」と、ハリスン夫人は言う。

「ジョージは、ジョンに貰ったんだと言いました。それから部屋中を踊るような格好で歩きまわって、『タイツをはかなきゃバレエができるわけはないじゃないか』と言うんです。結局、私たちは笑い出してしまいました。ジョージは私たちには決して反抗的ではなかったけれど、人をうまくまるめるのは上手でしたよ」

ジョージが初めてジョン・レノンを連れて来て紹介したとき、ハリスン夫人は台所にいた。

「『これがジョンさ』とジョージは大声で言いました。『こんにちは、ミセス・ハリスン』とジョンは言って、一歩前へ出て、私と握手しました。それから何が起ったのか、今でもさっぱり分りません。とにかくジョンが何かの拍子《ひょうし》に転んだのね。そうして私の上に乗っかった格好になって、私たちは一緒にソファに倒れました。その瞬間、お父さんが入って来たんです。ジョンが私に乗っかっているのを見たときのパパの顔ったらなかったわ！『一体全体どうしたんだ』ジョージが言いました。『なんでもないよ、パパ。これがジョンさ』

「ジョンはいつも少しイカレていましたね。絶対にしょげたりしないところが私にそっくりでしたわ」

7　美術学校で

一九五七年秋、一番細いジーンズに一番長い黒のジャケットといういでたちで、ジョンは美術学校に現れた。そんな格好をミミに咎《とが》められぬために、ジーンズの上に古めかしい普通のズボンをはき、無事に家を出ると、バス停でそのズボンを脱ぐのだった。

「美術学校ではみんながぼくのことをテディ・ボーイだと思っていた。そのうちにぼくはみんなに合せて少しばかり芸術家ふうになったけれども、服装は依然としてテディ・ボーイふうで、黒のジャケットに細いズボンをはいていた。アーサー・バラード先生は、もう少し服装を変えなさい、ズボンをもう少し太目にしなさいと言った。アーサー・バラード先生はいい人だった。ほかの教師が冷たくするときに、いつもぼくを庇ってくれた。

「でもぼくは本当のテディ・ボーイじゃなくて、ただのロック・ファンだった。ただテディ・ボーイのふりをしていただけだ。もしチェーンをポケットに忍ばせた本物の与太公《よたこう》に逢ったら、ぼくは怖気をふるってしまっただろう。

「ぼくはクオリー・バンク時代よりも信用ができて、ますますミミを無視するようになった。外出の時間は前よりも長くなったし、着るものも好きなものを着た。ポールにも圧力をかけて、おやじなんか無視しろ、好きな服を着ろと、しきりにけしかけた。

「勉強はいやでたまらなかった。ぼくはイラストか油絵でもやればよかっただろう。格好よさそうだったし。ところが入った科はレタリングだった。ぼくになんの取柄もないので、仕方なくそこへ編入したらしい。レタリングの連中は下らない奴らばかりだった。あれならスカイ・ダイヴィングでもやったほうがまだましだ。ぼくは試験には落ちてばかりいた。

「それでも学校をやめなかったのは、勤めよりはましだったからさ。就職の代りに学校へ行っていたんだ。

「しかし、そのうちになんとかなるという気がいつもしていた。自信がぐらつく瞬間もあったけれど、やがては何かが起るに違いないと思っていた。ぼくが書いた詩や、ぼくが描いた絵を、ミミがいい加減《かげん》にうっちゃらかしたりするたんびに、『ぼくが有名になったときに後悔するぜ』と言ってやった。あれは本気でそう言ったんだ。

「自分が何になりたいかはまだよく分らなかったが、とにかく、ゆくゆくは変り者の百万長者になろうと思っていた。そのために百万長者の娘と結婚することなんかを夢みたりしてね。

「何がなんでも百万長者にはなりたかった。そのために悪党になる必要があるのなら、悪党になる気だった。ほんとに、いつでも悪事を働く用意があった。ぼくの絵にだれかが金を出してくれる気遣いはまずなかったからね。でも悪党になるには、ぼくは少々臆病すぎた。たとえその気になっても、悪事は働けなかっただろうと思う。一人の友達と面白半分に或る店へ強盗に入る計画をたてたことがあった。ただの万引きじゃなくて、本格的なやつだ。そして夜中にその店へ下見に行ったりしたけれども、もちろん実行はできなかった」

この頃ではいっそう頻繁《ひんぱん》に逢っていた母親のジュリアは、いまだに息子の生活を是認《ぜにん》していた。ジュリアはすでにほとんどミミに代って息子の生活に深く入りこんでいた。ジョンも母親を頼りにしていた。ジュリアはジョンと同じ言葉を喋り、同じ事柄を好み、同じ種類の人間を嫌っていたのだから。

「その週末、ぼくは、ジュリアと顔面神経痛の亭主の住む家にいた」と、ジョンは語る。

「お巡りがやって来て、事故を知らせた。まるで映画の場面みたいに、そうなるのが当然といった感じだった。ぼくに、きみは息子かと訊いたりしてね。それからお巡りは事故の話を切り出し、ぼくら二人は蒼くなった。

「それはぼくには最悪の出来事だった。何年か前から、ぼくとジュリアは本当に親しくなっていた。ぼくらはお互いに理解し合っていた。うまが合った。ジュリアはすばらしい人だった。

「だからぼくは、畜生、畜生、畜生、と思った。何もかもがこれで駄目になっちまったんだ。ぼくが責任を負うべき相手の人は、もうだれもいないんだ。

「顔面神経痛はぼく以上にショックを受けたらしい。ショックから立ち直ると、奴は言った、今後だれが子供らの面倒をみるんだ、とね。ぼくは奴を憎んだな。きたねえ利己主義者め。

「ぼくらはタクシーで、ジュリアの死体が置いてあるセフトン総合病院へ行った。ぼくはジュリアを見たくなかった。途中、ヒステリックに運転手を急《せ》かしてばかりいた。タクシーの運転手はときどき唸るだけだった。ぼくは建物に入って、ジュリアの死体を見るのを拒んだ。でも顔面神経痛は見に入って、そのあと、てんで取り乱していやがった」

ジュリアが死んだのは、一九五八年七月十五日だった。事故はミミの家のすぐそばで発生したのである。

「私はいつも妹をバス停まで送って行ったのですけど」と、ミミは語る。「その晩に限っていつもより早く、十時二十分前に、妹は一人で帰りました。出て行って一分もしないうちに、キーッという恐ろしい音が聞こえました。飛び出して行って見ると、ジュリアは私の家の前で車にはねられて死んでいました。その正確な場所を、私は家族に教えませんでした。いつも通る場所ですから、あとあとまで心の傷になってはいけないと思いましてね。

「でも、私にとっては、ジュリアはまだ死んでいません。まだ生きています。私はジュリアの墓にも、母の墓にも行ったことがありません。二人とも私にとってはまだ生きているんです。私は妹と母をとても愛していました。ジュリアはすばらしい人間でした」

ジュリアの死は、ジョンにとっては明らかに恐ろしい悲劇だった。「でも彼は気持を絶対に表にあらわさなかった」と、ピート・ショットンは言う。「学校の教師に殴られたときに似ていたな。内心を外に出さないんだ。外側だけ見ていると、感情は全然分らなかった」

事故の知らせはたちまちジョンの友人たちのあいだに広まった。もう一人の友人ナイジェル・ウェイリーは、たまたまジュリアがミミの家から出て来て、自宅へ帰るバスに乗ろうと道を横切ったとき、その場に居合せ、ジュリアに話しかけた最後の人間となったのである。

「ジョンはジュリアのことや、自分の気持のことを決して口に出さなかった」と、ピートは言う。「でもその代り、自分の女友達に八つ当りした。変に辛く当ったりしてね。一人の女の子がジョンにどなっていたのを、今でも覚えている。『いくらお母さんが亡くなったからって、私に八つ当りすることはないでしょ』ってね」

ジョージの母親のハリスン夫人は、この事件がジョンに及ぼした影響をいまだに覚えている。限りない歓迎と激励を与えてくれるジョージの家で、クオリーメンはまだ練習を続けていたのだった。

「その晩、私はお豆の料理やトーストを出してあげました。ジョンのお母さんが亡くなる何カ月か前のことで、その頃ジョンはずいぶんお母さんと仲良くなっていたようです。その証拠に、ポールにこんなことを言っているのが耳に入りました。『おふくろに死なれて、平然と生活している奴の気が知れないよ。万一そんなことになったら、ぼくは気が狂うと思うな』

「お母さんが亡くなったとき、ジョンは気が狂うようにも見えませんでしたが、ただ外出しなくなりました。私はジョージを逢いに行かせて、うちに閉じこもっていないで、またグループで稽古《けいこ》をするようにと言ってあげました。

「あの子たちは、あの頃からお互いにずいぶん助け合っていましたよ。ジョージは次には私が死ぬかもしれないと言って、こわがっていました。それで変に私のことを気にかけてくれるようになったりしましてね。そんな馬鹿なこと考えないで、私は死にゃしないわと言ってやりましたけど」

母親の死によって、ジョンはポールといっそう親しくなった。今では、その悲しみさえ友情の種になったのである。だが美術学校のほかの学生たちに言わせると、ジュリアの死によって、ジョンは表面的には悪くなり、他人の感情を平気で傷つけたり、前よりも残酷な冗談を口にするようになったという。

セルマ・ピクルズは当時のジョンの女友達の一人だった。といっても深刻な関係ではなく、ジョンの取り巻きの中の一人というだけのことである。セルマが言うには、大部分の学生たちはジョンのような個性を初めて見たので、その振舞いに驚き、かつこわがっていた。

「ジョンはいつもお金を持っていなかったわ。年中だれかしらにチップスを買わせたり、お酒をおごらせたり、煙草をたかったりしていました。今でも借金は何ポンドか残ってるんじゃないかしら。でも彼は魅力のある個性の持ち主だったから、いつも上手にお金を借りて歩いていました。でも人が滅多に言わないような乱暴なことをよく言いましたよ。とても残酷なことをね。街を歩いていて、向こうから老人が来ると、『ブー』なんて言ってからかうんです。それから片輪の人や身体障害者《しんたいしょうがいしゃ》を見ると、わざと大きな声で、『軍隊から逃げたいばっかりに、いろんなことをする奴がいるんだってなあ』なんて言うんです。

「それからよく残酷な絵を描きました。とても上手だったけど。たとえば何人かの女がそれぞれ赤ん坊をあやしながら、この子可愛いでしょうと言ってる絵なんですけど、その赤ん坊たちがみんな片輪で、物凄い顔をしてるのよ。とても残酷だったわ。ローマ法王が死んだときも、気味の悪い顔をした法王の漫画をたくさん描いていました。その一枚はね、法王が天国の外の大きな柱のとこに立って、門を揺すぶって入ろうとしているのよ。そして絵の下に書いてあるの、『分らんのか、わしは法王だぞ』って。

「ジョンは何一つ、これっぽっちも尊敬していなかったわね。でも彼のまわりには、いつも彼の話を聞きたがる人たちが集まっていました。一人ジョンに夢中な女の子がいたわ。よくジョンのことを嘆いていたようよ。

「彼は自分の眼鏡をとても気にしていて、映画を見るときでさえかけようとしないんです。エルヴィス・プレスリー主演の『闇に響く声（キング・クリオール）』を見に行ったときもかけなかったわ。ナイロンの大きなセクシーな広告が出ていても、見えないもんだから、私がどんな広告かを話して聞かせなきゃならないんです。

「ジョンの音楽を、私は一度もまじめに聴いたことがなかったわ。よく、こんな曲を作ったよ、なんて話してくれましたけど、私のほうは、曲を作るなんてすてきだなとは思いますけど、でもそんなこと何になるのかしらって、すぐ思ってしまうんです。唄をこしらえて成功するなんて奇蹟みたいなものでしょ。だからそんなこと無駄だと思ったのね。

「彼は有名になれる人だとは思いましたけど、何で有名になるかは分らなかったわ。ずいぶん人と違っていて、オリジナルでしょう。でも、どういう方面で有名になれる人なのか、さっぱり分りませんでした。喜劇役者になるかしら、なんて思ったこともありました」

美術学校時代の自分について、ジョンはセルマの記憶にあらかた同意する。だがジョンはしごく冷淡にそれらのことを思い出すだけで、ノスタルジアや興味はほとんど湧かないらしい。単にそうだった、というだけのことなのである。「学校時代は金が全然なかったから、借りるなり、くすねるなりしなきゃならなかった」と、ジョンは言う。だがミミの記憶によれば、ミミは週に三十シリングずつ小遣いを与えていたから、それをジョンがどんなふうに使ってしまったのか見当もつかないという。「ぼくはセルマみたいな気安い奴に年中金をたかっていた。

「残酷な冗談は確かに言った。初めは学校の中でだけ言っていたんだけれども、いつだったか弁論大会の帰りに少しアルコールが入っていてね。

「リヴァプールの町は、グラスゴウとおんなじで片輪が多いんだ。背が三フィートの男が新聞を売っていたりする。前にはそんなに気にならなかったんだが、その日は帰るみちみち、いやに片輪ばかり目についた。それでだんだんおかしくなってきて、げらげら笑ってばかりいた。なんとなく感情を隠すというか、カムフラージュしたくなったんだと思う。片輪の人を傷つける気は全然なかった。あれはただのジョークで、ああいうセリフはぼくらの日常会話なんだ」

美術学校におけるジョンの生活に、新たに二人の人間が入りこんできた。一人はスチュアート・サトクリフである。スチュアートは同じ学年だったが、ジョンとは違って将来を嘱望された優秀な芸術家だった。からだつきはほっそりとして、芸術家ふうで、神経質だが、非常に激しいところがあり、独特の個人主義者である。スチュアートとジョンはたちまち友達になった。スチュはジョンの服装や、その強い支配的な性格がまわりにかもし出す雰囲気に惚れこんだのである。ジョンのほうは自分よりも優秀なスチュの芸術的才能に惚れこみ、スチュの知識の広さや、芸術家的な感じ方にも惚れたのだった。

スチュは楽器の演奏は全然できなかったし、ポピュラー音楽のことは何も知らなかったが、ジョンとその仲間が学校の昼休みに演奏したのを聴いて、すっかり圧倒されてしまった。そしてだれ一人として感心する者のいない頃から、しきりにジョンのバンドを褒めたのである。

　ジョージとポールは、スチュにたいして、ジョンに与えるスチュの影響にたいして、少し嫉妬したようだった。ジョンがどれほどスチュに惚れこんでいたかは、第三者にはなかなか分らなかったが。ジョンは表面的にはしょっちゅうスチュを苛《いじ》め、ことごとに嫌味を言ったのである。ポールもジョンにならって、スチュを苛め始めた。ポールもまた美術に興味を持ち、ジョンと同じく、スチュからたくさんの新しい考え方や流行を学んでいたのだったが。

　美術学校でジョンの友人となったもう一人の重要な人物は、現夫人のシンシア・パウエルである。

「シンシアはとても物静かな人でした」とセルマは言う。「私たちとは全然違うタイプだったわ。川向こうの上品なホイレイク区の、中流階級の出身ですからね。着ているものもツイン・セット（婦人用カーディガンとジャンパーの一組）でね。とてもいい人だったけど、どうしてもジョンの似合いの相手には見えなかったわ。ジョンはよくシンシアと付き合って、とてもすばらしい娘だと私たちに言ったけど、私はどうもピンとこなかったんです。

「一年ほど休学していたとき、二人があつあつだという噂を聞いたわ。だったらジョンも少しは落着いた人間になるかしら、と思ったんだけど、全然そうはならなかったみたいね」

シンシア・パウエルは入学したときからジョンと同じ学年で、同じレタリング科にいた。だが初めの一年間、二人はお互いに全く無関心で、動きまわる場も全然違っていた。彼女のほうは川向こうから来た内気で洗練された娘であり、彼のほうは騒々しいリヴァプールのテディ・ボーイだったわけである。

「初めは恐ろしい人だと思ったわ。彼の姿をまともに見た最初の記憶というと、階段教室で、うしろに坐ったヘレン・アンダースンが彼の髪を撫でているのを見てしまったのよ。その瞬間、私の心の中で何かが動きました。初めは嫌悪感《けんおかん》だと思ったけど、それは実は嫉妬だったのね。でも、その後も彼との接触はありませんでした。彼は私の定規やブラシを盗んだりしたけど。

「あの頃の彼はひどい身なりでした。ジョージ伯父さんのものだったという、長いツイードのオーバーコートを着て、髪は全部うしろに撫でつけて、こってりポマードをつけていました。全然私の好きなタイプじゃなかったわ。なんだか薄汚くてね。でも、考えてみれば、彼と知り合う機会はほとんどなかったんです。私は彼の取り巻きじゃなかったし、品行方正《ひんこうほうせい》だったから。少なくとも自分では品行方正だと思っていたから」

「彼女は乙にすましていた」と、ジョンは言う。「スノッブ気取りでいやがってね。ぼくは、友達のジェフ・モハメッドと二人でよく彼女をからかったものさ。『おい、静かにしろ、猥褻な冗談はやめろ。シンシア様がお見えになったぜ』とどなったりしてね」

　ある日、レタリングのクラスで、二人は初めてまじめに話し合った。「私たちはどっちも近眼だったことが分りました。その日のことを、このあいだ話し合ったんですよ。ジョンはなんにも覚えていません。私、がっかりしたわ。でも私は覚えています。その話し合いのあと、私はいつもクラスに早く行くようになりました。彼の隣の席をとるためにね。放課後も、彼に出くわすことを期待して、なんとなくぶらぶらしたりしました。

「でも積極的に近づいたわけじゃありません。ただ私の心の中だけのことで、ジョンはなんにも知らなかったんです。こちらから積極的に接近するなんて、とても私にはできなかったわ。私がなんとなく彼に逢いたくてぶらぶらしていたことなんか、今でも彼は知らないんじゃないかしら」

　二年生のとき、つまり一九五八年のクリスマスに、本格的な交際は始まった。

「クラスのダンスパーティでね」と、ジョンは言う。「ぼくは一杯機嫌で彼女にダンスを申し込んだ。その前からジェフ・モハメッドがしきりに、『シンシアはきみが好きなんだぜ』と言っていたんでね。

「そのとき踊りながら翌日のパーティに誘った。彼女はことわった。婚約しているというんだ」

「そうなんです」と、シンシアは言う。「というより婚約しかかっていたんです。三年間デートを続けた相手がいて、その人と婚約しそうになっていました。私がことわると、ジョンは困ったような顔になって、じゃ、あとでイー・クラックの店で一杯やらないかと言うんです。私は最初それもことわりましたけど、ことわりきれなくて行ったわ。ほんとは初めから行きたかったんですけど」

「彼女を連れ出せたので、ぼくは意気揚々《いきようよう》としていた」と、ジョンは言う。「一杯飲んでから、フィッシュ・アンド・チップスを買って、スチュの家へ押しかけたっけ」

以後、二人は毎晩のようにデートを重ね、夜ばかりでなく昼間も、講義に出る代りに映画へ行くようになった。

「彼はこわかったわ。とても乱暴だったし、強情なんです。二人で喧嘩ばかりしていたわ。ここで私が折れたら、もう最後だと思って、私も頑張りましたからね。彼は私を試していたんです。性的な意味じゃなくて、私が信頼できる女かどうかを見たかったのね」

「ぼくはヒステリックだった」と、ジョンは言う。「それが悩みの種さ。彼女と少しでも関わりのある男に嫉妬してね。自分が信頼できない人間だからこそ、彼女には絶対の信頼を要求した。一種のノイローゼだったな。事あるごとに彼女に内心の憤懣《ふんまん》をぶつけてね。

「一度、喧嘩別れをしたことがあった。あのときは恐ろしかった」

「もううんざりしたのよ」と、シンシアは言う。「とても我慢できなかったわ。だって彼は私の目の前でほかの女の子にキスしたんですもの」

「でも彼女と別れてはいられなかった。それで電話をかけた」

「私は電話の前に坐って、彼からかかってくるのを待っていたのよ」

シンシアは母親にジョンを紹介することを急ぎはしなかった。母親へのショックをなるべく和《やわ》らげたかったのである。「母に逢わせたときの彼は、そんなに物腰《ものごし》が低くはなかったし、服装も相変らずイカレていました。母は冷静でしたけど、やはり彼のそんな服装が徐々に変ることを期待していたらしいわ。でも決して口に出して言いはしませんでした。

「教師たちは私が彼とデートすることを、勉強の妨げになると言ってやめさせようとしました。でも私の成績はいずれにしろ悪くなる一方だったから、最初からマークされていたんですけど。掃除婦のモリーは、或る日ジョンが私を殴っているのを、それも本気でぶん殴っているのを見て、あんな男とかかりあいになるなんて、あんたは馬鹿な娘だよと言ったわ」

「二年ばかりのあいだ、ぼくはなんだかわけも分らず無性《むしよう》に腹が立っていたんだ」と、ジョンは言う。「だから酔っぱらうか、喧嘩をするかのどっちかだった。ほかの女の子との付き合い方も似たようなものさ。ぼくはあの頃どうかしていたんだな」

「でも、そんな状態はいずれ過ぎ去るだろうと、私は希望を抱き続けていました。ただそうなるまで自分の我慢が続くかどうか、その点がちょっと心配だったわ。罪は彼の過去の生活や、彼の家庭環境や、ミミや、学校側にあると、私は思っていました。要するに美術学校は彼のいる場所じゃなかったのよ。学校と名のつくものはジョンには向かないのよ」

8 「クオリーメン」から「ムーンドッグズ」へ

「クオリーメン」という名前は一九五九年の終り頃にはすでに消えてしまっていた。ポールとジョージはインスティチュートの生徒であって、クオリー・バンク校とはなんの関係もなかったし、ジョンは今や美術学校の学生だった。グループの名前はその後いろいろと変ったが、行き当りばったりに思いつくままの名を名乗ることが多かった。或る晩などメンバーがみな違う色のシャツを着て来たというので、「レインボウズ」と名乗ったりした。

ジョージが記憶している限りでは、ジョージが加わってから一年間ほど、グループの腕前は少しも上がらなかった。ジョージのギターはその間めきめきと上達していったのだが。

「最初の一年間は、金になる演奏をやった記憶がない。主に友達のパーティで演奏した。まあギター持参でパーティに行ったというようなものだね。せいぜいコーラや、豆の料理にただでありつけるだけだった。

「金になる演奏に近いところまで行ったのは、いろんなスキッフル・バンドのコンテストに出たときだけだった。ぼくらは第一次予選ぐらいには残ったが、その程度では金にはならないし、優勝までには先があまりにも長すぎた。ギタリストばかりでまともなドラマーもいな

い バンドが優勝を狙うのは、どだい無茶な話だったけどね」

ハリスン夫人はジョージとそのグループに熱心だったが、ハリスン氏にはそれが頭痛の種だった。ジョージの服装と髪型のことで、父親は絶え間なく闘いを続け、いつも負けるのだったが、それはハリスン夫人がジョージの味方だったためなのである。「『だってあの子の髪なのよ』と私はよく言いましたわ。『あの子の髪ですもの、あの子の勝手にさせればいいでしょ』ってね」

「いや、私はあの子が学校の勉強をしっかりやって、いい仕事に就いてくれればいいと思っただけだ」と、ハリスン氏は言う。「だから、あの子がバンドに熱中しているのを見て不安になった。ショウビジネスの世界で有名になること、有名な地位を保ち続けることはたいへんだろう。ジョージたちが有名になれるとは、私はとても思えなかった。ほかの二人の男の子は、ハリーは組立工として、ピーターは家具職人として、それぞれちゃんと安定していた。ジョージにもそんなふうになって欲しかったわけだ。

「ところがジョージは学校をやめたいと言い出した。事務員みたいなのはいやだと言うんだ。「体を使って働きたいと言う。実は、学校をやめることは、私には秘密で、母親と二人で決めてしまっていたんだ。卒業証書は遂にとらずに、ぽかっとやめてしまった」

ジョージは一九五九年の夏、十六歳で働き始めた。

「ぼくがどんな資格もとれないことは、もうはっきりしていたんだ。どんなに頑張ってみたところでOレベルで合格点をとれそうな科目は二つしかない。ところが二科目だけ合格点じゃ、とうてい卒業できないんだ。だから、学校にそれ以上いたところで、なんにもなりゃしない。

「その学期の終りまで学校に籍を置いたけれども、たいていの授業はサボって、美術学校のジョンのところへ行った。ポールとぼくはずいぶん何度もあそこへ通ったっけ。

「学校をやめてから、長いこと仕事がなかった。就職の手がかりがまるでなくてね。おやじが受けろと言うんで、リヴァプール市の見習職員の試験を受けたけれども、落っこってしまった。そのうちに青少年雇用《こよう》委員が、ブラックラーズという大きな百貨店のウィンドウ係の仕事を持って来たんで、出掛けて行ってみたら、もう決ったあとだった。そして代りに電気技師の見習にならないかと言われた。

「その仕事は良かった。学校よりずっとましだった。暖房のきいた大きな店だから、冬なんか快適だった。たいていの時間は投矢《ダート》をやって遊んでいた。

「でもその頃、実はオーストラリアへ移住しようかと思っていたんだ。といっても、ぼくはまだ子供だったから、おやじを説得して、一家で移住するように持っていこうとした。そのうちに何かのパンフレットを読んで、マルタ島に憧れた。次にはカナダを目標にした。そして書類まで取って来たんだけど、両親のサインの欄があったんで、あっさりあきらめた。そんなことを言い出したら、えらいことになると思ったからね」

さて、マッカートニー家では、ジムが二人の十代の息子をまともに育て上げようと苦闘していた。ポールは少なくともまだ学校に通っていたから、ジムはその点では安心していた。

だが暇な時間はジョンやジョージと付き合い、不良がかった連中と一緒に騒いでいるのだから、学校の勉強がおろそかになるのは自明の理である。

ポールは辛うじて五年生のBクラスで、国語と外国語の成績は良かったが、Oレベルの試験はうまくいかず、美術だけが及第点をとったにすぎなかった。

そこで学校をやめることを考えたが、どんな仕事に就いたらいいのか分らなかった。父親は学校に残れと言い張ってきかない。どうやら学校をやめないほうが楽なように思われた。学校はまだ遊ぶ時間をたっぷり与えてくれるという利点がある。そこでポールは残ることに決め、六年級（進学準備のためのクラス）に進むには及第点が不足していたので特別学級に入った。そしてOレベルの及第科目を四つ増やし、六年級に進級した。

「もう学校は完全に魅力をなくしていたが、ぼくの好きなダスティ・ダーバンドという国語の教師がいた。ぼくの好きな教師はこの人だけだった。これはえらい先生でね。現代詩が好きで、そのほかにも、ぼくらがまだ聞いたことも見たこともないうちから、『チャタレイ夫人』や『粉屋の物語』の話をしてくれた。世間じゃ猥褻本だと思われているが、そうじゃないんだってことをね」

すでに勉強を全然しなくなっていたポールを六年級にとどまらせたものは、この僅かばかりの興味だった。表向きは、ポールは国語と美術の二科目に精を出してAレベル（中等教育修了共通試験の上級）を獲得し、教員養成所に入って、ゆくゆくは教師になる筈だった。だれもが、ポールならばそれは楽にできるだろうと言った。したがってジムは一応安心していた。

「ポールが熱を上げていた音楽のことは、私は大して問題にしていなかった」と、ジムは言う。「あのビル・ヘイリーなんてのは、どうしても好きになれなかったからね。音楽らしいところがちっともない。

ところが、或る日、五時半ごろ家に帰ってきて、息子たちの練習を聴いた。聴いてみると、これが、ただガチャガチャやっているだけじゃなくて、なかなかうまくなっていることが分った。きれいなコードを聴かせたりしてね」

ジムは息子たちに割って入り、なつかしいジム・マックス・バンド時代に自分がどうやっていたかを語って、忠告やヒントを与えようとした。なぜきみたちは本当にきれいな曲を演奏しないのか。たとえば『天国への階段』を。あれは実にいい曲だ、私は昔から好きだった。そしてジムは昔自分がバンドを経営していた頃の苦心談を語り、バンドというものの売りこみ方を教えるのだった。

少年たちは言った、どうもありがとう、でも、それよりお茶をいれてくれない、パパ？

父親は言った、いいとも。しかし、『天国への階段』のような曲が嫌いなら、もっとジャズっぽいもの、たとえば『聖者の行進』はどうかね。それなら弾き方を教えてあげられるがな。

いや、結構です、と、今度はもう少しきっぱりと少年たちは言った。

結局、ジムは食事の用意をするだけで満足しなければならなかった。細君に死なれて以来、料理はどうやらこうやらできるようになっていたのである。自分の二人の息子、ポールとマイケルは食べものの好き嫌いが激しく、その上あまり食べないほうだったが――ポールなどは忙しいときは全然食べないことが多かった――ジョンとジョージは大食いで、いつでもなんでも食べてくれたから、ジムは大いに喜んだ。「ポールとマイケルが残したものを、よく彼らに出してやった。お終いには体裁《ていさい》を作ることもなくなったから、残り物だけど食べるかい、なんて言ったっけ。今でもジョージが遊びに来ると、いつもカスタードをこしらえなきゃならない。ジョージに言わせると、私のカスタードは世界一の味だそうだ」

グループは少しずつ進歩し、今や簡単なアンプを手に入れて、スキッフル・バンドの頃に比べたら格段に大きな音を出せるようになっていた。「でもあの頃は一年が五年ぐらいの長さだった」と、ポールは言う。

今では主な演奏の場所は労働者の社交クラブや教会関係の集まりであり、友人のパーティからは手を引いていた。ウィルソン・ホールとか、フィンチ通りの市バス従業員クラブなどで、よく演奏した。

コンテストに出ることはますます多くなり、ほかのいろんなグループと腕を競った。「スプーンでもって演奏する女がいて、そのバンドにはいつも負けてしまった」と、ポールは言う。「それから、サニー・サイダーズというのがいてね。このグループは新機軸なんだ。小《こ》人《びと》が一人いるのさ」

グループのメンバーは依然として絶えず変動していた。どうせだれも知らないのだからというので、臨時のメンバーをしょっちゅう舞台に出した。「ダフという男がピアニストとして暫く入っていたことがあったけれども、そいつのおやじは夜の外出にうるさいんだ。だからそいつはちょっと弾いていたなと思うと、曲の途中でもなんでも、ふっと消えてしまったりした」

人前で演奏するとき、服装はたいていテディ・ボーイふうのカウボーイ姿だった。黒と白のカウボーイ・シャツに、白い飾り紐《ひも》を一番上のポケットから垂らし、黒い紐タイを結んだ。

しかし舞台に出るよりも、実はジョージやポールの家で時間を過ごすことのほうが遥かに多かったのである。「ぼくの家にみんなでなだれこんでは、父のパイプにお茶の葉を詰めて吸ったりした」と、ポールは言う。「ときどきは女の子を連れて来たり、でなければお互いにモデルになって絵を描いたりした。でも、たいていはギターを弾いたり、唄を作ったりしていた」

仲間になってからの二年間に、ジョンとポールは約五十曲の唄を作った。そのうち、あとで歌われたものはたった一曲――『ラヴ・ミー・ドゥ』だけである。

新しい曲を作り始める際、二人はいつもノートに「ジョン・レノンとポール・マッカートニーによるオリジナル曲」と書きつけていた。

二人ともギターの腕前は上がっていたが、それは半ばはテレビで当時の大スターたちの演奏を研究したおかげだった。「ある晩、ザ・シャドウズがクリフ・リチャードの伴奏をするのを見た。その前にもレコードで『ムーヴ・イット』のイントロをすごく上手に弾くのを聴いたことがあったけれども、どういうふうにやっているのか全然分らなかったんだ。そしてテレビを見た。ぼくはすぐ家を飛び出し、自転車に乗って、ギターを持ってジョンの家に駆けつけた。『分ったぞ』とぼくは叫んだ。そして二人ですぐその演奏のコツを身につけた。それが刺激になって、ぼくらの唄も新曲が生れた。そのほかにも『ブルー・ムーン』を聴いていて、とてもいいコードを覚えたこともあった」

コンテストと名のつくものなら、どんなに安っぽい催しにでも駆けつけた時代だったので、当時の有名なコンテスト・オルガナイザーがリヴァプールに来たときは、たいへんな騒ぎになった。「リヴァプール・エコー」紙に現れた広告に、「スター・メイカーのキャロル・レヴィス氏」が「キャロル・レヴィスの新人発掘」というテレビ番組のためにまもなくリヴァプールを訪れるとあったのである。番組はマンチェスターで録画されるが、リヴァプールではエンパイヤ劇場で地方予選が行なわれ、それに合格したリヴァプールのタレントがマンチェスターの録画に参加できるというのである。

ジョンとポールとジョージは、リヴァプール市の十代の少年たちの半数がそうしたように、さっそく予選に出掛けて行った。そして予選に合格し、マンチェスターのショウに招かれた。

ハリスン夫人はその折の興奮を記憶している。「或る日、一通の手紙が来て、ジョージはものすごく興奮しました。私はなんで子供たちがそんなに大騒ぎしているのやら分りませんでした。その手紙の宛名は『ムーンドッグズ』とかいうグループになっていましたわ」

ムーンドッグズとは、この少年たちが特にキャロル・レヴィス・ショウのために即興的にこしらえた名前である。プログラムには、「ジョニーとムーンドッグズ」と印刷された。当時は、たとえばクリフ・リチャードとザ・シャドウズというふうに、どのグループにもリーダーがいたのである。そこでジョンの名前が先頭に出た。だれかがリーダーだとすれば、それはやはりジョンをおいてほかになかった。

マンチェスターでは、ジョンたちの演奏はかなりの拍手を浴びた。キャロル・レヴィス・ショウのやり方は、ショウの最後に各グループが舞台に戻り、もう一度自分の曲から数小節演奏し、そのときの聴衆の拍手によって優勝者が決るという仕組みになっていた。

だがジョニーとムーンドッグズは、リヴァプールの貧乏人の倅《せがれ》たちの集まりだったから、リヴァプールへ帰るための専用の車などあろう筈もなく、したがってショウの最後まで待てなかった。ショウは長びき、ぐずぐずしているとリヴァプール行きの最終列車は出てしまう。マンチェスターのホテルに泊る金はなかった。そんなわけで、フィナーレの拍手のとき、ジョンたちの姿は見えなかった。

ジョンたちはもちろん優勝できなかった。会場に来ていたタレント探しの専門家たちに目をつけられもしなければ、激励の言葉一つ掛けられもしなかった。

ジョンとポールとジョージにとって、これはたいへんな失望だった。プロの世界に近づくための最初のチャンスは、こうして訪れるや否や消え失せたのである。

9　スチュとスコットランドと「シルヴァー・ビートルズ」

美術学校でジョンとスチュアートはますます親しくなった。スチュは大部分の時間をグループと一緒に過ごし、練習を見守った。スチュとジョンは共謀して学生委員会を説得し、すべての学生が使用できるという名目でテープレコーダーを購入させた。ジョンはそのテープレコーダーを独占し、自分たちのグループの録音と試聴用に使った。そのほかにも、学内のダンスパーティに使うためという口実で「拡声装置」を手に入れ、それもまた結局はグループのアンプの一部に使ってしまった。

スチュはジョンとそのグループに時間を費やしてはいたものの、まだ美術に興味があったのである。リヴァプール近辺だけではなく全イギリスに名の通った「ジョン・ムーアズ展」に、スチュは何点かの絵を出品した。この展覧会に名前を残すジョン・ムーアズというのは、リヴァプールの大金持で、リトルウッズのサッカー賭博の元締《もとじめ》であり通信販売会社にも関係していた人物である。スチュアート・サトクリフはまだ学生の身分で六十ポンドの賞金を獲得した。これはスチュの年頃では巨額の金であり、たいへんな成功だった。

ジョンはスチュの親友であり、スチュに大きな影響を与えていた人間だったから、ただちにその金の一番有効な使い道を考えた。スチュは以前から、ただグループの周辺をうろうろするだけではなく、何か一つ楽器を習って、グループの一員になりたいと言っていたのだった。今こそグループに加わるいいチャンスだ、とジョンは言った。その六十ポンドがあれば、ベース・ギターを買える。スチュが弾けないことは問題ではない。グループのみんなに習えばいい。

ポールとジョージも、グループのメンバーをもう一人欲しいと思っていた矢先だったので、その考えに賛成した。ジョージの記憶によれば、スチュは二者択一を迫られた。つまり、ベース・ギターか、ドラム・セットか、どちらかを買おうというのである。ギター三名だけで、ほかにバックが一人もいないバンドでは、そのどちらも必要だった。

「スチュは弾き方を全然知らなかった」と、ジョージは言う。「ぼくらは知っている限りのことを教えたが、スチュは本当のところはぼくらと一緒に舞台に出ているうちに、自然に弾き方を覚えたようだった」

残っている写真から判断すると、当時のスチュは、自分の弾けるコードがほんの僅かしかないことを隠すために、なるべく聴衆に背中を向けるようにしていた。まだ稼ぎこそ少なかったが、グループはますます頻繁に労働者の社交クラブなどに出演していた。だが、ビート・グループのブームがリヴァプールを覆うにつれて、十代の少年少女たちのための小さなクラブが徐々に現れ始めた。それはイギリス全土に姿を見せていた、ゴムの木や竹を飾り、エスプレッソ・コーヒーを飲ませる、何百という喫茶店と同じ系統の、コーヒー・クラブだった。リヴァプールに生れたこういうクラブは、時たま十代のお客のためのショウをやり、何百というビート・グループはおかげで活躍の場を与えられたのである。

ビート・グループは、たとえばキャヴァンというような伝統的なクラブには決して入ることができなかった。そういう場所はジャズ・ファンやジャズ・バンドの縄張りであり、ジャズはもっと高級な芸術だと見なされていた。ビート・グループはどれもこれもむさくるしく、素人っぽく、かつテディ・ボーイふうだった。それは電気工や労働者などが加わった、労働者階級の芸術だった。したがって一般的には、ビート・グループや、そこで演奏する人間は、何か低級なもののように見下されていた。

「ぼくらは前からアンチ・ジャズだった」とジョンは言う。「ぼくが思うに、ジャズというのは下らない音楽で、ロックンロールより一段と馬鹿げている。あんなものを喜ぶのは高価なセーターかなんかを着ている金持学生だけだ。ジャズはどんな方向にも発展しないし、何をする力もない。いつもおんなじだ。ジャズの連中にできることはビールを飲むことぐらいさ。ぼくらがジャズを憎んだのは、あの頃そういうクラブがぼくらに演奏させなかったからなんだ。ジャズ・バンドのおかげで、ぼくらはそういうクラブにはなかなか売りこめなかった」

この頃、ビート・グループは、かつてのスキッフル・バンドから脱して、エレキ・ギターやアンプを使った編成を整えつつあった。リトル・リチャードや、ジェリー・リー・ルイスなど、エルヴィス・プレスリーのあとを追う新しいロックンロール歌手が現れ、イギリスにもその亜流《ありゅう》が輩出《はいしゅつ》していた。

しかしイギリスの新しい傾向は、依然としてロンドンから始まるのだった。イギリスでアメリカのスターなみに全国的に有名になった最初のロックンロール歌手は、ロンドンのコーヒー・バーに現れた一人のロンドンっ子——トミー・スチールである。続いて、完全にプレスリーを真似て歌うクリフ・リチャードが現れた。クリフは、トミー・スチール以上に十代のアイドルとなった。ジョンとジョージとポールは、トミー・スチールを知らなかったか、あるいは少なくとも特になんらかの影響を受けたことがなかったように見える。だが、ジョンたちはクリフ・リチャードとザ・シャドウズを積極的に憎んでいた。ジョンが言うには、当時からすでに敬虔《けいけん》なキリスト教徒じみていたクリフのイメージが、ジョンたちの癇《かん》にさわったのだという。だが、そのほかにも、クリフ・リチャードが歌い続けていた伝統的なポップ・バラードふうの歌いぶりが憎しみの的だった。

ポールは前から積極的に事態を打開してゆくタイプだったので、自分たちの好き嫌いをはっきりと公言し、自分たちを援助してくれそうな人にはどしどし働きかけた。地方新聞に売りこむことについても一貫して熱心だった。

この頃、パブで出っくわしたロウ氏なるジャーナリストに、ポールは次のような手紙を書いている。

ロウ様、

お手紙を差上げるのがすっかり遅れてしまいましたが、この手紙が時期遅れでないことを祈ります。私たちのグループについて少し詳しくお知らせしましょう。

メンバーは四人です。ポール・マッカートニー（ギター）、ジョン・レノン（ギター）、スチュアート・サトクリフ（ベース・ギター）、ジョージ・ハリスン（これもギター）。グループの名前は……

この編成は一見退屈ですが、メンバーはいずれも平均以上の演奏能力の持ち主ですので、驚くほどさまざまな効果を上げております。基本的なビートはオフ・ビートですが、最近になって若干のオン・ビートをも加味《かみ》し、結果として全体の感じは伝統的なジャズのクヮルテットを連想させます。これはたぶん、一九二〇年代にこの地方随一のジャズバンド（ジム・マックス・ジャズバンド）のリーダーであったマッカートニー氏の影響によるものでしょう。

しかし現代音楽はこのグループの最も好むところであり、その点を証明するものとしては、過去三年間にジョンとポールが書いた五十曲以上のバラードや、もっと速いテンポの曲があります。その一部は純粋な器楽曲であり（たとえば『ルッキング・グラス』『キャッツウォーク』『ウィンストンズ・ウォーク』など）、また一部は現代の聴衆を考慮に入れて作曲されております（たとえば『シンキング・オブ・リンキング』『ワン・アフター・909』『イヤーズ・ロール・アロング』『キープ・ルッキング・ザット・ウェイ』など）。

グループはまたほかに古いヒットソングの編曲をも楽しんでおります（『エイント・シ

ー・スウィート』『ユー・ワー・メント・フォア・ミー』『ホーム』『ムーングロウ』『ユー・アー・マイ・サンシャイン』その他)。

さて、メンバーについてもう少し詳しく申し上げましょう。リーダーのジョンは美術学校の学生であり、優秀なギタリスト兼バンジョー・プレイヤーであると同時に、長い経歴を持つ漫画家であります。趣味はきわめて広く、絵画、演劇、詩、そしてもちろん唄にまで及んでおります。年齢は十九歳で、このグループの創立者です。

ポールは十八歳であり、リヴァプール大学で英文学を学んでおります。ほかのメンバーと同じく多くの楽器をこなしますが、専門はピアノとドラムであり、それに、言うまでもなく……

虚実とりまぜた格調高いポールの手紙の残りの部分は、残念ながら紛失している。ポールはもちろん十八歳ではなかったし、リヴァプール大学にいたわけでもなかった。しかし、点々で示してある通り、グループに名前がなかったことは事実だった。一九五九年の終り頃になって、ジョンたちはグループの名前を真剣に考え始める。それはまるで、キャロル・レヴィスのオーディションを受けたときのように、また何か重要なオーディションを受ける準備をしているように見えた。

ビートルズという名前が初めて現れたのは、このときである。それがどんな具合に現れたのかは、だれも明確に知らない。ある日、ジョンがその名前を持って来たことだけしか、ポールやジョージは記憶していない。ジョンたちは以前からバディ・ホリーとザ・クリケッツのファンだった。その音楽も、グループの名前も、両方が気に入っていた。クリケットという言葉には二つの意味があり、その一つは純粋にイギリスふうの意味で、アメリカ人には分らない(「コオロギ」の意と、イギリスの国技と言われる「クリケット」の意)。ジョンたちは自分たちもこのクリケッツに似たニュアンスの名前を欲しいと思った。

クリケッツという名前のことを考えながら、ジョンは同じようにしゃれた感じの、ほかの昆虫の名前をいくつも考えた。言葉遊びをする子供のように、あとからあとからいろんな名前を思いついた。「そのうちにふっと、カブトムシ(beetles)という名前が浮んだ。ぼくはそれをBeatlesと綴ることにした。これはただの冗談みたいなものだけれども、このほうがbeat《ビート》音楽らしく見えるだろう」

これがビートルズという名前の由来《ゆらい》の単純な真相である。だが、そのあと何年間も、人にその由来を訊ねられるたびに、一同はもっとイカレた返答をしたのだった。魔法のカーペットに乗った男が窓辺に現れて、名前をつけてくれた、といった具合に。こうしてようやく好みの名前が見つかったが、初めのうち、だいぶ長いあいだ、グループの名称は単なるビートルズではなかった。

ある日、友人の一人が、ジョンたちに新しい名前を訊ねたのである。ビートルズ、と答えると、その友人は、そんな名前はよくないと言った。もっと長い名前をつけなくちゃいけない。たとえば、「ロング・ジョンとシルヴァー・ビートルズ」というのはどうだ、と。ジョンたちはその意見を大して問題にもしなかった。だが、次にオーディションを受けたとき、名前を訊かれて、一九五九年中から頭にあった「シルヴァー・ビートルズ」と答えたのである。

そのオーディションの主催者というのは、当時イギリスのロックンロールの王者と言われた有名なラリー・パーンズだった。トミー・スチールを初めとして、ビリー・フューリー、マーティ・ワイルド、ダフィ・パワー、ジョニー・ジェントルなどを、一手にとりしきっていた人物である。ラリー・パーンズがリヴァプールへ来るという噂を、ジョンたちはビート・グループの溜り場だったジャカランダ・クラブで聞いた。このクラブの持ち主は、アラン・ウィリアムズというリヴァプール生れのウェールズ人である。アランはもう一つ、ブルー・エンジェルというクラブも経営していて、ラリー・パーンズのオーディションはそのクラブで行なわれることになった。

ジョンたちがラリー・パーンズのオーディションへ出掛けたときには、グループの名前はまだ決っていなかった。ラリー・パーンズの助手にグループの名前を訊かれたとき、初めて「シルヴァー・ビートルズ」という名前が出て来たのである。しかも、このグループにはドラマーがいなかった。いつも頼んでいたドラマーが来てくれる筈だったのが、とうとう現れなかった。またもやグループはドラマーなしになってしまった。

ブルー・エンジェルでのオーディションに来ていた別のグループのドラマーが、この急場を救い、ジョンたちと一緒に演奏してくれた。そのドラマーはジョニー・ハッチといい、当時リヴァプールの三大ドラマーの一人と言われていた。このオーディションで撮影されたシルヴァー・ビートルズの写真が残っている。ジョニー・ハッチはバックに陣取り、ひどくうんざりしたような、優越感にあふれた表情を見せている。スチュの姿は、例によってあまりよく見えない。なるべくラリー・パーンズに背を向けて、ベース・ギターの運指《うんし》のまずさを懸命に隠しているのである。

このオーディションの目的は、ビリー・フューリーの伴奏グループを見つけることだった。ラリー・パーンズは集まったどのグループも結局採用しなかったが、シルヴァー・ビートルズには、ラリー・パーンズが最近発掘した無名の新人ジョニー・ジェントルの伴奏グループとして、二週間のスコットランド巡業に出ないかと口をかけた。それは決してジョンたち自身の巡業ではなかった。シルヴァー・ビートルズはあくまでも脇役だった。けれどもこれはプロとしての最初の契約であり、たとえ期間は短く、役割はつまらないものであろうとも、本物の巡業であることに変りはなかった。

やっと十七歳になったばかりのジョージは二週間の休暇をとった。ポールは勉強のおくれを取り戻そうと頑張り始めたところだったが、Aレベルをとるための勉強というような下らないことで、せっかくの巡業のチャンスをふいにしてしまう気は全然なかった。インスティチュートの友人のアイヴァン・ヴォーンは、試験勉強を放り出してそんなものに出掛けるのは馬鹿だと言って、ポールと口論したことを覚えている。ポールはやっとのことで学校を二週間休むことを父親に納得《なっとく》させた。まあ、気楽に考えようよ、というのがポールの言い分だった。試験にはちゃんと間に合うように帰ってくる、巡業は頭休めにちょうどいい、というのである。結果として一科目だけしかパスしなかったのも無理はない。

このスコットランド巡業には新しいドラマーが必要だった。ドラマーの名前はトマス・ムーアといった。この人物について、ビートルズのメンバーは、もう詳しいことを覚えていない。ただ下宿へ迎えに行ったこと、この人物が失業保険金で生活していたことだけしか分っていない。トマス・ムーアというのは明らかに本名であった。だがシルヴァー・ビートルズの面々は、このプロ入りの最初のチャンスにあたって、四人とも芸名を考えた。それは当時の流行でもあった。

「芸名を考えるのは面白かった」と、ポールは言う。「なんとなく本物の芸人になった気分でね。芸名があれば、何か世間並みのことをやっているんだという感じだった」

ポールはポール・ラモーンになった。どこからラモーンという名を持って来たかは、ポール自身ももう覚えていない。「きっとどこかで聞きかじった名前だったんだろう。ちょっとヴァレンチノふうで、すごく派手な感じだと思っていたんだね」ジョージは憧れの人物の一人、カール・パーキンスにあやかって、カール・ハリスンと名乗った。スチュは尊敬する画家の名前をとって、スチュ・ド・スタールとした。ジョンはなんと名乗ったか覚えていないが、ほかのメンバーの記憶によれば、ジョニー・シルヴァーという名前だったという。

スコットランド巡業の中身は、北東海岸の小さなダンスホールを転々とまわる仕事だった。ポールは、インヴァネスと、ネアンと、二つの町の名しか覚えていない。父親宛のこんな葉書が残っている。「調子は上々です。ぼくはサインをせがまれました」

ジョージが巡業のスターであるジョニー・ジェントルと特に仲良くなったので、みんなはいささか嫉妬した。ジョニーは巡業がすんだらエディ・コクランの着ていたシャツをジョージにやると約束したのである。ジョニーは巡業がすんだらエディ・コクランの着ていたシャツをジョージにやると約束したのである。仲間内での口論は絶えなかったが、それよりも目立ったのは新参者のスチュを苛めたことだった。ジョンとジョージとポールは、もうお互いによく知り合っていたから、喧嘩や口論や批判はべつに気にもならなかった。批判されたら、批判し返すだけのこと。

「ぼくらはひどかった」と、ジョンは言う。「一緒に並んで坐ってはいけない、一緒にめしを食ってはいけないと言って、スチュを苛めたんだ。あっちへ行ってろと言うと、スチュはおとなしく離れて行くんだ」滞在した或るホテルでは、ヴァラエティ・ショウの一座が発って行ったあとだった。その一座には小人がいたが、ジョンたちはなんらかの方法でその小人が寝ていたベッドを探しあて、そのベッドに寝ろとスチュに命令した。ほかの三人がどうしてもそのベッドに寝ようとしないので、仕方なくスチュは寝た。「そうやってぼくらに馴れさせたんだ」と、ジョンは言う。「馬鹿げたやり方だけれども、あの頃のぼくらはそんなふうだった」

スコットランド巡業の興奮は去ったが、そのあとには何事も起らなかった。ラリー・パーンズはそれ以上の仕事を提供してくれなかった。パーンズは今となってはたいへんなチャンスを逃してしまったことを認めているが、当時は有名なソロの歌手を大勢かかえていたから、ビート・グループにまでは手がまわらなかったという。ビートルズは再び、酔ったテディ・ボーイたちや非番《ひばん》の労働者たちがうようよしているダンスホールへ、あるいはみすぼらしいクラブへ戻ったのである。

スコットランド巡業の直後、アパー・パーラメント通りのストリップ・クラブで、二、三度、仕事をしたことがあった。ジャニスというストリッパーが衣裳を脱ぎ捨てるとき、ビートルズはその伴奏をしなければならなかった。「ジャニスはぼくらに自分の好みの曲の楽譜を渡すんだ」と、ジョージは言う。「『ジプシー・ファイアー・ダンス』とか、そういったものをね。でも、ぼくらは楽譜を読めなかったから、どうしようもなかった。しようがないから、覚え立ての『ラムロッド』や『ムーングロウ』を演奏してやった」

マシュー・ストリートのキャヴァン・クラブは依然としてジャズの根城《ねじろ》だったが、同じ頃、ビートルズはそのクラブに一、二度出演するチャンスを摑んだ。クラブ側はロックンロールを演奏しないようにというメモをまわしてよこすので、曲目を紹介するとき、ジャズのスタンダードを演奏すると嘘をついた。「では次にファッツ・デューク・エリントン・レッドベリのお馴染《なじ》みの曲、『のっぽのサリー』をお送りいたしましょう」という具合に。そして平気でロックンロールを演奏した。もちろん、これはクラブのマネージャーに嫌われ、このクラブへの出演は長続きしなかった。

だが大部分の時間は、お互いの家でぶらぶらしたり、少しでも金があるときはクラブに行ったりするだけで、演奏の機会はあまり訪れなかった。「スコットランド巡業は微かな希望というか、初めて垣間《かいま》見たショウビジネスの世界だった」と、ジョージは言う。「だから、リヴァプールへ戻ったことは、ちょっと落ちぶれたような感じだった。週に二度以上仕事にありつければ運がいいほうでね。一晩の稼ぎはせいぜい十五シリング、それに卵とトーストとコーラを腹に詰めこむだけだった」

10　カスバ・クラブ

ほかにもっといい場所がなかったので、シルヴァー・ビートルズが仕方なく出演したクラブの一つに、カスバ・クラブというのがあった。これはスコットランド巡業以前にも出演したことのあるクラブだった。

カスバ・クラブを経営していたベスト夫人という人は、小柄で、髪が黒く、非常に活動的な女性だった。この女性はインドのデリーから来た人で、元ボクシング・プロモーターのジョニー・ベストと戦時中にインドで結婚した。夫と一緒にリヴァプールへ帰って来たベスト夫人は、住宅地区のウェスト・ダービーのヘイマンズ・グリーン八番地に十四部屋もある大きなヴィクトリアふうの邸宅を買った。

長男のピート・ベストは一九四一年生れで、リヴァプール・カレッジエイトに通っていた。これもまたリヴァプールでは優秀なグラマー・スクールの一つに数えられている。ピートは五科目でOレベルに合格し、六年級に在籍していた。将来は教師になるつもりだった。

この子はハンサムで、体格もがっしりしていたが、いくらか内気なところがあり、少しすねているような態度をとることが多く、ダイナミックで精力的な母親と比べると人付き合いが良くなかった。だから、この子が学校友達を自宅へ連れて来るようになったとき、母親は大いにそれを歓迎したのである。

一九五九年の夏休みのこと、ピートとその仲間の友人たちは、広い邸宅のあちこちの部屋にレコードを散らかしておくよりも、大きな地下室を片付けて、そこを使ったらどうだろうと、母親に相談した。「最初の計画では、地下室は息子たちの溜り場になる予定でした」と、ベスト夫人は言う。「それから話が発展して、リヴァプールの町によくある、十代の人たちのためのコーヒー・クラブを作ろうということになりました。テディ・ボーイや地まわりの与太者を入れないために、私たちはそれを一シリングの会員制クラブにしようと決めました」

そこでリヴァプール中に発生していたビート・グループを幾組か呼ぶことになった。このチャンスに飛びついてくるグループがたくさんあることは分っていたのである。物や人を動かすことの好きなベスト夫人は、このアイデアに賛成した。

拾い上げられたのがクオリーメンだった。その頃まだこの名前が通用していたのである。この案は一人の少女の意見がきっかけになったもので、少女はクオリーメンのメンバーの一人を知っていて、その演奏の腕前を褒めたのだった。少女が知っていたメンバーというのは、ジョンでもポールでもジョージでもなく、当時ギターを弾いてグループに加わっていたケン・ブラウンという青年だった。これはその頃出たり入ったりしていたクオリーメンの数多くのメンバーの一人である。

このクラブが出演グループを探していると聞くや否や、ジョンとポールとジョージはさっそく駆けつけた。そしてペンキと刷毛《はけ》を与えられ、開店までの一週間ほど地下室の掃除とペンキ塗りを手伝った。ジョンは女友達のシンシア・パウエルまで連れて来て手伝わせた。「ジョンに壁の下塗りを頼んだのを覚えています」と、ベスト夫人は言う。「外から帰って来てみると、下塗りはすんでいましたが、物凄く分厚く、てかてかに塗ってあるのね。ジョンはひどい近眼だから、よく見えなかったんです。開店までに乾かないんじゃないかと思って、あわてましたわ」

開店の日になっても、クラブの名前はまだ決っていなかった。「ある晩、準備の様子を見に下りてみました。到る所に暗いコーナーがあったりして、ものすごく神秘的だったわ。ちょっと東洋ふうでね。私が思い出したのは、ヘディ・ラマーとシャルル・ボワイエが主演した映画、あれは確か『アルジェリア』という題だったわ、その映画の中で二人がカスバへ行く場面があったんです。それで、カスバ・クラブという名前にしました。私はインドの出身ですし、なんとなく合うような気がしましてね」

クラブは一九五九年八月末に開店した。最初の晩には三百人弱の客が来た。クオリーメンの評判は悪くなかった。カスバ・クラブの滑り出しは上々のように思われた。

「私はとても満足でした」と、ベスト夫人は言う。「自分のためというよりはピートのために、これは嬉しいことでした。あの子はショウビジネスの方面に進むことを漠然《ばくぜん》と考えていたようですから、クラブの手伝いがいい経験になると思いました。内気なところが少なくなって、もっと自信がつくんじゃないかと思いましてね」

クラブは繁昌《はんじょう》した。コーヒーと菓子類が売られ、クオリーメンは演奏を続けた。週末の夜など、客の数は四百人に達した。会員はたちまち三千人という数になった。フランク・ガーナーという用心棒が雇われて、入口を見張り、テディ・ボーイを閉め出した。

二カ月ほど、何もかもが調子良く進んでいた。やがてクオリーメンとクラブのあいだにトラブルが起った。クオリーメンの報酬は一晩一人あたり十五シリングだったが、或る晩、ジョンとポールとジョージだけが演奏し、ケン・ブラウンの姿が見えなかった。「私は三人に一人十五シリングずつ払い、あとでケン・ブラウンに逢ったとき、ケンにも十五シリング払いました。ところが、あの子たちは、ケンはいなかったのだから払う必要がないと言います。そしてグループの報酬は一晩三ポンド（つまり六十シリング）だと言うんです。つまり実際に演奏をやった三人で、三ポンドを分ければいいと言うんですね。一人十五シリングずつじゃなくて」

ベスト夫人とピート・ベストの記憶によれば、これが不和の原因だった。ジョンたちは原因を記憶していない。ともあれ、金の話がこじれて、ケン・ブラウンはクオリーメンから脱退し、まもなくクオリーメンはスコットランドへ遠征することとなった。

その頃、ピート・ベストは中古品のスネア・ドラムを叩くようになっていた。これはクオリーメンに加わるためというよりも、主として暇なときに一人で叩いて楽しむためだった。だがケン・ブラウンがクオリーメンから脱けたとき、ケンとピートは新しいグループを作ることになった。ほかに二人のメンバーを加えた彼らはブラックジャックスと名乗り、ベスト夫人の援助と煽動《せんどう》を受けた。

「とてもいいグループでしたよ」と、ベスト夫人は言う。「今でも覚えていますが、あの当時有名だったロリー・ストームが、どっちがたくさん聴衆を集められるか競争しようと挑戦してきたことがありました。その結果はロリーが三百九十人集め、ブラックジャックスが四百五十人集めました。クラブ始まって以来のお客の数でしたわ」

クオリーメンはスコットランドへ行って来て、シルヴァー・ビートルズと名前を変えたが、カスバ・クラブにときたま出演しただけで、ほかには何事も起らなかった。ピート・ベストのドラムを中心とするブラックジャックスは、今やカスバ・クラブの主となっていた。このグループは翌年にかけてますます腕を磨き、ピート・ベストは本当にショウビジネスの世界に入ることを決心するのである。

「それまでは教員養成所に入ることを考えていた。五科目でOレベルをとっていたので、それは実現する筈だった。でもぼくは勉強に飽きて、受験の前に学校をやめてしまった」

ピートが学校をやめたのは一九六〇年夏のことである。カスバ・クラブは依然として繁昌していたから、そこで演奏する機会はいくらでもあったが、肝心《かんじん》のグループのほうがここで分解してしまった。ケン・ブラウンは南部地方へ行き、あとの二人はもっといい仕事を求めて、それぞれ去った。ピートは芸能界に乗り出そうと学校をやめたわけだが、ここに至って何もすることがなくなってしまった。

だが、一九六〇年八月、学校をやめてから五週間経った頃、ポール・マッカートニーが電話をかけてきた。

「まだドラムはやっているかい、とポールは言った」と、ピートは語る。「新しいセットを買ったばかりだよ、とぼくは言った。そのドラム・セットが自慢の種でね。ポールは、ハンブルクに仕事があるんだが、おれたちのドラマーにならないかい、と言った。ぼくはすぐイエスと言った。前から、連中が好きだったからね。報酬は週十五ポンドだという。それは大金だった。教員養成所に行くよりはよっぽどましだ。

「で、ぼくはアラン・ウィリアムズのやっているジャカランダ・クラブへ出掛けて行った。そこで初めてスチュに紹介された。そしてテストをされた。数曲合せてから、よし、一緒にハンブルクへ行こう、と言われた」

ベスト夫人がビート・グループを十代向きのコーヒー・クラブに導入したとすれば、アラン・ウィリアムズはナイトクラブ経営のベテランとして、もう少し程度の高いことを考えた。つまり自分のクラブにグループを出演させるだけではなく、ほかの人間にも適当なグループを斡旋《あっせん》し、グループのために仕事をとってくるエイジェント兼マネージャーとして行動したのである。ビートルズがラリー・パーンズのオーディションに出るのに力を貸したのは、この人物だった。スコットランド巡業の報酬も、もちろんラリー・パーンズが支払ったのだが、それをビートルズはアラン・ウィリアムズを通じて受け取ったのだった。

リヴァプールの一介のナイトクラブ経営者だったアラン・ウィリアムズが、なぜビート・

グループをハンブルクに輸出していたのか、その理由はいくらかこみいっている。一人のドイツ人の船員が西インド諸島から来たスチール・ギターのバンドをジャカランダ・クラブで聴き、ハンブルクへ帰ってその良さを吹聴《ふいちょう》したことから接触は始まる。これが縁で、そのバンドはハンブルクのナイトクラブに出演した。アラン・ウィリアムズはその直後にハンブルクへ行き、ナイトクラブの経営者たちにリヴァプールのビート・グループの宣伝をした。唯一のロックンロール・クラブであるらしいカイザーケラーへ出向いて、アランはブルーノ・コシュミダーに逢ったのである。「イギリスのロック・グループの優秀なのはみんなリヴァプールにかたまっていると、私はブルーノを欺したんだ」

コシュミダーはそのことを自分の目で確かめようとイギリスへやって来て、まずロンドンへ行き、まもなく、リヴァプールのロック・グループのことなどだれも知らないという事実を悟った。当時イギリスのロックンロールの中心だったソーホーのツー・アイズ・クラブを訪ねたコシュミダーは（そこにはトミー・スチールも出演したことがある）、トニー・シェリダンとそのグループを摑まえた。トニー・シェリダンらはハンブルクで大成功を収め、コシュミダーはさらに別のグループを探しにもう一度ロンドンへやって来た。コシュミダーがスカウトに現れた同じ晩、全くの偶然だが、アラン・ウィリアムズもツー・アイズ・クラブに居合せた。アラン・ウィリアムズは、デリーとザ・シーニアズというリヴァプールのグループと一緒で、その連中の仕事を探しに来ていたのだった。結局、その場でデリーたちがハンブルクへ行くことに決った。リヴァプールのビート・グループのハンブルク初登場である。

デリーとザ・シーニアズが成功したので、アラン・ウィリアムズは別のリヴァプール・グループを紹介してくれと頼まれた。アランはロリー・ストームをと思ったが、ロリー一行はバトリンズの休日《ホリディ》キャンプへ行かなければならなかった。そこでアランはビートルズに声をかけたのである。ただしハンブルク側は五人編成のバンドを要求していた。ビートルズにはあいにくドラマーがいない。その頃は家族持ちの中年のドラマーが臨時に加わっていたが、その男は細君に反対されたから、ハンブルクへは行けないという。このときビートルズはピート・ベストのことを思い出したのだった。ピートが承知したので、準備はととのった。

ハリスン家では、ジョージ本人を除いてはだれもこのハンブルク行きを喜ばなかった。だが少なくとも母親だけはジョージを止めようとはしなかった。十七になったばかりのわが子が初めて外国へ、しかもハンブルクへ行くことは、もちろん気がかりだったのだが。「ハンブルクについてはいろいろよくない噂を聞いていた。「でも、あの子が行きたいと言うんですからね。初めてまともな報酬を貰える仕事でしょう。ジョージたちの腕前を私は信用していました。なにしろそれまでは、いつだって、『あのね、ママ、仕事があるんだ、バス代を貸してくれないか、有名になったら返すからさ』ですものね」

そこでハリスン夫人はジョージの支度をした。手紙を書くことを約束させ、手製のスコーンを一缶持たせてやった。

ジョージは最年少だが、少なくとも社会人だった。しかしポールとジョンはまだ身分の上では学生である。ハンブルクへ行くことは、すなわちせっかくの学歴をふいにすることにほかならない。

ジム・マッカートニーは、もちろん、ポールがハンブルクへ行くことに大反対だった。ポールは教員養成所に無事入学するべく、美術と国語のAレベルの試験を受けたばかりではないか。

ポールの弟のマイケル・マッカートニーの話によれば、ポールは例によって非常に巧みに事を運んだ。「学校からの帰り道、ポールがハンブルクに呼ばれていると話したときのことを、今でも覚えています。ポールはその話を、実に何気《なにげ》なく、さらりと話したのでした。ぼくは、凄い！と言いました。ところがポールは、行こうかどうしようかと思ってるんだと言い、迷っているふりをするんです。ぼくは言いました、すばらしいじゃないか！大スターになれるんじゃないか！するとポールは、パパが許してくれると思うかい、と言いました。これが兄貴の頭のいいところです。ぼくはその瞬間からポールの味方に立ち、父を説得する側へまわったわけですね。わざとぼくを興奮させて、ぼく自身がポールを行かせたがるように仕向けたんです」

ポール自身ももちろん非常に興奮していたと、本人は言う。「もう何週間もただぶらぶらするだけで、何もしていなかったからね。長い夏休みの最中で、もう学校には戻りたくなかった。しかし、だからと言って、ほかにどうしようもないと思っていたところへ、出しぬけにハンブルクの話だ。その話に乗れば、もう二度と学校へ戻らなくてもすむわけだろう。やっと仕事ができたんだ」

それにしてもジムを説得しなければならない。ポールはアラン・ウィリアムズを家に呼んで、ジムを直接説得させた。「ところが、アラン・ウィリアムズときたら、ぼくらの名前もちゃんと覚えていないんだ」と、ポールは言う。「ぼくのことを何度も何度もジョンなんて呼ぶんだからね」けれどもアラン・ウィリアムズはこの仕事の堅実さと、ハンブルクの町のすばらしさを、結局はジムに納得させたのだった。

「父は初めから、まんざら喜んでいないわけでもなかったようです」と、マイケルは言う。

「当時は、そうじゃないとしきりに言っていましたけれども」

「ポールたちが認められ始めたことはよく分っていた」と、ジムは言う。「それに最初の大きな契約だから、どうしても行きたいという気持も重々分った。ポールは十八だった。学校の休みは四週間しかない。結局、学生のパスポートで行ったんだが。私は年齢にふさわしい振舞いを忘れんようにというようなお説教をした。ほかに、なんとも言いようがなかったからね。

「終始心配だったのは、あの子がドイツで腹いっぱい食べているだろうかということだった。何度も葉書をくれて、『たっぷり食べています。今夜は何と何を食べました』なんて書いてあったから、私は多少安心したんだが」

ポールが出発したあとで試験の結果が知らされたときも、ジムは多少安心したのだった。ポールは美術には落ちたが、国語はパスしていたのである。だがその時点では、そんなことはもうどうでもよくなったのだと、ジムさえも思ったのだった。

ところで、ジョンのミミ伯母さんは遥かに手強《てごわ》い相手だった。その頃ミミは、ポールとジョージが遊びに来ることを禁じ、ジョンが家でギターを弾くことを禁じていたのである。それればかりか、ジョンがグループで演奏することさえやめさせようとしていた。クオリーメンはもう五年も前から始まっていたのだから、ジョンは自分の行動について、ほとんど四六時中、嘘をつかなければならなかった。ジョンがまだ馬鹿げた唄を作ったりしていることをミミは知っていたが、その関心がどの程度まで広がっているかは見当もつかなかった。

そしてジョンはまだ美術学校でまじめに勉強しているのだろうと楽観していたが、ある日のこと、ジョンが昼休みにグループで演奏していることを通報してくれた人がいた。少年がどこまで堕落しているのかを、ミミは自身の目で調査しようと決心した。

ミミが調査を決意した昼休みは、たまたまビートルズがキャヴァン・クラブで演奏していた日だった。キャヴァンはまだジャズ・クラブとしての性格が強かったので、ビートルズは常連《じょうれん》ではなかったが、客の要望によって出演回数はだんだん多くなっていたのである。

「そのキャヴァン・クラブという恐ろしい場所のことは初耳《はつみみ》でした」と、ミミは言う。「探しあてるのに長いことかかりました。ようやく見つけて、大勢の客について階段を下りて行くと、レイ・マックフォールという男が立って、入場料を取っています。私は言ってやりました、『ジョン・レノンに逢わせて下さい!』

「そして中に入ると、耳がつんぼになりそうな音です。天井が低いので、よけいに反響するのですね。女の子たちは体の脇に腕をぴったりくっつけた格好で、押し合いへし合いしています。どんなに頑張っても、舞台にはとうてい近寄れません。近寄れたら、あの子を引きずりおろしてやったのですけどね。結局、私は楽屋に行って坐って待ちました。楽屋と言っても、汚らしい箱みたいな部屋ですよ！　きゃあきゃあ騒ぐ女の子たちと一緒にあの子は出て来ましたが、初め私に気がつきません。眼鏡をかけていないと、めくら同然ですからね。それから、あの子は眼鏡をかけて、私に気がつきました。『こんなとこで何をしてるの、ミミ？』『結構なことね、ジョン』と私は言いました。『ほんとに結構なことよ』」

その午後、学校へ戻ることを、ミミはジョンに約束させた。その後も、馬鹿げた音楽をやめて、何かまともな資格をとるために勉強に精を出すよう、何度もお説教したが、ジョンの演奏をやめさせることはできなかった。

「それはどういうことだい」と、ジョンはいつも言うのだった。「ぼくは勤め人じゃないし、勤め人には絶対にならないよ。伯母さんにどう言われようと、九時から五時までの人間で一生を終るのはまっぴらだ」

それからハンブルクの話が持ちあがった。長いこと外国へ行っているとすれば、それは当然ミミとの断絶を意味した。ジョンが一所懸命、自分の興奮をミミにも感染させようとしたことを、ミミは記憶している。「ミミ、すてきじゃないか」と、ジョンは語るのだった。「週に百ポンドの稼ぎだよ、凄いじゃないか！」

金額は多少誇張されているものの、これが五人のティーンエイジャーにとってすばらしい仕事であることは確かだった。ジョンはもちろん、学校をやめるいい口実として、このチャンスに飛びついた。それまでの学校生活は、要するに三年間生き延びたというにすぎない。ジョンと一番親しかったアーサー・バラード先生が、退学の危険から何度も救ってくれたのである。ジョンは全科目の試験にパスできなかったから、今やなんの肩書もなしに外国へ行かねばならない。だが、もしもハンブルクで成功しなかった場合、また学校に戻れるだろうと、半分はあてにしていたのだった。そしてまた、シンシアを残して行かねばならぬということもあった。

「ジョンのグループにはファンがつき始めていました」と、シンシアは言う。「女の子が大勢取り巻いていることは知っていましたが、私はちっとも心配じゃなかったし、やきもちも焼かなかったわ。私はそういう女の子たちよりずっと年上のような気がしていましたから。気持はとても安定していました。

「でも、ハンブルクのことはずいぶん心配だったわ。とても遠い所みたいな感じだし、期間も長かったでしょう。リヴァプールの女の子たちのことならよく知っていますけど、ハンブルクという町の様子はさっぱり分りません。ハンブルクへ行ったら、ジョンたちにどんなことが起るか分らないみたいで、すごく心配でした」

11　ハンブルク

ハンブルクはドイツのリヴァプールである。どちらも北部の大きな港町で、住民はがさつな強か者《したたかもの》揃いだが、一皮むけばやさしいところがあり、感傷的である。気候は湿っぽく、風が強い。どちらの住民もきわめて特徴的な鼻にかかった訛りのある言葉を話す。北緯五十三度という緯度までが二つの町に共通している。

だが、ハンブルクの町は大きさがリヴァプールの倍もあり、伝統的に悪の町である。ハンブルクの犯罪と売春は全ヨーロッパに鳴り響いている。レーパーバーンは、ロンドンで言えばソーホーにあたるハンブルクの繁華街だが、そこのストリップ劇場の数は世界中のほかの都会と比べて断然多い。

十七歳になったばかりでまだ一度もキスしたことのないジョージを含めて、ビートルズの一行が一九六〇年にこの町を訪れたとき、ハンブルクの悪はその絶頂に達していた。ハンブルクは自由港なので、アルジェリア戦争のあいだ、FLN（アルジェリア民族解放戦線）の鉄砲火薬類の密輸の中心地になっていたのである。そのために外国のギャングや金がどっと入りこんでいた。一九六一年八月にベルリンの壁が築かれたとき、東ドイツの大勢の犯罪者や非合法移民は、ベルリンを素通りして、まっすぐハンブルクへ向かったという。続いて起ったギャング同士の喧嘩出入りは、ナイトクラブを中心として行なわれた。ボーイたちは給仕の能力よりも腕っぷしの強さを買われて雇われる者が多く、隣のクラブから押し寄せて来るギャングを追い払うのに大童《おおわらわ》だった。

アラン・ウィリアムズはビートルズの五人を自分でハンブルクまで連れて行った。ワゴン車に乗せて、ハリッジからフーク・ファン・ホラントを経由し、ドイツへ入るというコースだった。この旅についてジョンが覚えているのは、途中、オランダで車から下りて万引きをやったということだけである。

イギリスから持って行った舞台衣裳のできばえには、みんなが満足していた。これは初めての舞台衣裳だった。何しろもうプロなのだから衣裳はどうしても必要である。ポールが隣家の男に頼んで作らせたヴェルヴェットのジャケットも衣裳の一部だった。あとはいつものテディ・ボーイふうの服装で、細い黒のジーンズ、白いシャツ、黒いリボン・タイ、それに流行の靴である。髪はもちろん揃って高く盛り上げ、ポマードで固めたトニー・カーチスふうの髪型だった。

「ブルーノ・コシュミダーが迎えに出てくれた」と、ピート・ベストは言う。「そしてぼくらが出演する予定のカイザーケラー・クラブへ連れて行った。そこでリヴァプールから来ていた先輩のハウイ・ケーシーに逢った。

「そのクラブの模様はぼくらの気に入った。いつからここで演奏するんですか、とぼくらは訊ねた。コシュミダーは、ここじゃないんだと言った。そしてぼくらは別のもっと小さなクラブ・インドラというのに連れて行かれた。夜の十一時半頃だったが、そこにはお客が二人しかいなかった。

「ぼくらは控室と称する所に案内されたが、それは実は男子用のトイレットだった。泊る所はホテルだろうと思っていたら、連れて行かれた所はバンビという映画館で、ぼくらが寝る場所たるや、まるでカルカッタのブラック・ホール（カルカッタで十八世紀に百四十六人のイギリス人捕虜が六メートル四方の獄房に閉じこめられるという事件があった）みたいだった。でもぼくらはまだ若くて馬鹿だったから、特に不平も言わなかった。すぐ寝てしまった」

ビートルズを送り届けてから数週間滞在していたアラン・ウィリアムズによれば、先に来ていたザ・シーニアズのメンバーはビートルズを見て腹を立てたのだという。「あんな屑《くず》みたいな連中を連れて来られては、せっかくの評判が台なしになると言われてね」

翌日の晩からビートルズが出演し始めたインドラは、ドイツ語でインドという意味の名前のクラブであり、グロッセ・フライハイト通りに大きな看板を出していたが、内部は狭くてみすぼらしかった。このクラブといい、映画館バンビの宿舎といい、何もかもがビートルズのメンバーには気にくわなかった。

「寝るのは夜遅くで、翌日は映画の音に叩き起された」と、ジョンは言う。「映画館のトイレは女子用のほうがきれいだから、そこへ入ろうとすると、肥ったドイツ人の婆さんがぼくらを押し出した。

「初めのうち、客の反応はかなり冷淡だった。それでマネージャーが、近くの店に出演しているグループのように『マックショウ』(「メイキング・ショウ」すなわち「派手に動きまわる」のドイツ訛)をしたらいいと言った。で、ぼくらはそれをやってみた。がさつなクラブの雰囲気の中で、ぼくらは初め少しおびえていたんだね。でも、リヴァプール生れは強情者という通説を信じていたから、無理に片意地を張っていた。

「最初にぼくがやったマックショウは、ジーン・ヴィンセントみたいに曲の途中で飛びあがることだった。一曲をせいぜい引き延ばして二十分ぐらいかけた。それからというものは、みんなでマックショウをやった。

「一度だけ、客の好みに合せてドイツの曲を演奏したことがある。ポールはその頃流行っていた『木のハート』というのを覚えた。

「調子が出るにつれて、少しずつ自信もついてきた。一晩中演奏して、いろんな経験が豊富になれば、それも仕方がない。客が外国人なのはかえって良かった。ぼくらは感じを伝えるために全力をあげて演奏しなきゃならなかった。

「リヴァプールでは、一時間の連続演奏をやったのが一度だけで、いつも同じ十八番の曲ばかりやっていた。ところが、ハンブルクでは八時間も続けて演奏しなきゃならなかったので、ぼくらは新しい演奏方法を編み出す必要に迫られた。で、やたらに音を大きく、最初から最後までガンガン弾いた。ドイツ人がそれを好んだからね」

「ぼくらが派手に動きまわるという噂が広まると、クラブの客はたちまち増えてきた」とピートは言う。「ぼくらは一週に七日間、出ずっぱりだった。初めのうちは閉店時刻の十二時半までほとんどノンストップで演奏したが、だんだん調子が出てくると、たいていは午前二時頃まで客が帰らなかった。

「喧嘩はずいぶん見た。それが凄い喧嘩なんだ。まるで映画のシーンみたいに、シャンデリヤにぶらさがったり、テーブルに飛び乗ったりしてね」

ビートルズ自身も、舞台で飛んだり跳ねたりしないときは、足を踏み鳴らして拍子をとり、景気をつけた。ピート・ベストが初めのうちメンバーとしっくり溶け合わなかったので、そうやってリズムをとる必要もあったのである。だがピートもじき調子が出てきた。

ドイツ人のいわゆる「マックショウ」は重要な問題だった。ビートルズはロック・グループだったけれども、リヴァプールでは比較的おとなしく演奏していた。それが今、舞台でできるだけ派手に動きまわることを要請されたのである。それはジョンにはたやすいことだった。ジョンは絶えずこのマックショウをやり、恍惚《こうこつ》たる表情で飛びあがったり、床にころがったりした。ハンブルクの客たちはこれを喜び、たちまちビートルズのファンになった。ハンブルクでは現在もなお、ジョンについてのさまざまなエピソードが語り継がれている。その多くは、年を経るごとに誇張されてきてはいるが。

「辛い仕事だったけれども」と、ピートは言う。「ぼくら五人はけっこう愉快にやっていた。しょっちゅうイカレたことばかりやってね。冬が近づくにつれて寒くなったので、ジョンは長いズボン下をはいていた。そのズボン下だけで、ほかには何も着ないで外を歩いたら、十マルクやるとジョージが言った。ジョンはそのズボン下だけの格好で、サングラスをかけて通りへ出て、五分間、『デイリー・エクスプレス』を読んだ。ぼくらは腹をかかえて笑いながらそれを眺めていた」

だが二カ月後に、インドラは閉鎖された。騒音を近所の人に訴えられたのである。そこでビートルズはカイザーケラーへ移った。カイザーケラーの舞台はひどく古ぼけていて、蜜柑箱の上に板をのせただけの代物だった。ビートルズはそれを新しい舞台に変えさせるために、使いつぶしてしまおうと申し合せた。そして派手に動きまわり、飛んだり跳ねたりして、終いには本当にこわしてしまったが、新しい舞台は遂に獲得できなかった。つまり、普通のフロアの上で演奏することを命じられたのである。

「ぼくはずいぶん飲んだ」と、ピート・ベストは言う。「飲まずにはいられなかった。酒の差し入れは年中あったから、いつも飲んでばかりいた。女の子ともずいぶん遊んだ。まもなく分ったことだが、女の子を手に入れるのは造作もないのだった。どこの町でだって、女は女、男は男さ。何もかもが快調だった。初めおとなしい音楽家だったぼくらは、みるまに精力的なバンドマンになってしまった」

カイザーケラー側はクラブ・インドラ以上にビートルズをこき使った。このクラブに先に来ていたグループはすでにリヴァプールへ帰り、もう一つのリヴァプールのグループ、ロリー・ストームとザ・ハリケーンズというのが来ていた。正式の契約では、演奏時間は一晩に六時間である。今や同じクラブに二つのグループが入ったので、夜通し交代で演奏を続けることができた。しかし、ステージとステージのあいだの時間は短くて、どこへ行くことも、何をすることもできなかったから、実質的には十二時間ぶっ通しに演奏するのと大差なかった。

「喉が痛くなるまで歌いまくったよ」と、ジョンは言う。「痩せ薬を飲むと眠くならないという話をドイツ人から聞いたので、それを飲んだりしながらね」初めは全然無害な薬を使っていたが、だんだんとブラック・ボンバーズとか、パープル・ハーツとかいう強い薬を使うようになった。しかしビートルズが薬に頼ったり、溺れたりした形跡はない。だがいくら軽度の服用とはいえ、これはドラッグへの興味や嗜好《しこう》の始まりだった。ビートルズのメンバーは一人残らず或る時期にはドラッグを試みている。例外はピート・ベストで、このドラマーは薬への関心を全然示さなかった。

薬を用いても度を過ごさなかったのは、刺激のためではなく、本当に眠くならないためにそれを用いたからだった。眠くなりたくなかったのは、ハンブルクの荒々しい十代に向かって自分たちのやりたい曲をやりたいだけ演奏し続けることが本当に好きだったからである。長時間の舞台は少しも苦にならなかった。

舞台以外の生活上のことでうんざりする機会はほとんどなかった。もちろん、遠い外国にいるのでなければ、すぐにも荷物をまとめてリヴァプールへ帰りたくなったことは、なきにしもあらずだった。しかし、ハンブルクではそれもできなかった。そして金は、手に入るや否や、きれいさっぱり使ってしまうのだった。

からだをこわさなかったのは驚くべきことである。ろくなものを食べなかったし、ほとんど睡眠もとらなかったのに。「遊びと、酒と、女とで、眠る時間なんかありゃしなかった」と、ジョンは言う。

ジョージとポールはドイツ語をほんの少ししか知らなかった。ピートはドイツ語の試験に受かっていたから、仲間の中では一番ドイツ語に強かった。ジョンとスチュはドイツ語を全然話さず、覚えようともしなかった。「よくドイツ人に英語でどなったもんだ」と、ジョンは言う。「ナチと呼んだり、糞ったれと罵倒したりした」客はいっそう喜んで喝采《かっさい》するのであった。

客はビートルズに魅せられ、ファンになり始めた。ビートルズはボーイたちや喧嘩騒ぎなど、ナイトクラブの雰囲気がさほどこわくなくなった。ボーイたちが酔っぱらいのポケットから小銭を盗むのを見て、金に困っていたジョンは或る晩、自分もそれをやってみようとした。

「カモに選んだのはイギリスの水夫だった。ぼくは英語で話しかけ、女を世話しようと持ちかけた。そしてどんどん酒を飲ませた。そいつは、女はどこだ、としつこく訊きやがる。ぼくらは舌先三寸でうまくごまかしながら、金の入っているポケットを探ろうとした。結局、そいつを二発ほどぶん殴っただけであきらめた。やっぱりぼくらには無理だった。そいつを本気で痛めつける気はなかったんだから」

ビートルズの仲間同士でも、たくさんの諍いがあったが、いずれも深刻なものではなかった。諍いは主として二人の比較的新しいメンバーであるスチュとピートが、残りのメンバーに苛められるという形で発生した。スチュはそれをたいそう気に病んだが、ピートはわりとあっさりしていた。喧嘩したことや、だれかに批判されたり、からかわれたりしたことを、ピートは今では全く記憶していない。ほかのメンバーはよく覚えているのだが。

しかし、スチュとピートは客たちにかなり人気があった。といってもポールほどではない。ポールはどこへ行っても、いつも最高の人気者だった。スチュは舞台ではサングラスをかけていたので、非常に傲慢《ごうまん》に見えた。ピートは決して笑顔を見せず、ジョンのように跳ねまわりもせず、すねたような不機嫌な顔をしていた。二人とも客にはジェイムズ・ディーンふうのムーディですばらしい存在に見えたのだった。ほかのメンバーは、殊にジョンは、粗野《そや》で派手な男と見られていた。

「ポールがこないだ言っていたけれども」とジョンは言う。「ポールとぼくは、どっちがリーダーかということで、よく喧嘩をしたというんだな。ぼくは全然覚えていない。あの当時、そんなことはもう問題じゃなかった筈なんだ。何がなんでもリーダーになりたいという気は、ぼくにはなかった。もし喧嘩したとすれば、ただ意地を張っただけだろう。

「喧嘩はどれもこれも下らないことが原因で、要するにぼくらが辛い仕事にうんざりし、いらいらしていたための喧嘩なんだ。ぼくらはまだほんの子供だった。ジョージは一度、舞台でぼくに食べものを投げつけたことがある。演奏が長く続くもんだから、ぼくらはいつもステージでものを食べていたんだ。ジョージとの喧嘩も、何か下らないことが原因だったと思う。ぼくは、あとでノシてやるぞ、とかなんとかどなり、舞台で大きな声の出し比べをしたけれども、それだけのことだった。ぼくは別になんにもしなかった」

概してビートルズはお互いに仲の良いグループであり、カイザーケラーで同時に出演していたロリー・ストームのグループとも仲が良かった。

ハンブルクへ来る以前にも、ビートルズの連中はロリーのグループをよく知っていた。リヴァプールでは、ロリーはビートルズよりも遥かに有名だったのである。そもそもハンブルクの仕事は、まずロリーに口がかかったのだった。ロリーにほかの契約があって、ハンブルク行きが不可能だったために、ビートルズにお鉢がまわってきたのである。ロリー以外にも、当時のリヴァプールには、たとえばキャスとザ・カザノヴァズのように、ビートルズよりも実力のあるグループがほかにあった。ビートルズは、リヴァプールからハンブルクへ来た時点においては、リヴァプールのビート・グループのたぶん第三位か第四位であった。

「ぼくらはみんなロリーをよく知っていた」と、ジョージは言う。「ロリーはリヴァプールの大スターで、舞台の上じゃ凄い暴れようだった」ジョージがロリーのグループをよく知っていたのは、ビートルズに入る前の一時期、そっちに入ろうかと思っていたからなのである。

「前にロリーの妹を口説《くど》こうとしたことがあったので、ロリーにはすでに逢っていた」

ロリー・ストームのグループのドラマーは、休憩時間中にじっとビートルズの演奏を見守り、唄をリクエストしたりした。

「ぼくはロリーのドラマーの顔つきが気にくわなかった」と、ジョージは言う。「髪にちょっと白いものがまじっていたりして、なんだかいやらしい奴に見えた。ところが、そのいやらしい奴が、ロリーのグループじゃ一番気のいい男で、実はほかならぬリンゴだったのさ」ピートは、カスバ・クラブでロリー・ストームと一緒に演奏していた頃から、リンゴを知っていたと言うが、ほかのメンバーは全然知らなかったと言う。とにかく、本当に知り合うのはずっとあとのことになるが、これがビートルズとリンゴ・スターとの最初の出逢いであった。

リンゴや、ロリーのグループのほかのメンバーとの交際を別にすれば、ビートルズには友人がなかなかできなかった。なにしろクラブの外にはほとんど出なかったし、積極的にドイツの友人を作ろうともしなかったのである。「奴らはみんな薄のろだった」と、ジョンは言う。

クラブを訪れるイギリス人とも、付き合う気はさらになかった。「客の中に海軍の奴がいると、その晩のうちに必ず騒ぎが起った」と、ジョンは言う。「奴らは二、三杯飲むと、すぐ、『いざ、リヴァプールへ』とか『いざ、ポーツマスへ』なんて叫び出すんだ。イギリス海軍の糞ったれどもはトラブルの種さ。勘定のことや、もっと下らないことでボーイと喧嘩して、明け方にはみんな半殺しの目にあってノビちまうんだからね。ボーイたちは何かというと飛び出しナイフや棍棒を持ち出した。そうなるともう一巻の終りさ。凄え奴らだったな、あのボーイたちは」

12　アストリットとクラウス

ハンブルクでドイツ人の友人がほとんどできなかったのは、実は当然のことだった。まともなハンブルク市民の大多数は、ザンクト・パウリ地区には近づかず、ましてやレーパーバーンには滅多に足を踏み入れないのである。

だが、クラウス・フォアマンと、アストリット・キルヒヘアは足を踏み入れた。全くの偶然からビートルズと出くわしたこの二人は、ビートルズには初めての知的なファンになった。それまでだれ一人として気づかなかったこのグループの美点を、二人は初めて認めたのである。

クラウスはベルリン生れで、有名な医者の息子だった。一九五六年にハンブルクへ来て、美術学校に入った。目標は商業美術だったが、そのほかに特別科目として写真を学び、そこでアストリットと知り合い、二人は仲良くなった。

アストリットはハンブルクの中産階級の堅実な家庭の出身である。美術学校では写真の勉強をした。一九六〇年当時、二人はすでに学校を卒業していた。クラウスはこの町の雑誌社に勤め――ハンブルクは出版の盛んな町である――ポスターを描いていた。アストリットは或るカメラマンの助手になっていた。

二人の交際は二年ほど続き、クラウスはアストリットの家の最上階の部屋に引越した。或る晩のこと、二人はちょっと喧嘩をした。クラウスは一人で映画を見に行こうと家を出た。「ぶらぶら歩いているうちに、グロッセ・フライハイトに来ると、地下から大きな音が聞こえていた。何事かと思って、ぼくは下りて行った。そういうクラブに入るのは、そのときが初めてだった。

「地下の光景は凄まじかった。客はみんな革ジャンパーを着たロック・ファンばかりだった。でも、ぼくが驚いたのは舞台で演奏しているグループの様子であり、その連中の立てる音だった。で、ぼくはおっかなびっくり腰を下ろして、耳を傾けた」

そのクラブはカイザーケラーだが、舞台に出ていたのはビートルズではなかった。それはロリー・ストームのグループで、リンゴがドラムを叩いていた。グループの名前も分らぬまま、クラウスはもう一つの常連出演グループの演奏を聴いた。「その連中の異様な格好に、ぼくは思わず目を見張った。格子縞《こうしじま》の、白と黒の格子縞のジャケットを着ていてね。一番妙な格好をした奴は――あとでそれがスチュだと分ったが――髪をものすごく盛り上げて、先の尖った細長い靴をはき、サングラスをかけていた。ただのサングラスじゃなくて、普通の眼鏡の上にかぶせるフィルターみたいなやつをね。

「その連中が出て来て、ぼくはようやく舞台が別のグループに変ったのだと気がついた。曲目は『スウィート・リトル・シックスティーン』で、ジョンが歌った。それはロリーのグループ以上にぼくを感動させた。釘づけになったように、ぼくは見つめていた。「そばに寄って話しかけたかったが、どうやったらそばに行けるか分らなかった。ロック・ファンの連中がこわかったのでね。よそ者のような、間の悪さだった。それでも一晩中そこにいた。どうしてグループであんなに上手に、あんなに強力に、風変りに演奏できるのか、ぼくにはわけが分らなかった。しかも舞台の上じゃ、その連中は絶えず跳ねまわっていた。たぶん八時間もそれが続いただろうか」

翌朝未明にクラウスは家に帰り、自分が行って来た場所のことをアストリットに話した。アストリットは、彼がザンクト・パウリ地区のクラブで一晩過ごしたと聞いて、いやな顔をした。クラウスはビートルズのすばらしさを物語った。アストリットは興味を示さなかった。そして翌晩、一緒にそこに行くことを拒《こば》んだ。仕方なく、クラウスは一人で行った。

今回は、その連中と知り合うための、少なくとも挨拶するための手段を、クラウスは考えてあったのだった。つまり、自分がデザインした『ウォーク・ドント・ラン』という流行歌のシングル盤のジャケットを持って行ったのである。クラウスの仕事は大部分、雑誌の仕事だったが、それでも商業美術家としてレコードのジャケットの仕事も一、二度やったことがあった。ビートルズはきっとそのジャケットに興味を持つだろう、とクラウスは思ったのだった。

接近のチャンスを待って、クラウスは長いこと客席に坐っていた。やがてビートルズの休憩の時間になったので、リーダー格のジョンに近寄って行った。そして訥々《とつとつ》とした学校英語で喋りながら、クラウスはジャケットを差し出した。

それはジョンになんの効果をももたらさなかった。「そいつがジャケットをぼくに渡したのは覚えている。でもぼくはわけが分らなかった」と、ジョンは言う。仲間ではスチュが芸術家だから、このジャケットはスチュに見せたほうがいいでしょう、という意味のことをジョンは呟いた。クラウスはスチュに近づこうとしたが、そこで何か邪魔が入って、スチュに話しかけることはできなかった。やむなくクラウスはまた客席に坐り、恐ろしさと間の悪さは募《つの》るばかりだった。その晩も、最後まで音楽を聴いて帰った。

次の夜、クラウスはいやがるアストリットを無理に口説いて連れ出し、もう一人の友人、ユルゲン・フォルマーと一緒に三たびクラブに出掛けた。

「入ったばかりのときは、少しこわかったわ」と、アストリットは言う。「でも、あの五人を見たとき、何もかも忘れてしまいました。そのときの気持はちょっと説明しにくいわね。何かに憑かれたみたいでした。自分でもわけが分らなかった。

「でも、或る意味では、以前からテディ・ボーイにひかれていたんです。写真や映画で見た彼らの服装は気に入っていました。その髪を盛り上げて、細いズボンをはいた人たちが、今突然五人も現れたわけでしょう。私はぽかんと口を開けて、身動きもせずに眺めていたわ」

「あたりの雰囲気はかなりこわかった。典型的なレーパーバーン人種ね。鼻のつぶれたテディ・ボーイとか、そういった人たち。ドイツ語ではシュレーガーといいます。正真正銘の乱暴者たちでした」

クラウスとアストリットがビートルズを激賞したので、その友達の学生たちがだんだんクラブを訪れるようになった。学生たちは自分たちのテーブルを占領し、クラブの一部を占める勢力となった。それまでの客よりもモダンな服装の学生たちは、まもなくカイザーケラーの雰囲気に影響を与え、続いてそれを支配するようになった。

ロック・ファンはまだ多かったが、その数はもはや圧倒的ではなかった。「ぼくらの縄張りになった」と、クラウスは言う。「でもぼくらとロック・ファンとのあいだには敵対意識はなかった。ぼくらがそれまで全然知らなかった連中だけれども、その何人かとは友達になったりした。

「ロックンロール好きの若い女の子たちも、それまでにぼくらの知らなかった愉快な連中だった。踊っている姿なんか、まるでちっぽけなキノコみたいでね。短いフレヤー・スカートの下に硬いペチコートをはいて、スカートをふくらましているんだ」

ビートルズは暇な時間はたいてい、クラウスや、アストリットや、その友人たちと、お喋りしたり飲んだりするようになった。ドイツ語は話せなかったが、ドイツ人の中には英語を解する人間がいた。

「ぼくらには急に芸術家タイプの友達が増えた」と、ジョージは言う。「実存主義者みたいな連中だった」「いい連中だったよ」とポールは言う。「普通のドイツ人と付き合えて気分が一変した。ジェイムズ・ディーンもどきのスチュに、彼らはすっかりイカレていたっけ」

「ぼくは連中のことをイグジス（「実存主義者」から）と呼んでいた」と、ジョンは言う。「連中はぼくが話しかける気になった最初のドイツ人だ」

「ぼくにはジョンの喋ることはよく分らなかった」と、クラウスは言う。「しかしジョージはいつもうんとゆっくり喋ってくれたから、よく分った。ジョージの容貌はとても変っていた。大きな耳がぴょんと飛び出ていて、髪はうなじで短く刈りあげ、頭のてっぺんではものすごく高く盛りあがっていた」

一週間ほど毎晩のように通い詰めてから、アストリットはようやく勇をふるって、写真を撮らせて欲しいと頼んだ。「かなり仲良くなっていたので、私は或る程度安心していました。レーパーバーンのロック・ファンはみな彼らにべた惚れでしたから、下手をすると私は殺されたかもしれないわ」写真を撮らせてもらいたいという意味のことを、ためらいがちに一言二言、アストリットは切り出した。「まんざらでもないような顔をしたわ、みんな。ジョンはなんだか妙なことを口走っていましたけど、まんざらでもないということは私にはすぐ分ったわ。ジョンはいつでも人前でわざとドイツ人にたいしてひどいことを口走るんです。私に向かって直接は言わないけど。でも、本当はそんな人じゃないような感じだった」

だが、実を言うとアストリットはジョンの反応には関心がなかったのだった。アストリットはスチュともっと親しくなりたかったのである。「一目で彼に恋をしてしまったんです。本当よ。浮ついた話じゃないわ。本当に恋をしたんです」

一同は次の日、レーパーバーン通りで待ち合せる約束をした。アストリットはビートルズの面々を近くの広場へ連れて行って撮影し、それから自宅へお茶に誘った。ピート・ベストはその誘いをことわった。「それはぼくが社交嫌いだからじゃなくて、前の晩に破れたドラムの皮を買いに行かなくちゃならなかったのでね」だが、ほかの四人は招待に応じた。アストリットはお茶をいれ、四人はご機嫌だった。それは四人が初めて入りこんだドイツの家庭だったのである。

アストリットがお茶を出してくれた部屋は非常に暗くて、神秘的だった。暗さに目が馴れてきても、見えるのは黒と白の二色だけだった。壁も、家具も、敷物も、すべては黒か白だった。壁や天井など、部屋中に植物が繁茂していた。窓は閉め切ってあり、ロウソクが唯一の照明だった。一つの壁には黒い布がぶら下がっていた。ビートルズの一人がその布をめくってみると、布のうしろは大きな鏡だった。「ジャン・コクトーにいかれていた時代なの」と、アストリットは言う。

お茶そのものは部屋と比べればいささか散文的で、お茶うけにはハムサンドが出た。「おい、見ろよ」と、ジョージは言った。「ハムサンドだぜ! ドイツ人もハムサンドを食うとは知らなかったな」このセリフから、ジョージが毎日十二時間もカイザーケラーに閉じこめられて、いかにドイツの生活を知らなかったかが分るだろう。やがてアストリットは四人を車でクラブへ送り、夜の仕事に間に合せた。

アストリットは始終カメラを持ち歩き、ビートルズの写真をたくさん撮るようになった。これはビートルズの最初の職業的写真であり、その先何年にもわたって最も芸術的な写真である。アストリットは巧みな光の使い方によって、ビートルズの顔の半面が影になるように撮った。このハーフ・シャドウというやり方はオリジナルではないが、以後多くのカメラマンによって真似されることになる。アストリットはビートルズのフォトジェニックな可能性を発見した最初の人間である。この可能性はのちに大いにその価値を発揮するのである。ハンブルク市内のさまざまな場所で、造船所や廃止された待避線《たいひせん》で、アストリットはビートルズの珍しい写真を撮った。アストリットの写真の効果を生かすには、良質の印画紙に上手な焼き付けをしなければならないが、粗悪なプリントであっても、それらの写真はドラマチックに、異様に見える。「いい写真だった」とポールは言う。「ぼくらの写真をアストリットくらい上手に撮ってくれた人はほかにいない」

その間、アストリットは懸命になってスチュに接近しようとし、スチュ一人の写真を撮りたいという意志を伝えようとした。だが、その気持はなかなか通じなかった。スチュはドイツ語を全然話さなかったし、アストリットは英語が全く駄目だったのである。そこでアストリットはクラウスに英語を習い始めた。「彼は私の覚えがあんまり悪いので、しょっちゅう癇癪《かんしゃく》を起しました」

初めにお茶を御馳走されてからというもの、ビートルズはほとんど毎晩アストリットの家へ食事に行くようになり、彼女とスチュの仲は徐々に進展した。やがてスチュはそれ以外のときにも一人で行くようになり、二人はアストリットの黒いベッドに腰掛けて、独英辞典の助けを借りながら話し合うのだった。

「スチュの次には、ジョンとジョージが好きだったわ。それからピート・ベストも好きでした。こちらはとても好きなのに、ピートはひどく内気なんです。本当はとても面白い人なんですけど、ピートとの付き合いはあまりありませんでした。その頃からピートはみんなに忘れられがちだったわ。もう一人前だったということね。

「ポールは近寄りにくい人でした。とても愛想はいいんですけど。ファンにも一番人気があって、舞台で何か喋ったり、サインしたりするのはいつもポールでした。たいていのファンはポールがリーダーだと思っていたみたいね。もちろん、リーダーはジョンでした。ジョンはなんと言っても一番強かったわ。肉体的にじゃなくて、個性がね。

「スチュは一番知的な人でした。その点については、みんな異議がないと思います。ジョンも認めていた。

「ジョージになると、話し合っていて知性なんか問題じゃなかったわ。もちろん馬鹿じゃなかったけど、何しろ若くて可愛い子でしょう。ハムサンドにびっくりしたときみたいに、とても率直で素直なんです。ファンも多かったわね。ユルゲンはよく『I love George』と書いたプラカードを持っていました。ユルゲンがそんなことを流行らせたのよ。

「私はジョージにたいしては腫《は》れものにさわるような態度でした。ジョージは私みたいな人間にはそれまでに出逢ったことがなかったらしくて、そのことを率直に言うんです。だってまだ十七だったんですものね。彼から見れば、私はインテリで、車を持っていて、カメラマンとして働いていて、革ジャンパーなんか着ている変な女の子でしょう。ジョージが私に興味を持ったのも当然だと思うわ。私が彼に気があったとか、そういうことじゃないのよ。私は五つも年上だったから、そういうことは問題にもならなかったわ。ジョージとは仲のいいお友達よ」

一九六〇年十一月、初めて逢ってから二カ月後に、スチュとアストリットは婚約した。二人は金を出し合って、エンゲージ・リングを——ドイツふうにお互いに一個ずつ買った。それからアストリットの車でエルベ河畔をドライブした。「お互いに理解し合えるようになり始めたときから、結婚のことを考えていたわ」

スチュは十九歳で、ジョージと似たり寄ったりの年頃だったが、考え方は遥かに大人だった。学業を捨てたジョンとは違って、依然として美術に関心があったが、このグループのことにも同じ程度に情熱を注いでいた。或る晩、スチュは舞台でポールと喧嘩をした。ポールよりからだは小さく力もなかったが、スチュの怒りは凄まじく、思いがけない力を発揮した。「怒ると物凄くヒステリックになりました」と、アストリットは言う。喧嘩の原因になったのはアストリットのことで、ポールが彼女について何か言ったのだというが、詳しいことはだれも記憶していない。

ちょっとした嫉妬と喧嘩が絶えなかったポールとスチュの関係は、わりと簡単に説明できる。二人は或る意味でジョンの注意をひこうと張り合っていたのだった。ポールは二年間ほどジョンの信任を得ていたが、そこへスチュが現れた。スチュは非常な才能を持ち、成熟していて、ジョンと一脈相通《いちみゃくあいつう》じるところがあることは明らかだった。ポールの弟のマイケル・マッカートニーでさえ、ポールがリヴァプールでいくらかスチュを嫉妬していたことを覚えている。

リヴァプールから来た五人のテディ・ボーイたちと、ハンブルクの知的な学生たちとの関係は、もっと説明しにくい。学生たちの服装も、考え方も、ビートルズよりは遥かに垢抜けていた。クラウスやユルゲンは、当時フレンチ・スタイルと呼ばれていた髪型で、前髪を軽く垂らしていた。だが、ビートルズには規律に捉われぬ粗野で自然なバイタリティがあり、それがドイツの学生たちには魅力だったのだろう。

「イグジス」たちはビートルズの一人一人に綽名をつけていた。ジョンは「親玉」であり、ジョージは「ハンサム」であり、ポールは「ベビー」だった。ビートルズという名称も、ドイツでは人気の的だった。ドイツ人はこれをピードルズと発音した。これはドイツ語ではペニスあるいは小便を意味する幼児語なのである。

ビートルズは今や、イグジスたちと、ロック・ファンたちの、二種類のファンを持っていた。初めの六週間の契約は、客の要求によって何度も延長された。クリスマスが近づき、ハンブルク滞在はもう五カ月近くなっていた。ビートルズは、もう少し大きくて高級なクラブ、トップ・テンという店での出演を企てた。カイザーケラーでの成功に気を良くして、もっと広い世界への進出をもくろんだわけである。

トップ・テンのマネージャー、ペーター・エックホルンに、ビートルズはオーディションを申し出た。「私は連中が気に入ったので、契約した」ところが、ちょうどその頃ジョージは国外退去を命じられた。

「どのクラブでも」と、ジョージは言う。「十八歳以下の者は入場を禁じるということを毎晩読み上げていた。ぼくが十七歳で、労働許可証も居住許可証もないことに、だれかが気がついたんだね。それで帰らなきゃならなかった。一人でね。ぼくは悲しかった」

アストリットとスチュが車でジョージを駅まで送り、切符を買ってやり、汽車の席をとってやった。「かわいそうに、ジョージはただぼんやりと立ちつくしていたわ」と、アストリットは言う。「私はお菓子の袋とりんごを持たせてあげました。ジョージは私とスチュに抱きつきました。そういう派手なことは滅多にしたことがなかったのに」

ほかの四人はトップ・テンに移ったが、一晩そこに出演しただけで、さらに思いもかけぬ事態が起った。

「ポールとぼくが映画館バンビの部屋を片付けていたんだ」と、ピート・ベストは言う。「ジョンとスチュはもう荷物をトップ・テンに運んでしまって、そこにはいなかった。ぼくらは暗いのでマッチをすったんだが、それが原因でボヤになっちまってさ。大した火事じゃなかったけど、ぼくら二人は三時間ほど警察に引っ張られて、それから国外退去を命じられた」したがって、あとはジョンとスチュだけになってしまった。

「ジョンは一、二日あとに私の家へ来ました」と、アストリットは言う。「そして、労働許可証を取り上げられたから、ぼくもやっぱり帰ると言います。切符代を作るために、服を少し売ったと言っていました」

「一人で帰るのはひどいもんだった」と、ジョンは言う。「アンプを背負ってね。盗まれやしないかとびくびくものだった。まだ払いもすんでいないアンプだったからね。どうしてもイギリスには帰れないんじゃないか、という気がしたっけ」

まもなく、スチュも帰国を命じられた。ビートルズの追放の本当の原因は、ジョージが未成年者だったこと以外には、遂に不明である。たぶんクラブ間のトラブルが何か関係しているのではないだろうか。

まともに帰れたのはスチュだけだった。スチュは飛行機でリヴァプールへ帰った。扁桃腺《へんとうせん》が腫れ始めていたので、長い道中にそれが悪化することを心配し、アストリットが飛行機の切符代をくれたのである。

ほかの連中は、それぞれ自力でリヴァプールへ辿り着いた。プロとしての初めてのすばらしい経験は、こうしてきわめて惨めな結果に終ったのである。

打ちひしがれ、落胆し、惨めな格好で、ビートルズのメンバーは一人ずつ、あるいは二人ずつ、自宅へ帰った。そして暫くのあいだは、お互いに逢いもしなければ、連絡をとりもしなかった。ビートルズとして再出発できるかどうかすら疑わしかった。

13 リザランド・ホールとキャヴァン・クラブ

ハンブルクから帰って来たジョンが、家に辿り着いたのは真夜中だった。ジョンはミミの寝室の窓に石を投げ、起き出して来たミミが家に入れてくれた。「膝まである金と銀の物凄い長靴をはいていました。私のそばをさっと通り抜けて、『あのタクシーに金を払っておいてよ、ミミ』と言いますから、私は階段を上って行くあの子にどなったんです、『あんたの週百ポンドはどこへ行ったの、ジョン』」

「ああ、いかにもミミ伯母さんらしいな」とジョンはどなり返した。「ぼくが疲れてるって分ってるくせに、週百ポンドなんて言うんだから」

「とにかく、その長靴は片付けておくのよ。そんなものをはいてこの家から出たりしちゃいけませんよ」

ジョンはさっさと寝床に入り、それから一週間以上、外出しなかった。物凄い長靴のためではなく、ほかにどうしようもなかったからである。シンシアはもちろんジョンの顔を見て喜んだ。ジョンはハンブルクにいたとき絶えずシンシアに手紙を書いたのだった。「ヘンリ・ミラー顔負けのセクシーな手紙さ」と、ジョンは言う。「便箋四十枚という長いのもある。お前、まさか捨てちまわなかっただろうね」

一番早く帰ったジョージは、暫くのあいだ、ほかのメンバーもあとを追って帰って来たことを知らなかった。「ハンブルクへ出掛けるとき、さんざん大きなことを言った手前、恥ずかしくてしようがなかった。ある晩、父が街まで車に乗せて行ってくれたけれども、そのときも十シリング借りなきゃ帰れなかった」

ポールも家でぶらぶらしていたが、まもなく父親と衝突することになった。ジムは息子が学校をやめることを望まなかったのだし、そもそもハンブルク行きにも反対だったのである。なんにもせずにぶらぶらしていてはいけない、どこかに就職しなさい、と父親はポールに言った。

「怠け者には悪魔が取り憑く」と、ジムは日に何度も独特の調子でポールに繰り返した。根っからの反逆者でなかったポールは、まもなく折れた。

「職業紹介所に行った。そしたらトラックの上乗りの仕事を世話してくれた。前に、クリスマス前後だけ郵便局でアルバイトをしたことがあったから、今度はちょっと変ったことをやってみようと思って、そこへ行った。

「その会社はスピーディ・プロンプト・デリヴァリー、略称SPDといった。港近辺《きんぺん》の運送を専門にしている会社だった。ぼくは朝早いバスで港へ行き、「デイリー・ミラー」新聞を買ったりして、せいぜい労働者っぽく見せようとしたが、まだまだ学生気分は抜けていなかった。ぼくはトラックの上乗りをしたり、荷物の積み上げ積み下ろしを手伝った。ぼくの働きぶりはあんまり良くなかった。チェスターまで行ったときは、トラックの上で眠ってしまったりした。それでも二週間ばかり働いて、数ポンドの稼ぎになり、なんだか一人前になった気分だった。ところが、そこでクビになってしまった。クリスマスの時期がすぎたので、仕事がなくなったんだ。

「父はまたぶつぶつ言い始めた。グループは結構だが、それで生活できないんじゃしようがない、というような、いつもの愚痴だ。ぼくは半分くらい父の意見に賛成だったが、また一方では、ぼくらを褒めてくれる人間が必ずいた。一部のファンはぼくらを好いてくれたし、ぼくらをいい気分にしてくれた。

「次に見つけた仕事は、マッシー・アンド・コギンズという会社で、電気のコイルを巻く仕事だった。この仕事には作業服を着なきゃならなかった。一人の工員はぼくのことを、髪が長いもんだからマントヴァーニと呼んだっけ。作業は、ウインチの上にまたがってコイルを巻く仕事だ。ぼくはしょっちゅう線を切ってしまって、一日にコイルを一個半くらいしか巻けなかった。ほかの連中は八個から十四個ぐらい巻いた奴もいた。ぼくはまるっきりだった。

「でも、お茶の時間は良かった。ジャムパンが出て、みんなで監獄の運動場みたいな所でサッカーをやるんだ。

「そう、今思い出したよ、ぼくは初め庭の掃除かなんかの仕事にまわされていた。ぼくが学校出だということで、何か前科があるんじゃないかと疑われてね。で、そうじゃないと分って、もう少しましなコイル巻きの仕事を与えられたんだった。とにかく一所懸命やってみろと言われたっけ。せっせと働いて、監督かなんかになることを考えたりもした。「コイル巻きとお茶くみの給料は週七ポンドだった。グループはまたやり始めていたけれども、ぼくはすぐに戻る決心がつかなかった。だから暫くは労働を続け、昼休みやズル休みをしたときだけ演奏に加わった。でも、結局は勤めをやめた。あの会社にいた期間は、二カ月ぐらいだったかな。労働者の生活は楽しかったよ。こないだは久しぶりで、そのときの同僚のアルバートという奴と逢って、昔話をした」

「ポールは、まあ、なんというか、抜け目がなかったね」と、父親のジムは言う。「どちらの勤めも、本当は面白くなかったんだ。私の顔を立てるために勤めただけなんだ」

ビートルズがハンブルクから帰って来たのは、一九六〇年十二月初旬である。演奏活動が停止していた期間は、たかだか二、三週間にすぎなかった。ところで、運が良ければ、すぐにもクラブに出演し、惨めな帰国の印象を消すことができたかもしれなかったのである。つまり、ビートルズがいないあいだに、アラン・ウィリアムズはハンブルクのビート・クラブに似た大きなクラブを作ろうと決心したのだった。ビートルズのほかにも、たとえばジェリーとザ・ペイスメイカーズなど、たくさんのグループをハンブルクに送りこんだ関係上、リヴァプールにも帰国後の彼らを受け入れる何かがなければなるまい。ビートルズの帰国の直前に、アランは、ハンブルクの店の名をいただいてトップ・テンという新しいクラブをリヴァプールに開き、ボブ・ウーラーという支配人を雇った。ところが、この店は開店後六日目に火事で全焼してしまった。ビートルズにとって理想的な出演の場所になったかもしれないこの店は、ビートルズが見もしないうちに消えたのである。
ハンブルク後のビートルズの初出演の場は、再びピート・ベストの母親のクラブ、カスバだった。クラブはこのカムバックを歓迎した。殊にピートの友人のニール・アスピノールはビートルズを熱烈に歓迎した。

ニールは二年ほど前からピートの友人だった人物である。この人物は事実上カスバ・クラブの住人というか、少なくとも自分の家を出て、ベスト夫人の家に部屋を借りていた。ピートの学校友達ではないが、インスティチュートではポールと同じ学年だった。そしてジョージをも知っていた。喫煙問題でジョージと一緒に罰を受けたことがあったのである。だが、リヴァプールのビート・グループを援助してはいたけれども、この男はスキッフル・ブームに浮かされたくちではなかった。それでも、キャロル・レヴィス・ショウのオーディションがエンパイヤ劇場で開かれたとき、友人たちを大勢連れて行って、ビートルズ（すなわちムーンドッグズ）に大いに拍手を送ったのである。

ニールは八科目でOレベルに合格してインスティチュートを卒業し、今では計理士見習になっていた。週給は二ポンド十シリング、それに昼食付きという待遇で、出世の道は限りなく展《ひら》けているように見えた。最初のうちは、夜も通信講座の勉強に余念がなかった。「三百マイルも離れた所にいる男に苛められるのはうんざりだった。月に答案を送ってぼろくそに言われるだけのような気持がした」やがてカスバ・クラブに通い始め、そこに移り住むようになってから、ニールは徐々に道を踏み外すのである。

「ピートはハンブルクからよく手紙をよこした」と、ニールは言う。「向こうでは凄い人気で、契約は一カ月、また一カ月と、どんどん延びている、と書いてあった。

「デリーとザ・シーニアズが、まずハンブルクから帰って来た。ピートは彼らを自分の母親の所へ行かせ、ベスト夫人はシーニアズを一晩カスバに出演させた。シーニアズはずいぶんうまくなっていた。ビートルズを聴いたらもっと驚くぜ、と彼らは言った。

「ビートルズが帰ると聞いたとき、ぼくは『有名なビートルズ、遂に帰る』というポスターをたくさん書いて、壁だの、ドアだの、到る所に貼り出した。ピートがメンバーに加わってからのビートルズを見るのは、それが初めてだった。ハンブルクでどんなふうに変ったのだろう。ぼくは凄く楽しみだった」

だがニールの熱心さにもかかわらず、ビートルズをただちにカスバに出すことは不可能だった。だれ一人として、ほかのメンバーがどうしているか分らず、はたして全員が帰国したのかどうかさえ分らないという状態だったのである。「ジョンが帰ってから一週間ぐらいあとまで、ジョンもハンブルクから追い出されたとは知らないでいた」と、ピート・ベストは言う。「スチュの身の上に起ったことも、年が明けるまで知らなかった」

だが結局、ハンブルクから帰っての初演奏はカスバ・クラブで行なわれ、その演奏はすばらしかった。

「凄かった」と、ニールは言う。「猛烈にうまくなっていた。だから次々と仕事が増え、ファンも増え始めた。カスバ・クラブのドアマンのフランク・ガーナーが車でビートルズを送り迎えするようになった。それ以後カスバはアンプや道具一式を置いておく基地になったので、ぼくはしょっちゅうビートルズと顔を合せるようになった。ロリー・ストームもハンブルクから帰って来て、カスバで演奏した。実にもう華やかなものだった」

だがハンブルク以後の最も重要な公演は、一九六〇年十二月二十七日、リザランド・タウン・ホールで行なわれた。運命の分れ目ということが言えるとすれば、この日はまさしくそれだった。ビートルズの成長、その新しいサウンド、新しい唄は、その夜、出し抜けにリヴァプールに襲いかかったのである。カスバ・クラブのファンたちはリザランド・ホールに詰めかけ、ビートルズの成功に力を貸した。この日以後、熱狂的なファンをかかえているという点では、ビートルズは一歩たりとも後退しなかった。

その公演の契約がとれたのは、リザランド・ホールのディスク・ジョッキーになったばかりのボブ・ウーラーのおかげだった。ボブはスキッフル時代が始まる前は、鉄道の事務員だった男である。年はもう三十近かったから、スキッフル熱には感染しなかったが、スキッフル・バンドの発展には大いに魅せられていた。「十代の子供たちが生れて初めて自分たちの曲を作り、自分たちで演奏するのは見ていて全く驚きだった」

ビートルズにとってばかりか、ボブにとっても大きなチャンスだったリヴァプールのトップ・テン・クラブは、火事で消え失せた。「彼らは本当に残念そうだった。私は彼らの才能を知っていたが、あの頃の彼らは相当に参っていた。ジョージはハンブルク公演があんな形に終ったことを口惜しがっていた」

ボブは骨を折って、ビートルズをリザランド・ホールに出演させた。そこは大きなホールで、普通は週に二回だけティーンエイジャーたちのダンスホールとして開放されていた。ビートルズはそれまでそんな大きなホールで演奏したことがなかった。ハンブルク仕込みの足を踏み鳴らし、跳ねまわる、やかましい音楽は、ここで初めて聴衆を熱狂させた。この夜の報酬は六ポンドで、これもそれまでの最高額だった。

「客は狂ったようになった」と、ピート・ベストは言う。「あとで気がついたんだが、ぼくらの車はいたずら書きされていた。そんなことは初めての現象だった」

その夜のポスターには、「ハンブルクから来たビートルズ」と書かれていたので、熱狂した客たちは、ビートルズはドイツ人だと誤解していたようである。サインを頼むとき、ビートルズが喋るのを聞いて、だれもがびっくりしたように、「英語が上手ですね」と言うのだった。

「ぼくらの外観もドイツ人に見えたんだろう」と、ジョージは言う。「革のズボンをはいたり、カウボーイふうの長靴をはいたりして、ほかのグループとは服装がずいぶん違っていた。服装も奇妙だったし、演奏も違っていた。ぼくらは爆弾を投下したようなものさ」

「あの夜だ、ぼくらが自分たちの殻から出てきて、走り出したのは」と、ジョンは言う。「ぼくらは自分たちが有名なんだということを発見した。そのとき初めて、自分たちは優秀なんだというふうに考え始めた。ハンブルク以前は、自分たちだって結構いけるとは思っていたけれども、優秀だとは思っていなかったな」

変化したのはビートルズだけではない。ビートルズの留守中にイギリスでは重要な変化が起っていた。つまり、どのグループも今では狂ったようにザ・シャドウズを真似ようとしていたのである。

クリフ・リチャードの成功につれて、その伴奏グループ、すなわち、ジェット・ハリス、トニー・ミーハン、ブルース・ウェルチ、ハンク・マーヴィンの四人も、成功の道を歩んだ。彼らの演奏したレコード『アパッチ』は全国を席巻した。グレイの背広、それにマッチしたネクタイ、ピカピカに光らせた靴という、恐ろしくまじめで端正《たんせい》な彼らの舞台衣裳を、全国のグループが真似ていた。彼らは三歩進んで三歩戻るというダンス・ステップを流行らせた。外観といい、音楽といい、ザ・シャドウズは端正と洗練と抑制そのものだった。

一方ビートルズはいわば一種の先祖返りといったふうに、騒がしく粗野な音楽を演奏し、その服装も突飛《とっぴ》で無秩序だった。すなわち、リヴァプールを発つ頃は流行っていたが今では死滅しかけていたロックンロールの演奏様式を、ビートルズは継続させたのである。そして必要とあらば、さらに足を踏み鳴らし、音量を上げ、舞台上の「マックショウ」を派手に行なって、ロック調を強めることも辞さなかった。それはすでにビートルズ自身の新しいサウンドだった。控え目なザ・シャドウズとは天地雲泥《うんでい》の差があるサウンドである。このサウンドを聴いた者は、耳をふさいで逃げ出すか、さもなければ、そのサウンドを生み出す連中に負けず劣らず粗野になり、陶酔《とうすい》しなければならない。

「それも元はと言えばハンブルクだ」とジョンは言う。「ぼくらはハンブルクで本当に成長したんだ。十二時間ぶっ続けにドイツ人たちを踊らせるためには、こっちも全力を尽くさなきゃならなかった。外国へ行かなかったら、ぼくらは決して成長しなかったかもしれない。ハンブルクでは、思いつく限りのことをなんでもやらなきゃならなかった。お手本になるものは一つもなかった。ぼくらはぼくら自身が最良と考える演奏をやった。音がでっかい限りにおいては、ドイツ人たちはぼくらの演奏を好いてくれた。

「でも、ぼくらが自分たちの特徴に気がつき、ほかの連中がクリフ・リチャードの真似かなんかしていたあいだに、自分たちがどう変っていたのかを悟ったのは、リヴァプールに帰って来てからのことなんだ」

人に伝わりやすく、聴衆に影響を与えやすいビートルズ自身の情熱と個性も、人気の上昇にあずかって力があった。新しいサウンドは、また、リヴァプールの聴衆のような人たちによっても創られたのである。自然で、無垢《むく》で、粗野で、気取りがなく、ショウビジネスとは無縁な聴衆によって。

リザランド・ホールのディスク・ジョッキーから、まもなくキャヴァン・クラブのディスク・ジョッキーに移ったボブ・ウーラーは、文章によってビートルズの分析を行なった最初の人間である。その文章は六カ月後の一九六一年夏、マージーサイドのビート専門紙に現れた。リザランド・ホール以後のリヴァプールでの急激な人気上昇という一九六一年前半の時点、まだビートルズに関するいかなる論評も宣伝もなかった時点において、ボブはこんなふうに要約している。

「ビートルズはなぜこれほど人気があるのだろうか。彼らはアメリカの黒人歌手に由来するロックンロール音楽のオリジナルを復活させたのだ。それはクリフ・リチャードのような歌手によって骨抜きにされていた。人間感情に炎を点じるようなエネルギーは消え失せていた。その疲れ切った状態のところで、ビートルズが爆発したのである。ビートルズは叫びの構成分子だ。ここには青春の反逆のシンボルであるところの肉体的・聴覚的興奮がある。

「器楽的と言うよりはむしろ本質的に声楽的行為であるビートルズは、精神的には独立独歩であり、刺激のために、名声のために、金のために、自分たちの好む曲を演奏する。彼らはハンブルクで修練《しゅうれん》を積むという特権を与えられた。音楽的に権威があり、肉体的に魅力があるビートルズ、その一例は内気でムーディなドラマー、ピート・ベストであり、彼は言うなれば十代のジェフ・チャンドラーだ。話す場合にはいずれもナイーブだが、ひとたび歌えば、さまざまの驚くべき声の持ち主たち。リズムの革命家たち。初めから終りまでクライマックスの連続であるところの行為。個性崇拝《こせいすうはい》。一見無欲だが、実は自信と挫折《ざせつ》のあいだで揺れ動いている精神。これぞ正しく一つの現象であり、プロモーターを当惑させる現象だ！　すばらしいグループ、ビートルズとはかくのごときものである。こういうグループは二度と再び出現しないかもしれない」

一九六一年初頭、リザランド・ホールの成功に引き続いて、いくつかの大きなダンスホールでの公演が行なわれた。どのホールでも、終りはいつも気違いじみた混乱だった。殊にポールが、ロックンロールのスタンダード・ナンバー『のっぽのサリー』を、猛烈なビートを利かして歌い出すと、興奮は凄まじかった。ビートルズ自身も、自分たちが聴衆に与える効果を意識し始め、しばしばその効果を十二分に高めるのだったが、まもなく事態は手に負えなくなってきた。こういう初期のダンスホールでの公演は恐ろしいものだった、とポールは言う。「ウォラシーのグロヴナー・ボールルームでは、百人のウォラシーの若者が、シーコムから来た百人の若者と一戦を交えるべく待機していた。ある晩、何がどうなのかさっぱり分らないうちに、乱闘が始まった。ぼくはアンプを庇おうとして懸命だった。あれは当時ぼくが御自慢にしていたエル・ピコのアンプでね。一人の与太者がぼくの胸ぐらを摑んで、この野郎、一歩でも動いてみろ、ぶっ殺すぞ、と凄んだっけ。ハンブルドン・ホールも、よく喧嘩のあった場所だ。或る晩なんか、どちらも消火器を持ち出して、立ちまわりをやっていた。どういうものか、『ハリー・ガリー』を演奏すると、きっと喧嘩が起ったね」

たいていのホールでは、こういうトラブルを防ぐために大勢の用心棒を雇っていた。用心棒たちはまたほかの目的にも使われるようになった。

「いつだったか、あるホールで」と、ジョンは言う。「客が物凄くたくさん来たから、こりゃ、よそのマネージャーも大勢来ているな、きっとまた仕事が増えるぜ、とぼくらは言っていた。ところが、ぼくらは全然知らなかったんだが、ホール側では用心棒を動員して、よそのマネージャーがぼくらに接近するのを食い止めていたんだ。だから、だれもぼくらに近寄って来なかった。その代りに、そのホールのマネージャーが来て、気に入ったから、一晩八ポンドで長期公演しないかと言う。それは当時の収入より二ポンドほど多かったから、ぼくらは結構喜んだりしてね」

六一年以降、ビートルズは有卦《うけ》に入り、リヴァプールで一番有名だったロリー・ストーム(ミスター・ショウメイカーと呼ばれていた)に確実に追いつきかけていたのだから、収入はもっと増やすこともできた筈である。だがビートルズはマネージャーを持たなかったので、自分たちの客観的な位置というものを正確に評価できなかった。「自分たちがほかのグループよりどれだけすぐれているかに気がつくには、かなりの時間がかかった」と、ジョージは言う。「そのうちに、どこへ行っても客が大勢集まることがようやく分ってきた。大勢がぼくらにくっついてまわり、踊るためだけではなく、ぼくらを見物しに集まるようになった」

スチュとピート・ベストは仲間内でまだ苛められていたが、ハンブルクであったような深刻な喧嘩はなかった。ただ、ショウのあと帰りの車の一番いい席にだれが坐るかとか、食べもののことなどで口論が起った。車をだれが運転するかということでも、しばしば口論になった。つまり、うしろの席に詰めこまれるのではなく、運転席に坐れれば一番楽だということになっていたのである。

「一番頻繁に争ったのは、ぼくとジョージだった」と、ポールは言う。「ぼくらはだいたい同い年だからね。ジョンは年上で、前からのリーダーだろう。ジョージとぼくは、だれが運転するかでよく喧嘩をした。あとでぼくらが自分の車を持つようになっても、ぼくは走って行って鍵《キイ》を受けとり、運転席に飛び乗るのだった。ジョージはうしろから車に乗りながら言うんだ、『なんだ、おれが運転するんじゃないのか。きみはゆうべ運転したじゃないか』そのたんびにぼくは言った。『そうさ、今日もおれが運転するよ、文句があるか』」

マージーサイド近辺の方々のホールで成功を収めたことは、必然的に地元でのレギュラー出演という事態に発展した。地元でならば、ファンはビートルズを追いかけやすくなるだろう。出演の場所は、ボブ・ウーラーの尽力によってキャヴァン・クラブと決定した。カスバ・クラブはリヴァプールの中心部から遠いし、ごく小さなコーヒー・クラブにすぎない。そのような段階をビートルズはもう卒業してしまったのである。

キャヴァン・クラブは久しい以前から生演奏を聴かせる場所としてはリヴァプールの中心地で最大のクラブだったが、演奏はジャズに限られていた。先に引用したボブ・ウーラーの文章が書かれた頃、つまり一九六一年夏の頃でも、同じ新聞の別のページでは、キャヴァンはジャズ・クラブとして宣伝されていた。すでに当時はビート・グループによって、特にビートルズによって、クラブは占領されていたのだったが。

キャヴァンはマシュウ・ストリート八番地にある。そこはリヴァプール中心部の狭い裏通りで、一番大きなレコード店NEMSのあるホワイトチャペルの少し先である。「リヴァプール・エコー」紙の建物からは二街区《ブロック》しか離れていないし、ピア・ヘッドからも近い。マシュウ・ストリートの建物は大部分、果物倉庫である。通りはいつも乱雑に物が散らかり、貯蔵された果物や野菜の匂いがただよっている。早朝から夕方まで、トラックの荷の積み下ろしが続く。キャヴァンに入るには十七段の階段を下りなければならない。そこはかつて葡萄酒《ぶどうしゅ》の酒蔵だった地下室である。今でも狭くて暗く、大きな柱が立っていて、なんとなく酒蔵ふうに見える。レストラン兼ナイトクラブに改造された現在でさえ、換気装置らしきものは一つも見えない。

元計理士のレイ・マクフォールがキャヴァンを買い取り、ジャズ・クラブの経営を始めたのは、一九五九年のことだった。ジョニー・ダンクワースも、ハンフリー・リトルトンも、アッカー・ビルクも、クリス・バーバーも、みなこの店で演奏した。だがビート・グループの発展につれて、ジャズの演奏は押され気味になった。

ビートルズはハンブルクから帰国ののち、一九六一年一月以降、定期的にキャヴァン・クラブに出演した。初めのうちは、それ以前のレギュラーだったセミ・ジャズ・グループのスインギング・ブルージーンズと交代でステージに出た。

「一九六一年一月から一九六二年二月までに、キャヴァン・クラブで私は二百九十二回、ビートルズの司会をつとめた」と、ボブ・ウーラーは言う。「最初の昼休みの演奏の報酬は五ポンドだった。最後の公演の報酬は三百ポンドだった」

ボブ・ウーラーがこの出演の回数を一々記録していたことは、彼がどれほどビートルズに感銘を受けたかということだけではなく、ビートルズがどれだけ一所懸命働いていたかということをも示している。

「ぼくらはキャヴァンが一番好きだったと言えるな」と、ジョージは言う。「あそこはすてきだった。あそこでは聴衆と一体になっている感じがあった。ザ・シャドウズの真似をしているほかのグループと違って、ぼくらはリハーサルを全然しなかった。ぼくらそっくりのファンたちに演奏して聴かせればいいんだからね。みんな昼休みにサンドイッチ持参で聴きに来た。ぼくらも昼めしを食いながら演奏した。自然発生的というのかな。何もかもがひとりでに起る感じだった」

「そこはまるでごみ捨て場でした」と、ハリスン夫人は言う。「むっと息が詰まりそうでしてね。息子たちの顔からも、壁からも、汗がぽたぽたと、アンプの上に垂れるんです。でも、息子たちは平気で自分たちの唄を歌っていました。ジョンはお客にいろんなことを叫びました。ほかの子も叫んだわね。うるさい、黙れ、なんてね。でも、ジョージはなんにも言わず、笑顔も見せませんでした。なぜあんなまじめな顔をしてるの、と、よく女の子が私に訊いたものよ。あの子はこう言っていました。『ぼくはリード・ギターだ。ほかの奴らは、きょろきょろして間違えたとしても、そんなに目立たないけれども、ぼくは絶対に間違えることができないんだ』あの子は昔から音楽のことと、お金のことにはとても真剣でした。いつも、どれだけの稼ぎになったかを気にしていましたわ」

ハリスン夫人は依然として最も熱心なファンの一人だった。今では自分が聴きに行くだけではなく、親戚や友人たちを連れて行った。ビートルズがハンブルクへ行く前に、ミミ伯母さんがジョンを引きずり出そうとしてキャヴァンへ押しかけたときも、ハリスン夫人はその場に居合せたのだった。

「あの人が出て行く姿が見えましたから、『すてきじゃないの』と私は声をかけました」と、ハリスン夫人は言う。「あの人は振り向いて、そう思って下さる方がいるのは嬉しいわ、と言いましたよ。

「そのあとも、ミミには何度か逢いました。そのたんびに、あなたがけしかけさえしなければ、うちも、お宅も、みんな平和に暮せたでしょうに、なんて言われたわ」

キャヴァン時代の演奏を聴いた人は、だれもがビートルズの即興《そっきょう》演奏を記憶している。ザ・シャドウズはほかのグループの演奏に影響を与えたばかりか、ステージ・マナーや、曲目の紹介の仕方にまで影響を与えたのだった。だが、ビートルズは自分たちがやりたいように振舞った。何か故障が起ったとき、ほかのグループは袖に引っこみ、だれかがヒューズを直してくれるまで静かに待っていた。だがビートルズは、そんなとき、客たちを煽動して、『カミング・ラウンド・ザ・マウンテンズ』とか、そういった類いの古臭い唄を合唱させた。

ハリスン夫人はこういったことをすべて承認していた。ミミは認めなかった。だが、ジム・マッカートニーは少しずつ息子たちの生活に馴れ始めていた。

ジムは昼休みはいつもキャヴァンと似たような場所——綿花取引所近辺の居酒屋や喫茶店に出入りして、有望な客とお喋りするのが常だった。それはジムの生活をなんとなく豊かに見せるという効用もあったのである。ジムはいまだに普通の綿花セールスマンで、週給は十ポンドにもならず、家計のやりくりは苦しかった。ポールの弟のマイケルは、この頃すでに働いていたが、稼ぎはあまり良くなかった。美術学校に入りそこねたマイケルは、いくつかの半端《はんぱ》仕事を転々としたあとで、美容師の見習になっていたのだった。

「昼休みにときどきキャヴァンを覗いてみた」と、ジムは言う。「あそこじゃ客に危険手当を出すべきだね。その汗臭いことったら。ポールがキャヴァンから帰ってきたとき、あの子のシャツを流しの上で絞ると、汗がざざあっと出るんだ。

「若い客たちも、少しでも舞台に近づこうとして喧嘩したり、雰囲気に呑まれて失神したりで、てんやわんやだった。私も泥棒猫みたいに舞台に忍び寄ろうとしたが、若い客たちに邪魔されて、どうしても辿り着けない。仕方がないから小さな楽屋へ行って、ステージがすむのを待っていたよ」

ジムはビートルズのサインが欲しかったわけではなく、どうしてもポールに逢わなければならなかったのだった。ポールとマイケルのただ一人の親であり、料理人であり、掃除夫であり、皿洗いであるジムは、昼休み中に夕食の材料を買っておかなければならなかったのである。

「キャヴァンへ行ったのは、ポールにソーセージやチョップスを渡しておかなきゃならないからさ。私は急いでいたので、ファンをかきわけてポールに肉を渡すだけで精いっぱいだった。

「『じゃ、いいかい、忘れるなよ』と、私は言ったものだ。『家に帰ったら、これをオーブンに入れて、目盛りを四百五十のとこに合せるんだ』

14　停滞の時期

キャヴァン時代が訪れて、地方的現象としてのビートルズの成功は確実になった。約五年間の低迷ののちに、ビートルズはようやく個性を築き上げ、リヴァプールの熱狂的なファンを獲得したのである。

だが、その後の一年間、一九六一年の大部分にわたって、ドラマチックなことは何一つ起らなかった。もちろん、その間、ビートルズは確実に前進し、ファンの数は増え、熱狂は一段と高まった。ハンブルクにも再び出掛けて、そちらでの成功も続いていた。しかしビートルズは今や地方的な成功という谷間に落ちこんでいた。その演奏活動はリヴァプールかハンブルクに限られてしまったように見えた。ほかの町の人たちはビートルズに関心を抱かなかった。

二度目のハンブルク訪問は一九六一年四月に始まった。このとき、ジョージはもう十八歳になっていた。トップ・テン・クラブのマネージャーのペーター・エックホルンと、アストリットが、正規の労働許可証を手に入れるために尽力した。ペーター・エックホルンは契約書をまだ持っていた。それによれば、ビートルズは毎晩、午後七時から午前二時まで演奏しなければならない。土曜日は午前三時までである。「一時間の演奏のあとには最低十五分の休憩時間をおくこと」

トップ・テン・クラブは、かつての二つのクラブよりも大きく、いくらか上品だった。内部の装飾も、客種《きゃくだね》も、ずっと良かった。今では客の中に前よりもずっと大勢の「イグジス」たちがいたが、その大部分はカメラマンであり、その連中は舞台の真ん前に寝そべって、少しでも変った角度から舞台のビートルズを撮影しようと、「もっと汗をかいて下さい、もっと」などと叫ぶのだった。

汽車から下りたビートルズ——今回は前よりもましな格好で——を出迎えたアストリットは、上から下まで革のスーツを着ていた。前にはジャケットだけが革で、ビートルズは自分たちのジーンズやカウボーイ靴といういでたちのまま、その革ジャケットだけを真似て着ていたものである。スチュはいたく感銘して、アストリットに上から下まで革のスーツを作ってもらった。ほかのメンバーも革のスーツを作ったが、仕立て代を安く上げたために、着るや否や破けてしまった。

今回、アストリットはスチュに向かって、その油で固めたテディ・ボーイふうの髪型はいやだと言った。そしてクラウスやユルゲンのような髪にすべきだという。さんざん説得されて、スチュは彼女に独特の髪型をこしらえてもらった。アストリットは恋人の髪をきれいにとかして全部垂らし、端を少し切って、きちんとととのえた。

スチュがその晩、その新しい髪型でトップ・テンに現れると、ほかの四人はヒステリックな声を発して床にずっこけた。スチュも演奏の途中で気がひけて、髪をまた盛り上げた。だが、アストリットのおかげで、翌晩はまた同じスタイルで現れた。仲間たちは再び嘲笑したが、次の夜、ジョージが同じ髪型に変えた。次にポールが軍門に降ったが、それからも長いこと、ジョンの決心がつくまでは、昔の髪型に戻ったりしていた。ピート・ベストは一同の騒ぎを全く無視した。だが、とにかく、こうしてビートルズのヘア・スタイルは生れたのである。

アストリットは続いて襟《えり》なしの服という点でも、一同に影響を及ぼした。彼女がそういう服を着ていたのを、スチュがすてきだと言い、そこでアストリットは襟なしの服をスチュに作ったのである。ほかのメンバーはもちろんそれを冗談の種にした。「どうしてお母さんの服を着てるんだい、スチュ」

この二度目のハンブルク公演では、オールナイトの演奏のとき、だれもが（ピート・ベストは例外である）前回以上にドラッグを頼りにした。「でも常軌を逸することはなかったわ」と、アストリットは言う。「お酒で乱れることもありませんでした。たまに飲むだけで、ほとんど飲まなかったようです」

ジョンは衝動に駆られると、いまだにちょっとしたものを万引きする癖があった。アストリットは、凄いわね、と言った。それはジョンの学校友達のピート・ショットンが言ったのと同じセリフだった。

「ジョンはそういう人でした」と、アストリットは言う。「だれだって、ふっと、とんでもないことをしたくなるときがあるけど、ただ本当にやらないだけの話でしょう。ジョンは急に両手をこすり合せて、おい、ちょっと万引きでもしてくるか、なんて言うんです。ただの楽しみなのね。だから、こっちも全然驚かなくなったわ。ジョンは、アイデアがひらめくと、すぐ実行して、そのあとは何週間もなんにもしないんです。ポールとは違って、じっくり考えこんだりしないたちなのね」

ジョンはまだときどき反宗教的な漫画を描いたりして、若者らしい冗談に熱中していた。キリストがはりつけになっている十字架の根方《ねかた》に寝室のスリッパが置いてあるというような漫画である。一度は、牧師ふうのカラーを紙でこしらえ、紙の十字架を飾って、クラブの窓ぎわから、ピーター・セラーズふうのインド訛りで眼下の群集に説教したりした。

ビートルズの初めてのレコードができたのは、このハンブルク公演中のことである。もっとも第一回のハンブルク訪問のとき、アラン・ウィリアムズがデモ・レコードを作ったが、これはたった五枚だけの試聴盤だから、問題にはならないだろう。今回は、トップ・テンの歌手のトニー・シェリダンの伴奏を頼まれたのだった。「その話があったとき」と、ジョンは言う。「これはやさしい仕事だと判断した。ドイツのレコードなんてロクなものがないから、ぼくらがやればいいレコードができるに決っていると思った。そしてぼくらの曲を五曲ばかりやってみせたが、向こうは気に入らなかった。向こうは『マイ・ボニー・ライズ・オーヴァ・ザ・オーシャン』というような曲が好きでね」

ドイツの楽団指揮者でプロデューサーのベルト・ケンプフェルトが立ち合って、レコーデイングは行なわれた。トニー・シェリダンの伴奏グループとして、レコードには「ザ・ビート・ボーイズ」という名前が書かれた。ビートルズという名はドイツ人の語感からして憚《はばか》られたのだろう。

このレコードで演奏しているビートルズは四人である。ピート・ベストはまだ加わっていた。その頃はかなりうまくなっていた筈だ、とピート本人は言う。ピートはトニー・シェリダンと喧嘩したが、それは大したことではなかった。

だが、スチュ・サトクリフの名前はない。「やっぱりぼくらがこわかったんだろう」とジョンは言う。「殊にポールにしょっちゅう苛められていたからね。そのたんびに、きみを嫌ってるわけじゃないと、よく説明したんだけれども」

スチュの扱いについて他のメンバーはいくらかうしろめたかったが、スチュがやめた理由はそれではなかった。ハンブルクに残り、アストリットと結婚し、美術学生の身分に戻ることをスチュは決心したのである。そして当時ハンブルクの美術学校の客員教授《かくいんきようじゆ》だったスコットランド生れの彫刻家、エドアルド・パオロッツィのおかげで、美術学校に籍を置くことができた。この教授はハンブルク市当局からスチュの滞在許可まで取ってくれたのだった。

スチュはまだビートルズの音楽が好きだったが、自分はベース・ギターよりも美術の道を進むべきだと感じたのである。ポールの方が明らかにずっとうまく弾けるはずだから、ポールにベーシストの座を譲るのがいちばんいいと考えたのだ。スチュはビートルズをやめてから、かえってビートルズの良き友になったようであった。それまでのつまらない諍いがどんなに無意味なものであったかを、四人が四人とも身にしみて感じていた。

一九六一年七月、四人になったビートルズは、スチュをハンブルクに残して、リヴァプールへ帰った。スチュは美術学校でまじめに勉強した。「彼は非常に精力的で、たいそう発明の才があった」と、パオロッツィは言う。「可能性がからだから滲《にじ》み出ていた。彼には筋のいい感受性と、成功せずんばやまずという自信があった」

リヴァプールに帰ったビートルズは、だいぶ以前からよく知っていたもう一つのグループ、ジェリーとザ・ペイスメイカーズと一緒に、帰国記念ショウを開いた。二つのグループは楽器を交換して演奏したり、櫛を紙で弾《はじ》いたりして楽しんだ。広告にしるされた「ビートメイカーズ」という楽屋落ちは、ファンたちを大いに喜ばせた。

ビートルズはまだ週に十ポンドも稼げればいいほうだったが、それにしてもリヴァプールにはすでにビート熱が到来《とうらい》していた。その明らかな証拠は、ビート・グループを専門に扱う新聞の誕生であった。その新聞は「マージー・ビート」といい、先に引用したボブ・ウーラーのビートルズ論が書かれたのもこの新聞紙上である。創刊されたのは一九六一年七月六日だった。創刊号の内容は、ジェリーとザ・ペイスメイカーズや、リンゴ・スターがドラムを叩いていたロリー・ストームとザ・ハリケーンズなど、有名グループのゴシップ記事である。その二つが、どうやらリヴァプールで一番有名なグループと目されていたようだった。創刊号から判断すれば、ビートルズはまだその二つのグループほど有名ではなかったらしい。だが、ジョンはグループについて何か書くように頼まれ、その結果としては、創刊号でただ一つのユーモラスな記事を、ビートルズが提供することとなった。

「マージー・ビート」一九六一年七月六日号
ビートルズの胡散《うさん》臭い過去について戯れにしるすこと　ジョン・レノン訳

むかしむかし、ジョンとジョージとポールという三人の男の子がいた。集まるのが好きだから集まった。さて集まって何をしよう。仕方がないから、ギターを弾いて騒音を発した。ところが不思議、だあれもこの三人の男の子なんか相手にしてくれない。それじゃあってんで、あたりを駆けまわっていた四人目のもっと小さな男の子、スチュアート・サトクリフってのをつかまえて言うことには、「おい、ベース・ギターを持って来い、そうすりゃ万事解決だ」言われた男の子、さっそく持って来たが、何一つ解決しない。だってスチュアートはギターが弾《ひ》けなかったからね。そこで三人は寄ってたかってギターを教えた。けれども、まだビートがない。親切な年とった老人がのたまわく、「汝ら、ドラムがないじゃんか！」いかにもドラムがなかった！　そこで、いろんなドラマー、出たり入ったりして忙しいこと。

さるほどに、ジョニー・ジェントルにひっついてスコットランド巡業のみぎり、このグループ（今はビートルズと名乗りはべりけり）は出しぬけに発見した。おれたちの音が良くないのは、アンプがないからなんだ、とね。で、アンプを手に入れた。それにしても、ビートルズってなんですか？　なぜビートルズっていうんですか？　ビートルズという名前の由来は？　などと大勢の人が訊く。しからば、そのわけをお話しよう。或る日のこと、炎と燃えるパイに乗っかった一人の男が夢枕に立ち、「本日より以後、お前らはビートルズだ。ただしeeじゃなくてeaと綴れよ」おっさん、ありがとう、とみんなはお礼を言ったとさ。

そこへ、あごひげをきれいに刈り揃えた男が現れて、お前さんたち、ドイツ（ハンブルク）へ行って、ドイツの土ん百姓にロックを聴かせて一稼ぎしないかい。ああ、金になるなら、なんだってやりますよ、とわれわれは言った。

でも行く前にドラマーを養成しなきゃならん。で、ウェスト・ダービーなるカスバ・クラブの厄介者、ピート・ベストに声をかけた。「おッす、ピート、ドイツへ行かないかい！」「行くよ！」そこで、ブーンと一っ飛び。それから数カ月が過ぎ去りまして、ピーターとポール（この男の姓はマッカートリーといい、父親ジム・マッカートリーの息子だ）がキノ（映画館）に火をつけた。ドイツ警察、怒って、「悪いビートルズ、早く家へ帰って、イギリスの映画館に火をつけなさい」そこでグループの半数がブーン。だが、その前に、ゲシュタポはわが友ジョージ・ハリスン（スピーク区出身）を追い払った、なんとなれば彼はまだ十二歳で、ドイツじゃ投票権がないのだという。けれども、イギリスで二カ月を過ごすと彼は十八歳になり、「来てもいいよ」とゲシュタポは言った。それやこれやで、みんなリヴァプール村へ帰ったが、帰ってみればこはいかに、どのグループもグレイのスーツで演奏してる。「きみたち、なぜグレイのスーツを着ないのだ」とジムが言った。「嫌いだからさ」とわれわれはジムに答えた。クラブで何度か演奏したあと、「ドイツへ行け！」とみんなが言う。じゃあ行くよってんで、ブーン。スチュアートが脱けた。ブーン、ブーン、ジョン（ウールトン区出身）とジョージ（スピーク区出身）とピーターとポール、ブーン、ブーン。みんなで行っちゃった。
御静聴を感謝します、クラブの皆さん。（あなた方の友）ジョンとジョージより。

ジョンの文章の中の冗談や、わざと間違えた箇所は、それから数年にわたって何度も引用されたのだった。「マージー・ビート」紙の第二号の一面全体は、ドイツでビートルズがレコーディングの契約をしたという記事にあてられた。その記事にはアストリットの撮った写真の中の一枚、ハンブルクの待避線に立っている五人の写真が使われた。写真説明では、ポールはまたしても「ポール・マッカーシー」と誤記されている。同じ号に、プリシラという署名入りのファッション欄があり、そこには「グレイは今、夜の外出着の色です」などと書いてある。この筆者はシラ・ブラックといい、当時はタイピストとして勤めながら、キャヴァンのクローク・ルームでアルバイトをし、ときどきは舞台で歌ったりしていた女性である。ビートルズはすでにキャヴァンの常連出演グループだったが、いまだにピート・ベストの家であるカスバ・クラブを根拠地として使っていた。ベスト夫人はダンスのマネージメントにまで手を広げていたが、カスバ・クラブは依然として夫人の最大関心事であった。「たいていの人はあの子たちのグループのことを『ピート・ベストとザ・ビートルズ』と言いましたよ」と、夫人は言う。ピートは母親の力を借りて、グループの出演交渉の責任者になっていた。

カスバにまだ住んでいたピートの友人のニール・アスピノールが、八十ポンドで中古車を買い、ビートルズを乗せてマージーサイドあたりを動きまわるようになってから、カスバ・クラブはなおさら重要な場所になった。ニールは車に一回乗せるたびに、ビートルズから一人五シリングずつ取った。「夜になるとたいへんだった。彼らを車でどこかへ送り届け、家へ帰って、ちょっと勉強すると、また迎えに行かなきゃならない。一体おれは何をしてるんだ？ とぼくは考え始めた。計理士見習の給料はまだ週に二ポンド十シリングだが、キャヴァンの昼休みの演奏が三回あれば、ぼくの収入は三ポンドだ。馬鹿らしくなって、七月には勤めをやめてしまった」

ニールはビートルズのロード・マネージャーになり、現在もその仕事をしているが、ロード・マネージャーという名称をいやがっている。ピートとその一党をカスバ・クラブから車に乗せて出演の場所へ運ぶことが、ニールの仕事だった。

「どこへ行っても騒ぎが起るようになった」と、ニールは言う。「ファンはぞろぞろついて来るし、テディ・ボーイたちは会場に押し入ろうとした。ジョンは一度、トイレで喧嘩をして指の骨を折ったことがある」

だが、ファンがぞろぞろついて来たり、ビートルズの収入が時には週十五ポンドに達し、そこからニールに給料を支払うようになっていたにもかかわらず、一般的には何事も起らなかった。ロンドンはポピュラー歌手を生み出す唯一の場所のように見えた。少なくとも、有名になれる場所はロンドン以外にはないようだった。

「マージー・ビート」紙はビートルズに誇りを持たせ、その売上げ部数は増え、ピート・ベストは懸命にビートルズを組織化しようと努力したが、ドサまわりが多いので出演契約はとかく逃《のが》しがちだった。それにビートルズ自身は出演契約の有無をほとんど気にかけず、興味を持って接近してくるマネージャーを嘲笑したのである。第一回のハンブルク行きを世話したアラン・ウィリアムズとも、すでに切れてしまっていた。二度目のハンブルク公演のとき、当然送ってくるべきコミッションを送ってこなくなったのだと、アランは言う。トップ・テンとの契約は自分たちでとったのだから、アランに手数料を払う必要はない、というのがビートルズの言い分だった。両者は喧嘩をしたが、のちに再び仲直りした。「あれだけ世話をしてやったのに裏切られたと思ったんだ。今にして思えば、逃した魚は大きかったね。頑固《がんこ》に彼らを掌握《しょうあく》しておくことも、すればできただろうが、私はやはりビジネスマンじゃなかった。ただ面白半分に世話をしただけだったのさ」ほかに関心を寄せてくれるマネージャーやエイジェントは現れなかった。それは世間一般のマネージャーの興味をひくほど稼いでいなかったということもあるが、それ以上に、ビートルズがマネージャー族に好かれるような几帳面で礼儀正しい若者たちではなかったということがあるだろう。

昼の演奏から夜までのあいだの時間を、四人はただ漫然とリヴァプールの町を歩いたり、喫茶店にとぐろを巻いたり、レコード店でぼんやりレコードを聴いたりして過ごすことが多かった。金は相変らずなかった。キャヴァンの近くのパブ、オールド・ダイヴ（今はもうつぶれてしまった）の主人のダニー・イングリッシュは、一杯の黒ビールで何時間もねばっていたビートルズの姿を覚えている。ある日、ダニーはビートルズに、もうそろそろ店の女の子に何か飲みものをおごってもいい頃じゃないかね、と言った。

「首を集めて相談した上で、女の子は何を飲むんだ、と彼らは訊いた。スタウトだ、と私は言った。その値段を彼らは訊いた。それからまた首を集めて相談し、結局、四ペンスずつ出し合って、女の子にギネスをおごったっけ」

ダニー・イングリッシュは店の常連の一人に、ビートルズを援助してやってくれと頼んだ。その客はジョージ・ハリスンといったが、われらのジョージ・ハリスンの親戚でもなんでもなく、大昔から「リヴァプール・エコー」紙のコラムを書いていた人物である。だがこの男は何もしてくれなかった。記事にしてもらいたがっているグループは掃いて捨てるほどあったし、ビートルズはその中ではとりわけ惨めに見えたからである。

頭打ちの状態のせいで、四人はだんだん元気がなくなってきた。ハリスン夫人とベスト夫人を除いて、親たちはしきりに息子たちに叱言《こごと》をいい、早くまともな仕事をするようにと繰り返した。

「ジョンは昔からボヘミヤンでしたけど」とミミは言う。「やはりどこかに就職させたいと思いました。もう二十一になろうとしているのに、美術学校でのチャンスはふいにしてしまって、一晩三ポンドで馬鹿げた唄を歌ってるんですからね。まるで意味ないじゃありませんか」

一九六一年九月、満二十一歳を迎えようとしていたジョンは、エディンバラの伯母からお祝いとしてまとまった金を貰い、発作的に、ポールと一緒にパリへ行くことを決心した。残されたジョージとピート・ベストは、もちろんひどく気を悪くした。「もううんざりしていたんだ」と、ジョンは言う。「出演契約はあったけれども、キャンセルして逃げ出しちまった」

パリでは、ハンブルクの友人の一人、ユルゲン・フォルマーと出逢った。金がなくなるまでいろんなクラブを遊び歩いたこのパリ旅行のあいだに、ジョンはとうとう髪を前に下ろしたのだった。

「ユルゲンはそのほかにはラッパ・ズボンをはいていた」と、ジョンは言う。「でも、それはリヴァプールじゃ少し突飛すぎるだろうと思った。リヴァプールの聴衆にはまだまだ男の子が多かったから、妙に女っぽい服装はしたくなかったのでね。ポールのバラードはますます女の子をひきつけていたけれども、ぼくらはまだ革ジャンパー姿でロックンロールをやっていた段階だから」

ユルゲンがパリにいることを、ジョンはスチュから聞いたのだった。スチュはグループをやめてハンブルクで美術学校に通っていたが、それでもジョンと長い手紙をやりとりしていたのである。

初めのうち、手紙は冗談や、気違いじみた物語に満ちていた。ジョンが子供の頃、スクラップ・ブックにまとめていたような物語である。「ノーマン伯父さんがひげを踏んづけた話」とか、「スコットランドのメアリー女王はニグロだった」とか。

そのほかには、遂にリヴァプールにビートルズ・ファン・クラブができたというような明るいニュースを、ジョンはスチュに伝えている（ロリー・ストームにはすでにファン・クラブがあった）。だが、手紙はまもなく失望の言葉や、愚痴が多くなってくる。「何から何まで下らない仕事だ。今に何かが起ると思うけれども、一体どこで何が起るんだろう」

ジョンは、決してミミに見せなかったようなシリアスな詩を、手紙の中に入れるようになった。それらの詩の結びは、たいてい猥褻な言葉か、さもなければ自意識過剰の詩句だった。特に話題がないときは、いつもスチュにそういう詩を書き送った。

思い出す、あの頃は
ぼくの好きな人たちは
みんなぼくを憎んだ、
なぜってぼくが憎んだからさ。
それがどうした、それがどうした、
それがどうしたってんだい。
思い出す、あの頃は

おへそが大人の膝の高さ、
汚いのはウンチだけで
あとは何から何まで
きれいだった、美しかった。
思い出す、どれもこれも
悲しい思い出ばかり、
悲しみが深すぎるので
ぼくにはもうよく分らない。
悲しみが深すぎるので
泣いたあとにはぼく自身の
馬鹿さ加減が見えるばかり。
だからぼくはぶらぶら歩き続ける、
ヘイ・ノニ・ノニ・ノオとどなりながら。

ハンブルクのスチュも同じような嘆きや苦しみを手紙に書き送ったが、スチュのほうの事態はジョン以上に深刻だった。スチュは手紙の中で自分はイエス・キリストだなどと書いていた。ジョンは初めこれは冗談だと思い、そっちがキリストなら、おれはバプテスマのヨハネ（英語読みではジョン）だ、と返事を出している。

一九六一年末のある日、スチュはハンブルク美術学校で卒倒《そっとう》し、自分の部屋に担《かつ》ぎこまれた。「その前からしきりに頭が痛いと言っていましたけど」と、アストリットは言う。「勉強のしすぎだと、私たちは簡単に考えていました」

スチュは翌日は学校へ出たが、一九六二年二月にまた同じことが起った。卒倒したスチュはアストリットの家に運ばれ、そこの一部屋で寝起きするようになった。そしてジョンに便箋三十枚もの長い手紙を書いたり、ひっきりなしにデッサンや油絵を描いたり、部屋の中をぐるぐる歩きまわったりした。激しい頭痛は絶え間なく襲い、そのたびに癇癪を起すので、アストリットも彼女の母親も手のつけようがなかった。医者の治療は少しも役に立たなかった。「ある日、病院から帰って来た彼は、みんなが使うような黒い棺桶はいやだと言いました。葬儀屋のウィンドウに白いお棺が出ていたから、あれがいい、なんて言うんです」

一九六二年四月、スチュは脳出血で死んだ。「短い一生を旺盛《おうせい》に生きた人だった」と、クラウスは言う。「彼はいつもほとんど絶え間なしに何かをやっていた。ほかの人間の十倍ものを見る力を持っていた。想像力は強烈だった。彼の死は悲劇だ。たいへんな仕事をやり遂げたに違いない人物なのに」

スチュの芸術的才能については疑う余地がない。パオロッツィ教授も、スチュの成功を信じていたという。まだ若い頃、リヴァプールで美術賞をとったこともあった。スチュの死後、その作品はリヴァプールやロンドンの数多くの展覧会に出品された。髪型といい、服装といい、ものの考え方といい、多くの点でスチュはジョンやビートルズのほかのメンバーに大きな影響を与えたのだった。

「ぼくはスチュを尊敬していた」と、ジョンは言う。「いつも本当のことを言ってくれる人間として、ぼくは彼を頼りにしていた。現在、ポールを頼りにしているようにね。スチュなら、何がいいか、何が悪いかを、遠慮せずに言ってくれた。ぼくは彼を信じていた」

今日でも、ビートルズの一同はスチュの死を悲しんでいる。ビートルズの中で最も知的だった男が一九六二年にすでにこの世を去ったという事実は、考えてみれば不思議なことである。

スチュの死は、ある意味では、ビートルズの頭打ちの時代、意気銷沈《いきしょうちん》の時代の悲しいクライマックスだった。だが、リヴァプールでは、スチュが倒れる直前に、ジョンが待ち望んでいた事態がようやく起ろうとしていた。

それは正確に言うならば一九六一年十月二十八日の午後三時に起った。黒い革のジャケットを着たレイモンド・ジョーンズという一人の青年が、リヴァプール市ホワイトチャペルのNEMSレコード店に入って来て、ビートルズというグループの『マイ・ボニー』というレコードを欲しいと言った。カウンターのうしろにいたブライアン・エプスタインは、たいへん申しわけありません、と言った。そんなレコードのことも、ビートルズというグループのことも、初耳だったのである。

15　ブライアン・エプスタイン

エプスタイン家の財産を創ったのは、ブライアンの祖父のアイザックだった。この人はユダヤ人の亡命者で、今世紀の初め頃ポーランドからリヴァプールへ渡って来た。そしてのちに「I・エプスタイン・アンド・サンズ」と呼ばれた家具店を、リヴァプール市ウォルトン・ロードに開いた。この店はやがて長男のハリー、すなわちブライアンの父親に引き継がれた。

リヴァプール市民の大多数は、エプスタイン一家が初めからNEMS、すなわちノース・エンド・ミュージック・ストアの持ち主だったのだと思っている。NEMSの名前は、のちにブライアンがレコード売場を引き受けたことによってリヴァプール中に広く知れ渡るのである。だがNEMSはエプスタイン家以前にも存在していたのだった。ポールの父親のジム・マッカートニーは、第一次大戦中にNEMSからピアノを手に入れたことを記憶している。

エプスタイン家がNEMSの所有者になったのは、一九三〇年代のことだった。その店はエプスタイン家具店のあるウォルトン・ロードの街区の外れにあり、エプスタイン家具店はかねがね事業拡張のため、その店に目をつけていたのである。ハリーは、レコードや楽譜を売る店は家具店とうまく両立するだろうと見通しを立てていたが、やがてNEMSを買い取ったときは、もっぱらその敷地が問題なのだった。

シェフィールド市のハイマン家という、もう一つの裕福《ゆうふく》なユダヤ人の家具店の娘が、ハリーの妻になった。一九三三年に結婚したとき、その娘クイーニーは十八歳で、ハリーは二十九歳だった。

長男のブライアンは一九三四年九月十九日に、リヴァプールのハーリー街（病院が集まっているロンドンの通り）と呼ばれるロドニー通りにある私立の産院で生れた。次男のクライヴは二十三カ月後に生れた。

二人の男の子を得て、エプスタイン家具店の財産は向こう数十年にわたって安全を保証されたようであった。ハリーとクイーニーはリヴァプール一の高級住宅地、チャイルドウォールの、寝室が五つもある宏壮《こうそう》な独立家屋に住んでいた。クイーンズ・ドライヴ百九十七番地のこの家に、エプスタイン家は、クライヴが結婚のために家を出るまで、約三十年間住み続けることになる。現在、この家にはリヴァプールの首席司祭が住んでいる。

第二次大戦が始まるまで、エプスタイン家は或る程度の格式張った生活を続けていた。子供たちには乳母を付け、そのほかに女中が一人という暮しである。

ブライアンの幼年時代についてエプスタイン夫人が記憶しているのは、ブライアンがたいそう愛らしい子供だったということである。「歩いたり喋ったりするようになると、あの子の好奇心は相当なものでした。何から何まで知りたくてたまらないんです」ブライアンの最初の記憶は、シェフィールド市の母方の親戚へ連れて行ってもらうのでひどく興奮したということである。

ブライアンが初めて入った教育施設は、リヴァプール市のビーカンハースト幼稚園で、ブライアンはそこで木材を叩いてベニヤ板のようにしてしまったこともあったという。一九四〇年、ブライアンが六歳の年に、リヴァプールは猛烈な空襲に見舞われ、一家はまず北部ウェールズのプレスタティンへ、続いてサウスポート市へ疎開した。サウスポートには大きなユダヤ人町があった。ブライアンはサウスポート小学校へやられたが、これは正規の教育の始まりであり、同時に長い不幸なプロセスの始まりでもあった。

「ぼくは決して適応できない、いわゆる規格外の子供だった」と、一九六四年の自伝（邦題『ビートルズ神話～エプスタイン回想録』スーヴニア・プレス版）でブライアンは記録している。「だから、ほかの子供たちや教師に、からかわれ、馬鹿にされ、苛められた。両親はぼくという子に何度も絶望しただろうと思う」

一九四三年に一家はリヴァプールへ戻り、ブライアンはリヴァプール・カレッジという有料の私立学校に入った。翌年、リヴァプール・カレッジは、十歳のブライアンを退学処分にした。

「公式の理由は怠慢ということと、成績が水準以下だということだった。ぼくは数学の時間に女の子の絵を描いていたのを見つかったのだ。そのほかにもぼくはいろいろ悪いことをしていた。退学の理由には事欠かなかった」

家に帰って来て、ソファに坐っていると、父親が「お前のことは一体どうしたらいいのかさっぱり分らないよ」と言ったのを、ブライアンは覚えている。

母親によれば、のちのブライアンは学校時代の失敗を少々大げさに言う傾向があった。もちろん、ブライアンが秀才ではなかったこと、学校で不幸だったことを母親は認めるが、それにしても往々《おうおう》にして悪いのは学校側だったというのである。「戦争直後で、なかなか学校には入れにくい時代でした。現在のような自由な雰囲気は全然ありませんでした。学校側は気に入らない子供をどんどん追い出したんです」

ブライアン自身は、自分の適応不能ということ以外に、反ユダヤ主義がいくらか影響しているのではないかと考えていた。「ジュウとか、イードとか呼ばれたのを覚えている。でも、それは髪の赤い子供が赤毛《ジンジャー》と呼ばれる以上の深い意味はないのだったが」

ブライアンがリヴァプール・カレッジから退学させられたあと、両親はもう一つの私立小学校を見つけたが、そこには数週間しか在籍させなかった。その学校は教育のことはそっちのけで、普通の公立の学校に入れないような子供を持った金持の親から、なるべくたくさん金を絞り取ることしか考えていなかったのである。

結局、ブライアンの両親はタンブリッジ・ウェルズの近くにビーコンズフィールドというユダヤ系の優秀な私立学校を見つけた。ここでブライアンは乗馬という趣味を身につけ、美術も好きになった。美術は、ブライアンが先生に褒められた初めての学科だった。

十三歳の年、ブライアンは資格試験を受けた。それは一流のパブリック・スクールに入学するための資格試験だったが、ブライアンはそれにみごと落第した。だが両親は一流パブリック・スクールをあきらめなかった。しかし、ラグビーも、レプトンも、クリフトンも、この子を入れなかった。やむなく、ブライアンはだれでも入れてくれるような中等学校へ行った。それはウェスト・カントリーの自由放任主義的でスポーツの盛んな学校だった。ブライアンはラグビー競技をやらされた。そしてたいそう不幸だった。

だが父親はなおもあきらめず、一九四八年の秋、ちょうどブライアンの満十四歳の誕生日に、ブライアンをレキン・カレッジに入学させた。これはシュロップシャーの有名なパブリック・スクールである。

ウェスト・カントリーの学校に馴れ始めていたブライアンは、レキン・カレッジに移りたくなかった。美術の授業は面白かったし、それにやっと友達ができ始めていた矢先《やさき》である。当時の日記にブライアンは書いた。「レキンはいやだ。レキンに行くのは、父と母の希望だからで、ほかに理由はない……ぼくにとってこの一年は楽しかったから、残念で仕方がない。もっといろいろ面白いことがあるかもしれないし、友達も増えると思うのに」

やがてブライアンはレキンにも馴れた。少なくとも時間のつぶし方を覚えた。美術への関心は続いていた。美術でクラス一の成績をとったブライアンは、ドレス・デザイナーになろうと決心した。

「ドレス・デザイナーになりたいと父に手紙を出すと、父は反対だった。それは若い男のすることじゃないと言われた」

同じ頃、ブライアンは芝居にも興味を持った。リヴァプールの家に帰ったとき、母親は何度も芝居を見に連れて行ってくれた。「初めはつまらない芝居に行きましたけど、そのうちに、ピーター・グレンヴィルの舞台へ連れて行きました。それからリヴァプール交響楽団の演奏会にも行きました」

学校で『クリストファ・コロンブス』を上演したとき、ブライアンは主役を演じた。「お父さんと二人で見に行きました」と母親は言う。「お芝居がすむと校長先生がやって来て、ブライアンの演技はいかがでしたかと言われました。まるであの子じゃないみたいな、うまいお芝居でしたわ」

十六歳の年、卒業証書は遂にとらずに、ブライアンはレキン・カレッジをやめた。どうせ卒業できないだろうというのが大方の意見だったのである。父親はドレス・デザイナー志望については依然として反対だったが、ブライアンはそれでも学校をやめて、就職することを決めたのだった。

「ろくでもない学校ばかり七つも転々としたので、ぼくはすっかり飽きていた。唯一の志望に反対された上は、何をやっても同じことだった。一九五〇年九月十日、痩せて、頰が赤く、髪は縮れ、中途半端な教育しか受けなかったぼくは、リヴァプール市ウォルトンにあるわが家の経営する店に就職した」

初めは週五ポンドの給料で、家具のセールスをやった。仕事を始めて二日目に、ブライアンは、鏡を買いに来た婦人に十二ポンドの食卓を売りつけることに成功した。

自分は商売人だったのだとブライアンは悟った。そう悟って嬉しかった。そして店のデザインやレイアウトにも興味を持ち始めた。父親は、長男がようやく家業に精を出すようになったので、もちろん喜んだ。ブライアンが驚いたことには、父親の喜びを見てブライアン自身も嬉しいのだった。

「ブライアンは昔から趣味のいい子でした」と母親は言う。「それにきれいな家具の価値の分る子でした」

だが、ブライアンは、店のウィンドウの飾りつけをそれほど美しいとは思わなかった。そこで当時にしてみれば非常に大胆と思われる実験をやり、椅子の背を表に向けて置くというようなことを試みた。父親は、それは少し行きすぎだと思ったが、長男が自分で選んだ商売に精を出しているのが嬉しかったので、べつに叱言は言わなかった。そしてさらに経験を積ませようと、ブライアンを他人の店に半年間、弟子入りさせた。同じ週給五ポンドという報酬で、ブライアンはロード通りのザ・タイムズという家具店に六カ月勤めた。そこでもブライアンは一所懸命働いたらしい。やめるときに店からパーカーの万年筆と鉛筆のセットを記念に貰ったほどである（数年後、その万年筆を借りてポール・マッカートニーは最初の契約書に署名するのである）。

半年経って、ブライアンはウォルトンへ戻った。そして店全体の室内デザインを引き受けた。「その仕事は楽しかった。殊に新しいアイデアを思いついたときはね。店に立って客に接する仕事も面白かった。客が警戒を解いて、ぼくを信頼してくれるようになるプロセスは、とても面白い。疲れたような表情が消えて、何かいいことが待っているのだ、それを提供してくれるのはこのぼくなのだと、客が思い始めるのを観察しているのは、たいへんいい気分だった」

ウィンドウの飾りつけのことでは、多少の衝突があった。「ウィンドウにやたらに商品を詰めこみたがるんだ。ぼくは少なければ少ないほどいい、椅子一脚でもいい、と言った。ぼくはまたモダンな家具にたいへん執着があった。ちょうどモダンな家具が出まわり始めた頃で、それをみんなに知ってもらいたかった。美しいものを見せれば、大衆は必ずそれを受け入れる、とぼくは思う」

一九五二年十二月九日、エプスタイン家具店の新しい試みに夢中になっていた最中に、ブライアンは兵役を課せられた。かつて学校が恐ろしかったとすれば、軍隊は考えるだに恐ろしい場所だった。「ぼくは勉強のできない生徒だった。したがって軍隊でも一番駄目な兵隊になるだろうことは目に見えていた」

ブライアンは空軍を志望したが、結局、輜重兵《しちょうへい》にとられ、オールダーショット兵営で基礎訓練を受けた。

「そこは監獄みたいだった。ぼくはヘマばかりやった。左向けと言われて右を向き、気をつけと言われて寝っころがった」

だがブライアンはうまく立ちまわって体罰を逃れ、それどころか、戴冠式のパレードに選抜されることとさえ期待していた。その年はちょうど一九五三年だった。戴冠式とはなんとなく派手で華やかそうだから、それに参加したいと思ったのである。だが、ブライアンは選抜されなかった。そこで戴冠式当日はパブやクラブを飲み歩き、したたか酔っぱらった。一緒に入隊したパブリック・スクール出の若者の中で、士官にならなかったのはブライアンだけである。だが非番の日に、例によって一分の隙もない服装で、ウェスト・エンドあたりのクラブでぶらぶらしていると、士官に間違えられることが多かった。

オールダーショット兵営のあと、ブライアンはロンドンのリージェント・パーク兵営に勤務することになった。そこは若い士官には一番好ましい勤務地だった。ブライアンにはロンドンの親戚が大勢いたので、外出のたびに楽しい思いをするのだった。ある晩、ブライアンは山高帽をかぶり、縞の背広を着、アンブレラを腕にかけて、大きな車で兵営に乗りつけた。その格好で兵営に入って行くと、衛兵は敬礼し、衛兵小屋にいた二人の兵士は不動の姿勢でブライアンに注目し、事務員は「おやすみなさいませ」と叫んだ。だが中にいた一人の士官はそうやすやすと欺されはしなかった。「エプスタイン二等兵、明朝十時に兵営事務所に出頭せよ。階級詐称《さしょう》の罪だ」

ブライアンは暫く兵営内に監禁された。これは初めての処罰ではなかった。些細《ささい》な不服従や、少なくとも失策のかどで罰されたことは一度や二度ではなかったのである。「軍隊はだんだんとぼくの神経にさわり始めていた。本当に、ぼくは精神的におかしくなりそうだった。それがあまりひどくなったので、兵営の軍医に診てもらった。軍医はぼくを精神科の医者の所へまわした」

その精神科医はまた別の精神科医に相談し、エプスタイン二等兵が生れつき兵隊に向いていないという点で、医者たちの意見は一致した。精神的、感情的に、兵役には不適当な人物であるという診断が下された。一年後、兵役はまだ半分も残っていたが、ブライアンは医学的な理由で除隊になった。にもかかわらず、軍隊の慣例《かんれい》として、ブライアンの考査表《こうさひょう》には、いいことずくめの評価がしるされている。「まじめで、責任感が強く、充分信頼するに足る兵士である」などと。

ブライアンは自伝の中で、軍隊での失敗のことを非常に明るく描き出し、自分の力で除隊へうまく持っていったと言わんばかりの調子である。だが、本人が軍隊生活に本当に参っていたことは、疑う余地がない。

ユーストンまで走り続けて、ブライアンはリヴァプール行きの始発列車に間に合った。店へ戻ったブライアンは一所懸命働いた。ますます関心をひかれるようになったのはレコード売場の仕事だった。昔から音楽には関心があり、対象は主としてクラシックのレコードだったが、ポピュラー音楽も嫌いなわけではなかった。当時好きだったのは、たとえばエドムンド・ロスだという。

だが、それ以上に興味をひかれ始めた対象は、学校時代に好きだった芝居である。自分は家具のセールスよりも、もっと芸術的なことに向いているのかもしれないと、ブライアンは考え始めた。そしてリヴァプール劇場の公演は欠かさず見に行き、暇な時間はますます熱心にアマチュア演劇に首を突っこんだり、リヴァプール劇場の職業俳優たちと付き合ったりするようになった。ブライアン・ベッドフォードと、ヘレン・リンゼイの二人とは、殊に親しくなった。

二人の俳優は、ブライアンだって俳優になれると言った。何よりも熱心だし、感覚も悪くない。そういうことはやはり才能の一部ではないだろうか。演劇アカデミーを受けてみたら？　そこでブライアンはRADA（王立演劇アカデミー）に願書を出した。試験の結果は合格だった。

「演出家ジョン・ファーナルドの前で、ぼくは二つ朗読した。エリオットの『秘書』と、『マクベス』のセリフの抜き読みだった。どういうわけか、それ以上のテストなしで合格になった。たぶん、ぼくには学費の点で心配がなかったからだろう」

父親は当然のことながら、あまりいい顔をしなかった。役者などというものは、ドレス・デザイナーに負けず劣らず、男にふさわしくない商売の一つだったのである。長男は二十二歳にして、またもや、まともな道からそれようとしていた。しかも今度は軍隊のときと違って、自分の意志でだ。もう二度と正道には立ち返らないかもしれない。

演劇アカデミーでは、スザンナ・ヨークやジョアンナ・ダンハムと同級だった。アルバート・フィニーや、ピーター・オトゥールは卒業したばかりだった。ブライアンは演劇アカデミーの学生時代にも、チャリング・クロス・ロードのレコード店でアルバイトをした。

「ぼくはかなりいい線を行っていたと思う。ジョン・ファーナルドはぼくをずいぶん信頼してくれた。でも、ぼくは役者たちや、その社交生活がいやになり始めていた。学校生活でいい加減うんざりしたのに、七年経って、またまた別の狭苦しい社会だ。ぼくはそういう社会がいやだったし、そこに住む人たちも嫌いだった。それに、やはり遅まきだったという気もしていた。ぼくは結局のところ、ビジネスマン以上のものじゃないんだ」

ブライアンが演劇アカデミーに入った最初の日から、父親は家業に戻るように口説き続けていた。休みに帰省して、演劇アカデミーへ帰る時刻になると、いつも、このまま家にいなさいと言うのだった。一九五七年の夏休み、次の学期が始まる前に、父親はアデルファイ・ホテルで食事をしながら、またブライアンを口説いた。このたびは、ブライアンは首を縦に振った。

父親は今度はリヴァプールの中心部、グレート・シャーロット通りに新しい支店を開こうとしていたのである。ブライアンは大いにあてにされていた。ブライアンの弟のクライヴも、この頃はすでに店で働いていた。

ブライアンは助手を一人付けてもらってレコード売場の主任になった。新しい支店は、歌手のアン・シェルトンを招いて店開きをした。第一日の午前中だけで、レコード売場の売上げは二十ポンドに達した。ウォルトンの店でも、レコード売場は一週間で七十ポンドの成績を上げた。

「ぼくがこれまでに知っていたレコード屋はお粗末なものばかりだった。あるレコードが有名になると、すぐストックが切れてしまった。どんなレコードでも、たとえどんなに知られていないレコードでも必ず揃っているようにするのが、ぼくの狙いだった。

「だれか一人の客が注文したレコードは、必ず三枚ずつ取り寄せるのが、ぼくのやり方だった。一人が欲しがるものなら、きっとほかにも欲しがる客が現れるだろうと踏んだのだ。『ベビー誕生』というLPでさえ、一人の客が注文したので、ちゃんと三枚取り寄せておいた」

もし在庫がなかった場合の注文は大いに歓迎された。配達もいやがらずに引き受けた。ブライアンは、どのレコードが品切れであるかを見るための、単純だが天才的な指標《しひょう》を考案した。指標というのは、一つ一つのフォルダーの内側に取り付けた紐である。その紐が垂れ下がっていると、レコードを取り寄せる必要は一目で分る。これが一日に何度も点検され、即座にレコードの入れ替え、または再注文がなされるのだった。

そしてまたブライアンは、NEMSで売れたポピュラー盤のベストセラー一覧を作った。これは日に二度ずつ取り替える。この一覧表は客の興味をひき、レコードを買う上で参考になるばかりではなく、どのレコードを大量に発注《はっちゅう》すべきかをブライアン自身に教えるのだった。

「あんなに働く人は見たことがありません」と母親は言う。「ブライアンは自分を充分に発揮できる仕事に生れて初めてめぐり逢ったように見えました」

ブライアンもそれに同意した。「本当に、ぼくは猛烈に働いた。あとにも先にも肉体的にあんなに働いたことはなかった。朝は八時から仕事を始めて、夜遅くまで続けた。日曜にも店へ出て、一日中、注文にかかりきりだった」

開店から二年後の一九五九年に、グレート・シャーロット通りのNEMSは、ポピュラーとクラシックのレコード売場を建物の二つの階に拡張した。店員は最初の二人から三十人にまで膨張していた。あまりにも事業がうまくいくので、リヴァプールのショッピング・センターのど真ん中のホワイトチャペルに、NEMSのもう一つの支店を出すことが決った。新しい支店は開店の日にアンソニー・ニューリーを呼んだ。ブライアンはデッカの販売部を通じて、この歌手に交渉したのだった。開店の日の群集の数は、地元のサッカー・チームが優勝して帰る日の人出に比較された。一ポピュラー歌手のためにこれだけ人が出たのは、リヴァプールでは未曾有《みぞう》のことだった。

二つの支店はどちらも繁昌し、拡張された。一九六一年の八月頃、リヴァプール市中心部のホワイトチャペルとグレート・シャーロット通りにある二つのNEMSレコード売場は「この地方で最良のレコードを取り揃えて」いると、ブライアンは自慢している。この自慢は、「マージー・ビート」の一九六一年八月三十一日号の広告に現れた文句である。ブライアン自身は、ポピュラー音楽のファンではなかった。その頃、好きだった作曲家はシベリウスだという。だが利口な商売人として、ブライアンは「マージー・ビート」紙の隆盛《りゅうせい》とその宣伝効果に注目したのだった。

同じ号から、ブライアンは「新発売のレコード」という欄を担当し始めている。その記事には「NEMSのブライアン・エプスタイン」と明記してあった。ブライアンはこの記事で新発売のジャズやポピュラーのレコードを批評している。このコラムの第一回で、筆者は「ザ・シャドウズの人気は絶え間なく上昇しつつある」と書いた。これを読んで、ビートルズはさぞかしげんなりしたに相違ない。

この記事は、ブライアンにしてみれば、無料《ただ》で自分の店を宣伝することになり、同時に特定のレコードを強力に売る上での助けになった。だが、この男を起用したことは、「マージー・ビート」紙のほうもなかなか利口だった。演劇アカデミーに失望し、そこを去って以来の四年間に、ブライアンはこの地方のレコード販売業界の第一人者になっていたのである。つまり、ブライアンの名前と実績は「マージー・ビート」紙に重みを加えたのだった。

けれども、まもなくブライアンは事業の拡張が限界まで来てしまったことを感じ始める。少なくともレコードの面では、マージーサイドには征服すべき未開地は大して残っていなかった。一九六一年の秋頃から、倦怠《けんたい》と不満が再び忍び寄ってきた。それを敏感に感じとったことを、母親は記憶している。

「あの子は外国語の勉強を始めました。スペインとスペイン語にひどく興味を持ったようです。それから、アマチュア演劇にもまた関係するようになりました」

有望なレコード店を二つもこしらえておいて、またもやどこかへ行ってしまうのかと、父親はもちろん心配でたまらなかった。

ブライアン自身も、この何かしら新しいものが欠けているという感じ、事業に倦怠したという感じを明瞭に覚えていた。けれども、当時のブライアンの三人の親友たちは、その点でブライアンが悩みを訴えたことはないと言う。三人が覚えているのは、ブライアンの別種の悩みである。

ホワイトチャペルの店が順調にいったので、ブライアンはそれまでよりも友達付き合いに多くの時間を割くようになっていた。学校友達のジェフリー・エリスとは、家が近くなので、しょっちゅう逢っていた。ジェフリーはエルスミア・カレッジというパブリック・スクールへ行き、その後オクスフォードで法律を学んだのである。ジェフリーの話によれば、ブライアンは学校時代、非常に内気で、優柔不断《ゆうじゅうふだん》だった。だが、ジェフリーはオクスフォードを出てから、ニューヨークの保険会社で働くことになり、二人の交際は数年間絶たれたのだった。

もう一人の友人テリー・ドーランは、またがらりと経歴の違う人物である。セカンダリー・モダン・スクール（進学ではなく実用科目を重視する中等学校）卒のテリーは今まで車のセールスマンであり、リヴァプール人らしい機知《ウィット》と芝居っ気の持ち主だった。「一九五九年にリヴァプールのパブで、ブライアンと知り合った。おれは奴に一目惚れしてね」

ジェフリーとテリーは、少なくとも当時はブライアンの仕事とは無関係な、ただの遊び友達だった。だが、三人目の友人、ピーター・ブラウンは同業者だった。ピーターはやがてブライアンの最も親しい友人になるのである。

ピーターはベビントンに生れ、カソリック系のグラマー・スクールを出てから、初めにリヴァプールのヘンダースンという店で、続いてルイスという店で働き、ルイスの店のレコード部の主任になった。

ブライアンはホワイトチャペルにNEMSの新しい支店を出すにあたって、ピーターにシャーロット通りのレコード売場の主任になってくれと頼んだ。ルイスの店でのピーターの給料は週十二ポンドだった。ブライアンは十六ポンドにコミッションを足すと言った。これはピーターにしてみれば大金だった。

「まもなくブライアンの猛烈に能率的な注文システムをいやというほど味わった。六時の閉店時刻のあとも、われわれは発注の仕事を続けなければならなかった。それは四十分から一時間もかかった」

テリーはその仕事のあいだ、延々と待たされたことを覚えている。いつもブライアンは、仕事が終ったら逢おうと約束するのだった。「パブで一杯飲みながら待つんだが、そのうちに看板になっても、おれは一人でまだ待っていたりしてね」

ホワイトチャペルの店の開店は少し遅れ、ピーターは数カ月間、シャーロット通りの店でブライアンと一緒に働かなければならなかった。「売場の主任というのはむずかしい仕事だけれども、ボスがうしろに立っているのはなおさらやりきれない。静かなる喧嘩という感じだったね。われわれはまだ仲のいい遊び友達だったけれども、ビジネスマンとしての私に彼は失望したんじゃないかと思う。

「彼は店員にメモを渡すのが好きでね。店員が小人数だった頃からそうなんだ。それにしても彼の在庫コントロールのシステムは本当にすばらしかった。そのシステムのおかげで、ベストセラーのレコードが品切れになることは滅多になかった。EMIの社員が、お宅は北部地方で最大の売上げですと、よく言っていた」

自分は女にもてないというのは、ブライアンの昔からの誤った信念だった。だがちょうどこの頃、自分の店の女店員、リタ・ハリスと、ブライアンはデートを重ねるようになった。「リタが自分に惚れているということに彼は長いこと気がつかなかったんだ」と、ピーター・ブラウンは言う。「みんなでよくチェシャーへ食事に行った。リタと、ブライアンと、私と、ほかにも一人二人いたかな」

これはブライアンの女性との唯一の真剣なロマンスであったけれども、事はそれ以上には少しも進展しなかった。

ブライアンの恋愛関係はいつも不幸な結果に終ったように見える。ほかにも激しい情事を持ったことは何度かあったが、それが長続きすることは滅多になく、そのことがまたブライアンの悩みの種だった。性的にブライアンは決して自分自身と折合いがつかなかったのである。だが、ブライアンは、自分はこういう人間なのだと決めてかかって、決してそれに逆らおうとはしなかった。しかし時にはほとんど自己破壊の域にまで悩みが深まることもあった。「彼はリヴァプールでは本当に孤独だった」と、ピーターは言う。「出掛けて行って心から楽しめる場所がほとんどないと言っていた。よくマンチェスターまで遠出したものだ。ブライアンとテリーと私は、土曜の晩はたいていマンチェスターへ行った。

「不幸な情事と、もう一つ、ユダヤ人であることが、彼のコンプレックスになっていた。私の考えでは、彼はありもしない反ユダヤ主義を邪推《じゃすい》する傾向があったと思う。もしかすると、それはユダヤ人意識ではなかったかもしれない。地方都市で成功したユダヤ人の家具屋の息子という、彼が本当は好きではなかった環境の一部に自分が入りこんでしまったということ、それなのだ。彼の本当の心は芸術的なもの、美的なものに向いていたのだと思う。

「しかし、もちろん、彼は意識すれば良きビジネスマンになることができた。そして突然ケチになり、僅かの金を出し惜しんだりするのだった。金のことでは、われわれはよく喧嘩した。でもそれは時たまの話でね。普段《ふだん》の彼は恐ろしく気前のいい浪費家だった」

この段階におけるブライアンの性格や関心の複雑さを誇張して語るのはたやすいことである。両親はブライアンのそうした悩みをほとんど知らなかった。ただ母親は、ＮＥＭＳの二つの支店が繁昌したあとで、ブライアンがなんとなく落着きを失い、何か新しいものを求め始めたことを記憶にとどめている。

一九六一年秋、ブライアンは五週間のスペイン旅行という長い旅に出た。私生活と事業の両面での幽《かす》かな挫折感が、その旅にはつきまとっていた。それはたぶん深刻なものではなく、ただ何かが満たされぬという感覚にすぎなかったのかもしれない。かつて軍隊時代に悩んだように深刻に悩むには、過去四年間のＮＥＭＳの生活はあまりにも忙しすぎた。一部の人が、ブライアンを、金持の甘やかされた哀れな青年と見たことは事実である。しかし大部分の人が見る限りでは、ブライアンは家族に愛される魅力的で陽気な青年であり、仕事熱心な男であった。

だが生活を満たすべき何か新しいものが必要だとブライアンが感じていたことは明らかで

あり、それはできれば何らかの点で芸術的なことであることが望ましかった。演劇アカデミーはそのような意味での一つのはけ口だったが、そこでの生活に失敗してから、ブライアンの芸術的渇望《かつぼう》はせき止められていた。しかし芸術的嗜好が芸術的才能より大きい場合、この芸術的性向《せいこう》というものの潜伏《せんぷく》の度合はきわめて根深いのが普通である。

これが一九六一年十月二十八日のブライアン・エプスタインだった。年は二十七。挫折した学生であり、成功した家具店の店員であり、挫折した兵士であり、成功したレコード店の店員であり、挫折した俳優であり、成功したレコード店の支配人だった男。そのとき一人の客が店に入って来て、ビートルズのレコードを下さいと言った。

16 ブライアン、ビートルズと契約する

エプスタイン御自慢の在庫指標システムは打ち破られた。ぶら下がっているちっちゃな可愛らしい紐はなんの役にも立たなかった。『マイ・ボニー』というレコードのことも、ビートルズというグループのことも初耳であると、ブライアン・エプスタインは認めなければならなかったのである。

ブライアンがビートルズのことを知らなかったのは、奇妙といえば奇妙だった。なんと言おうと、それまでにすでに何カ月間も「マージー・ビート」紙に広告を出し、レコード欄を担当していたのであるから、ビートルズという名前に紙面でぶつからなかった筈はない。しかし、「マージー・ビート」紙にたいするブライアンの関心は純粋に職業的なものであり、ただの広告媒体《ばいたい》としてしかブライアンはこの新聞を見ていなかったのだった。

ブライアンの商品はレコードであるから、彼の関心はレコードを出したグループにのみ向けられていたのだろう。「マージー・ビート」紙に書かれているようなグループで、レコードを出したものは一つもなかった。してみれば、ブライアンがビートルズを知らなかったことは無理もないと言える。

リヴァプールでビート・グループやビート・クラブが盛んなことはブライアンも知っていた。しかし個人的にはそういうものに関心がなかった。二十七という年で、今更コーヒー・クラブやビート・グループでもないだろう。それに過去五年間は商売に忙しく、芝居以外には遊び歩く暇はほとんどなかったのである。

だが客の言った新しいレコードを知らなかったことは口惜しかった。どこのどんなグループだか知らないが、そのグループがもし一枚でもレコードを出したのならば、彼ブライアンがそれを知らぬ筈はないのである。そこでレイモンド・ジョーンズの頼みに応えて、そのレコードを取り寄せることをブライアンは約束し、メモに書きつけた。「マイ・ボニー。ビートルズ。月曜に調べること」

レイモンド・ジョーンズは、そのビートルズのレコードはドイツで出たものだということも言ったのだった。それならそれで調べようがある。ブライアンは外国のレコードの輸入をやっている二、三の業者に電話してみた。だが、だれもそのレコードの在庫があるとは言わなかったし、だいたいそういうレコードを輸入した覚えもないという。

「そこであきらめてもよかったのだが、どんな客の頼みもしりぞけてはならないというぼくの鉄則があった。

「しかも、ぼくの全然知らないレコードを二日間に三人も買いに来るとは一体どういうことなのかと、好奇心をそそられた。月曜日の朝、ぼくが問い合せを始める前に、二人の女の子が同じレコードを買いに来たのである」

リヴァプールの各方面に問い合せてみた結果、ビートルズはドイツのグループではなくイギリスのグループであり、しかもその出身地はリヴァプールだと分って、ブライアンは茫然とした。

そこで店の女店員にビートルズのことを訊いてみた。女店員たちは答えて、ビートルズはすてきだと言った。そしてブライアンが二度びっくりしたことには、ビートルズはこの店に来たことがあるという。午後など、それと知らずに、ブライアンは幾度となくビートルズと対面していたのである。

「いつか、カウンターのあたりを徘徊《はいかい》して、何も買わずにレコードを聴いてばかりいた連中のことで、ぼくはぶつぶつ言ったことがあるが、その連中がビートルズなのだと、女店員の一人は教えてくれた。その連中は革ジャンパーを着たむさくるしい男の子たちだった。しかし悪い人たちじゃないと女店員たちが口を揃えて言うので、ぼくはその連中を追い出さなかったのである。とにかく、連中は昼すぎにぞろぞろ店へ来ていたのだった」

ブライアンは自身キャヴァンへ出掛けて行って、ビートルズとそのレコードについて詳しい知識を仕入れようと決心した。なんと言っても地元のグループだから、もし面白いものであるならば、レコードを直接ドイツから取り寄せる価値もあると思ったのである。

「ぼくはキャヴァンの常連ではなかったし、ティーンエイジャーばかりのクラブへ行くのは恥ずかしかった。ひょっとしたら入れてくれないのではないかとも思った。そこで『マージー・ビート』紙に電話をかけて様子を訊ねた。『マージー・ビート』はキャヴァンに連絡して、ぼくが行くことを伝えておいてくれた」

一九六一年十一月九日の昼の演奏時間に、ブライアンは初めてキャヴァン・クラブを訪れた。「そこは暗く、湿っぽく、妙な臭いがして、ぼくは来たことをすぐ後悔した。音は耳をつんざくばかりの凄まじさで、拡声器は主にアメリカのヒット曲を流していた。そのレコードを聴きながら、キャヴァン・クラブとうちの店のベストセラー一覧表とを、なんとか結びつけることはできないだろうかと考えたのを覚えている。

「そのうちにビートルズが舞台に出て来て、ぼくはここで生れて初めて彼らを見た。彼らの服装はあまりきちんとしていなかったし、清潔でもなかった。しかも演奏しながら煙草を吸ったり、ものを食べたり、お互いにお喋りをしたり、殴り合いの真似をしたりした。あるいは聴衆に背を向けたり、聴衆をどなりつけたり、自分たちの冗談にげらげら笑ったりした。

「しかし客の興奮の凄まじさは確実だった。彼らは一種の磁力を発散しているように見えた。ぼくはすっかり魅せられてしまった」

特にブライアンを魅了したのは、一番大声で叫んだり飛び跳ねたりしたジョンだった。その日はだれがだれやら分らなかったが、のちにそう判明したのである。ブライアンはジョンから目を離すことができなかった。

だが、ブライアンは見物に来たのではなく、ビジネスのために来たのだった。キャヴァンのディスク・ジョッキーのボブ・ウーラーは、ＮＥＭＳのエプスタイン氏が見えています、みなさん歓迎してあげて下さい、とマイクで放送した。

ビートルズに声の届く距離までブライアンが接近したとき、この放送が役に立ったのである。「ぜんたい、エプスタイン氏がなんの用事でここへ来たんだ」と、ジョージが少し皮肉な調子で言った。ブライアンは説明した。実はあなた方のドイツで出たレコードを買いに来た客がいるのだが、それを出した会社の名前が分らない。教えてもらえないだろうか。ポリドールだ、とジョージは言った。このブライアンとのやりとりを、ジョージは漠然としか覚えていない。ほかのメンバー——ジョンや、ポールや、ピート・ベストは、ブライアンが来たことさえ全然記憶していない。

若者たちの中へ入っていくことの照れ隠しに、ブライアンは自分の店の助手を一人、キャヴァン・クラブへ連れて行ったのだった。その助手はアリステア・テイラーといい、NEMSのカウンターで働いていたが、同時にブライアンの秘書をも務めていた。直接注意を与える代りに店員たちにメモをまわしたりするなど、ブライアンは支配人らしい格好をつけることが好きだったのである。

自分の考えをまとめるのに、ブライアンは暫くの時間を必要とした。「ぼくの関心はレコードを売ることだけだった。それなのに、二、三週間のあいだ、ぼくはただビートルズを聴いたり見たりするためにだけ、キャヴァンに通っている自分に気づいて愕然とした。それから、関係の業者に、グループのマネージャーというのはどういうことをすればいいのか、と訊ねたりした。もし万一、マネージャーになるとすれば、グループとどういう契約を結べばいいのかを訊いたのだ」

訊ねられた業者たちは、マネージャーの仕事についてはそれほど詳しくなかった。いずれもレコードの制作ではなく、販売にたずさわる人たちだったからである。だが純粋に販売上の仕事でロンドンを訪れた際、ブライアンはオクスフォード通りのHMVの総支配人や、キース・プラウスの店の支配人などに逢って、その件につき詳しい話を聞いたのだった。

そのほかには、ドイツのレコード会社に連絡して、『マイ・ボニー』を二百枚注文した。「ぼくはビートルズに魅了されていたから、その二百枚全部を売る仕事に賭けても悔いはなかった。

「今にして思えば、これはただレコードを売るだけの仕事に飽きていたためなのだろう。ぼくは新しい趣味《ホビー》を探していたのだ。こちらはそんなこととは全然知らなかったし、彼ら自身も気づかなかっただろうが、ビートルズのほうもリヴァプールにいくらか飽きがきていた。発展することを、何か新しい仕事を始めることを望んでいた。

「昼の演奏時間に、ぼくは彼らと言葉を交すようになった。『ゆうべ来ればよかったのに』と、ある日ポールが言った。『ゆうべはサイン会をやったんです。ぼくは女の子の腕にサインしましたよ』ビートルズの華やかな瞬間を、ぼくはどうも見逃しがちである」

ビートルズの現状がマネージャーを必要としていることを、ブライアンはまもなく見てとった。またアラン・ウィリアムズが一時ビートルズと関係していて、最初のハンブルク訪問を世話した事実も知った。「そこでアラン・ウィリアムズに逢いに行くと、アランは言った。『ああ、あの連中はいい子たちだが、ただ背負い投げをくわないように気をつけたほうがいいよ』」

一九六一年十二月三日、ブライアンはホワイトチャペルの店の事務所へビートルズの一同を招待した。まだ確たるプランができていなかったので、名目はただのお喋りの会ということだった。

その第一回の会見の前にも、両者は何度か逢っていたが、ビートルズ側にはブライアンのことがよく分っていなかった。ブライアンは単なる行きずりの人物に等しかった。この会見以前のブライアンを、ビートルズのメンバーはあまりよく記憶にとどめていないようである。「彼は金持の実務家に見えた。それだけしか覚えていない」と、ジョンは言う。ジョージには、相手は支配人タイプに見えた。ポールは、ブライアンの乗りまわしていたゾディアックに強い印象を受けた。それやこれやで、逢ってみようということになった。

その第一回の会見に、ビートルズはボブ・ウーラーを連れて行くことに決めた。自分たちが完全に孤立しているのではないことを誇示するためである。ジョンはボブ・ウーラーを自分の父親だと紹介した。だが何カ月か後には、ボブがジョンの父親ではないことをブライアンは見破った。それだけではなく、ジョンが自分の父親の行方さえ知らないこともまもなく分ったのである。

ジョンとボブ・ウーラーは約束の四時半ぴったりに到着した。ジョージとピート・ベストも現れた。だが、ポールは姿を見せなかった。三十分も経つと、ブライアンはいらいらし始め、ジョージにポールを電話で呼んでくれと頼んだ。電話をかけて戻って来たジョージは、ポールは今風呂に入っていると言った。「それはひどい」と、ブライアンは言った。「じゃ、よほど遅くなりますね」「遅くなるでしょうね」と、ジョージは言った。「でも清潔になって来ますよ」

ポールがようやく来たので、一同はビートルズの将来について話し合った。各メンバーは何をしたいのか、どんな条件なら受け入れる用意があるのか。だが、だれ一人として、こういう場合にどんな契約書を作ったらいいのかを知らなかった。

そこで次の水曜日にもう一度話し合うことになった。それまでにブライアンはレックス・メイキンという友人の弁護士に相談した。ブライアンは法律上の助言のみならず、激励をも求めていたのだった。「ああ、なるほど」と弁護士は言った。「またきみの気紛《きまぐ》れが始まったな。今度はいつまで飽きずに続けるつもりかね」

次の水曜に一同はまた寄り合い、ブライアンは今度ははっきりとマネージャーになりたい意志を表明した。そして二十五パーセントを要求した。ビートルズ側は、二十パーセントにしてはどうかと言った。ブライアンは、宣伝その他に費用がかかるから、五パーセントはどうしても必要だと言った。当分は赤字を覚悟でやるのだとも言った。

契約書の署名は、次の日曜日、ピート・ベストの自宅でありビートルズの根拠地であるカスバ・クラブで行なわれた。ビートルズのメンバーの一人一人は、アリステア・テイラーの立会いの下に署名した。ブライアンは署名しなかった。

「まるで間が抜けていた」と、アリステアは言う。「私は立会人としてブライアンの署名の隣に署名しなきゃならない。一人で署名するのは、いかにもお人好しみたいな感じだった」

ブライアンは契約書に遂に署名しなかった。「ぼくはぼくがやるつもりのことを約束した。それで充分だった。ぼくは契約書の条件を守るのだから、それに署名しなかったことについて文句を言う者は一人もなかった」

ビートルズがブライアンをマネージャーにしたのは、たぶん彼の容貌のせいだろうと、ブライアン自身は言っている。「ぼくには金があり、車があり、レコード店があった。それはもちろん計算に入っていただろう。しかしそれ以外に、彼らはぼくを好いてくれた。

「ぼくは彼らの資質というか、一種の風格ゆえに、彼らが好きだった。彼らには信じられないほどの好ましさがあった」

ブライアンの両親は、何かが起りかけていることを感じとった。一週間ほどロンドンに旅行して、帰って来ると、ブライアンは両親を待っていた。

「このレコードを聴いて欲しい、とブライアンは言いました」と、母親は言う。「それは『マイ・ボニー』でした。歌ではなく、伴奏を聴いて、とあの子は言います。そしてこの伴奏グループは今に大ヒットするから、ぼくはマネージャーになるんだ、と宣言しました」

父親が口を切るより早く、ブライアンは付け足して言った。もちろん、これはただのアルバイトみたいなものだけれども、店の仕事に少し食いこんでも構わないでしょう?

父親はさして驚かなかった。ブライアンはまたしても何か新しいものに夢中になっている。しかし今回はそれがリヴァプールのことであるだけが救いだった。

ブライアンはビートルズのマネージメントのために新しい会社を起すことを決意し、レコード店の名を借りて、それをNEMSエンタープライズと名づけた。「これは上手な命名だった。一見NEMSと同一の会社のようにして経営できるからだ。何年かあとに、レコード店のほうのNEMSを売ったとき、話は少々ややこしいことになったが」弟のクライヴはNEMSエンタープライズの創立に参加した。「それは半ばは、もっと儲けたいという気があったからだが、クライヴにこういう仕事に興味を持たせて、ぼくの手伝いをさせたいというつもりもあった」

ビートルズの三度目のハンブルク旅行は、ブライアン・エプスタインが現れる以前からほとんど決っていたことだった。二度目のハンブルク行きから帰って来た直後、トップ・テン・クラブのペーター・エックホルンと、ほかのクラブのマネージャーたちが何人かで、タレント探しにリヴァプールへやって来たのである。

ビートルズはいずれトップ・テンに出演することをペーター・エックホルンに約束したが、その詳しい話をしようと再度リヴァプールに現れたペーターは、今やブライアン・エプスタインというマネージャーにぶつかった。

「ブライアンは私が申し出たよりも遥かに多額を要求した」と、ペーター・エックホルンは言う。「私はジェリーとザ・ペイスメイカーズに口をかけてみたが、そっちの話もまとまらなかった」

結局、ペーター・エックホルンは唯一の収穫として、一人のドラマーを連れてハンブルクへ帰った。そのドラマー、リンゴ・スターの仕事は、トニー・シェリダンの伴奏だった。

まもなくハンブルクのほかのクラブの支配人たちが現れて、もっといい条件を出した。ブライアンは結局、ハンブルクでスター・クラブという新しい店を開いたばかりのマンフレッド・ワイスリーダーの申し出を受けた。それはほかのどのクラブよりも大きくて設備の整ったクラブだった。条件は週に四百マルク、すなわち約四十ポンドである。トップ・テンの出した条件は週三百マルクだった。

それは非常に良い条件だったが、それより何カ月も前に、ブライアンは地元リヴァプールでのもっと有利な条件を獲得していた。すなわち、一晩十五ポンド以下では絶対に演奏しないというルールを作ったのである。

だが、ブライアン・エプスタインが最初に着手した最大の仕事は、ビートルズの近代化だった。運営、衣裳、舞台マナーの近代化である。

ブライアンは真っ先にピート・ベストから出演契約の仕事を取り上げ、それを合理的で能率的なベースに乗せた。そして出演の時間と場所をメンバーの一人一人に正確に覚えさせた。

「ブライアンは指示の一つ一つをきちんと紙に書いた。それはいかにも本格的な仕事という感じだった」と、ジョンは言う。「彼が来るまでのぼくらは、白昼夢《はくちゅうむ》の中を動きまわっていたようなものさ。自分たちが一体何をしているのか、どこへ行くのか、全く無我夢中だった。ちゃんと紙に書いて命令が与えられると、実に本格的な感じだったよ」

ブライアンの指令は、彼の頭文字BEを小ぎれいに刷りこんだ用箋に、きちんとタイプで打ってあった。そのほかにも、服装をきちんとすること、演奏中に煙草を吸ったり、ものを食べたり、チューインガムを嚙んだりしないことなどが、申し渡された。

「ブライアンはぼくらのイメージを清潔にしようと努力した」と、ジョンは言う。「まず服装がなってないと言われてね。そんな格好じゃ、まともな場所には入れないと言う。それまでのぼくらは舞台でも、そのほかの場所でも、着たいものを着ていただけだったからね。ブライアンはさんざん口説いた末に、とうとうぼくらに背広を着せた」

　ブライアンはまた、従来は行きあたりばったりだった舞台の進行を合理化した。「ちゃんとしたプログラムを作って、その場で思いついた曲を弾くのではなく、いつもベスト・ナンバーを演奏しなきゃいけないと、ブライアンは教えた」と、ピート・ベストは言う。「舞台の近くにいる連中とふざけ合っていて、客席のうしろのほうにいる七、八百人の客には何が何やら分らない、という状態ではいけない。厳密なプログラムに従い、それを乱してはならないと、ブライアンは言った」

　こうして事態は一変し、全く違った道が行手に開けた。のちにジョンは自分たちが洗練された姿になったことを少々悔むのである。なぜなら、それは本当の自分たちではなかったし、本当のジョンでもなかった。しかし、ジョンはその道を歩んだ。当時としては、それ以外に道はなかったのだった。

「ベスト・ナンバーを演奏することはきわめて当然だった」と、ジョンは言う。「たとえば新聞記者連中とか、いかにも目をかけてやるぞと言わんばかりの俗物連中の前では、ぼくらは上品に見せなきゃならなかった。そして時には、御親切を感謝しますとばかりに適当に調子を合せなきゃならなかった。そういうことについては、ぼくらは全く二重人格だった。「売りこみはただの遊びだった。ぼくらはよく地方新聞や音楽新聞の事務所をまわって歩いて、連中にぼくらのことを記事にしてくれと頼んだ。しなきゃならないことだから、しただけの話さ」

自分たちを知ろうとしてくれない連中、うやむやに、時には公然と面会を拒絶する連中のことを、ビートルズは仲間内ではあざ笑っていたが、それでもさまざまな偏見《へんけん》に傷つけられることは多かった。

「あの頃よく聞かされた決り文句はこうだ」と、ポールは言う。「『あんた方、どこの人だ？リヴァプール？　あそこじゃ駄目だ。田舎だよ。ロンドンへ出なくちゃ。リヴァプールで出世した人なんていないぜ』こういう決り文句を何年間も聞かされたものさ」

だが、ブライアンはビートルズをロンドンでも受け入れられる存在とするべく、懸命の努力を続けた。「しかし、ぼくは彼らを変えはしなかった。ぼくは、すでにあったものを突出させただけだ。すでにあったものとは、彼らの風格である。舞台の上の彼らには、曰く言いがたいフィーリングがあった。だが、それは演奏中に煙草を吸ったり、ものを食べたり、最前列の客に話しかけたりすることで損われていた」

ブライアンはマネージャーになることを決心したとき、当然ビートルズの両親たちに逢わなければならなかった。両親たちは、それまでの息子たちの友人連中とは違った、ブライアンの礼儀正しさと財産とに深い感銘を受けた。

ジョンのミミ伯母さんだけが、多少のためらいを見せたようである。ビート・グループにまつわるすべてを信用しなかったミミ伯母さんとしては、ほかのだれよりもブライアンに深い感銘を受けたに違いないのだが。

「初めてブライアン・エプスタインのことを聞いたとき、私はなんとなく不安でした。あの人個人についてではありません。でもブライアンはたいへんなお金持でしょう。あの人にしてみればビートルズはただの珍しいおもちゃで、ジョンたちが沈もうが浮ぼうが、どうでもいいんじゃないか。ほんとに親身になってくれないんじゃないかしら、と思ったんです。

「逢ってみると、ブライアンはとても魅力的な人でした。その後も、逢うたびにそう思いました。でも初めの頃は、そんなことを心配したんです。きっと長いこともたないわ、二カ月も経てば、この人はジョンたちに飽きて、ほかのことに手を出すんじゃないか。ジョンたちはまともなこと一つしないうちに放り出されるんじゃないか、なんて」

17 デッカとピート・ベスト

初めからブライアン・エプスタインはレコード業界の地位を利用した。「この地方で最良のレコードを取り揃えた」店の支配人として、できる限りの圧力を各方面にかけたのである。それは初めから効力を発揮した。デッカ・レコードが興味を示したのである。

デッカとブライアンとの関係は、もちろん販売面だけでの付き合いだったが、非常にうまくいっていた。そして紹介状が課から課へとまわるうちに、スカウト係がリヴァプールへ来るという約束を取りつけることができた。ブライアンの宣伝の真偽《しんぎ》を確かめに来るというのである。

デッカ社のマイク・スミスは、約束通り、一九六一年の年末近く、リヴァプールへやって来た。最初の成功である。ブライアンは有頂天《うちょうてん》になった。「なんというチャンスだろう！スカウトの人がキャヴァンへ来たのだ」

マイク・スミスは感銘を受けた。ビートルズの音はなかなかいいと言い、ロンドンのデッカ・スタジオでオーディションを受けさせるように手配しようと、約束した。ただ演奏を聴き、録音にたいしてどう反応するかを見るための、この種のオーディションは、実は大した意味を持たなかった。しかしブライアン・エプスタインや、ビートルズや、リヴァプールにとっては、それは重大な意味を持っていた。

オーディションは一九六二年一月一日に行なわれることになった。ブライアンは汽車でロンドンへ発った。ビートルズの四人――ジョン、ポール、ジョージ、ピート・ベストは、大晦日《おおみそか》にロード・マネージャーのニール・アスピノールの運転する車で出発した。

「わざわざ大型車を借りてね。ぼくはそのときはまだロンドン方面へ行ったことがなかった。結局、着くまでに十時間もかかり、ウルヴァーハンプトン（バーミンガム近郊）あたりの雪野原で道に迷ったりした。

「夜の十時頃ロンドンに着いて、ラッセル・スクエアの近くのロイヤル・ホテルを見つけた。それから飲みに出た。まず食事をしようとチャリング・クロス・ロードの一軒の店に入った。傍若無人《ぼうじゃくぶじん》にどやどやっと入って行って腰を下ろすと、スープ一杯が六シリングだという。ふざけちゃいけねえよ、とぼくらは言った。店のおやじは、出てってくれと言う。仕方がないから出て来た。

「トラファルガー広場じゃ、大晦日の夜の酔っぱらいが噴水の中に落っこちたりしていた。それからシャフツベリー通りで、当時のぼくらはまだ分らなかったんだが、薬に酔っている二人の男に逢った。マリファナ・タバコを持っていたが、それもぼくらは初めて見た。ぼくらはまだ子供だったんだね。ぼくらに車があると分ると、そこで吸ってもいいかと言う。こっちはすっかりブルって、駄目、駄目、駄目！　と言った」

翌朝、ブライアンは真っ先に、約束の時刻にデッカ・スタジオへ行った。「デッカの連中がなかなか来なかったので、ぼくはジリジリした。早くぼくらの歌を録音してもらいたかったからではなくて、ぼくらがいい加減に扱われているという気がしたからだ」

ようやくビートルズの順番が来た。傷だらけの古めかしいアンプを見て、デッカの係員はそれを片付けてくれと言った。「われわれの道具は必要じゃなかったんだ」と、ニールは言う。「向こうのアンプを使わなければならなかった。リヴァプールからはるばる運んで来ることはなかった」

演奏が始まり、ジョージが歯切れよく『ザ・シーク・オブ・アラビ』を歌った。ポールは『夕日に赤い帆』と『ライク・ドリーマーズ・ドゥ』を歌ったが、少々上がり気味だった。自分たちの曲はたくさんあったのに演奏しなかった。ブライアンがスタンダード・ナンバーをやるように主張したからである。

「みんな相当上がっていた」と、ニールは言う。「ポールは片方の曲なんか歌えなくなったほどだ。上がっていたので、声が割れた。それにみんな赤ランプが気になって仕方がなかった。あれを消してもらえませんかと頼むと、消すと人が入って来るから駄目だと言われた。は？　とぼくらは訊き返した。意味が全然分らなかったんだ」

オーディションは午後三時に終り、関係者一同はきわめて満足したように見えた。「立派だったと、マイク・スミスは言ってくれた」と、ピート・ベストは言う。「だからこれはきっと合格だと思った。ブライアンはその晩ぼくらをスイス・コテージへ食事に連れて行った。そして葡萄酒を注文したが、どういうものか、それは最後まで出て来なかった」

数週間経ったが、何事も起らなかった。ビートルズは相変らずマージーサイドのいろんな場所で演奏を続けていたが、デッカが何か大きな仕事を持って来てくれることを期待していた。何度か問い合せた末、やがて三月になって、ブライアンはデッカ社のマイク・スミスの上役のディック・ロウから、ビートルズのレコードは出さないという決定を聞かされた。

「サウンドが気に入らないという。ギターのグループはもう流行遅れだと言われた。ぼくは、この連中はエルヴィス・プレスリー以上の大物になると信じています、と言ってやった」

リヴァプールで立派なレコード店をやっているのだから、そのほうに精を出したらどうだろうか、とブライアンは忠告された。そしてまた、どうしてもレコードを作りたいのなら、百ポンドも出せばスタジオを借りて録音技師を雇うことができると教えられた。ブライアンはそれについて一、二日じっくり考えた。だが、それは結局向こうが気の毒に思って言ってくれたことであり、そんなことをしても金の浪費《ろうひ》にすぎないと結論を出した。

「デッカは結局もっと洗練されたものを求めていたのだと思う」と、ジョンは言う。「ぼくらはただのオーディションに呼ばれただけだった。向こうにはぼくらの可能性が分らなかったんだ」そのあとは、主なレコード会社をめぐる長い憂鬱な日々が続いた。パイ、コロンビア、HMV、EMIなどが、順番にことわってきた。ほかの小さな会社もノーと言った。

「デッカにことわられたことを、ぼくは一番最後に聞いた」と、ピート・ベストは言う。「ジョンとポールとジョージは、ぼくより先に知っていた。何週間も前から知っていたことを、ある日ふと洩らした。なぜぼくに教えてくれなかったんだ。きみをがっかりさせたくなかったからさ、と三人は言った」

失望と、今に何かいい結果があるという非論理的な楽天主義とのあいだで、一同は揺れ動いていた。

「ぼくらはブライアンと何回かちょっとした喧嘩をした」と、ジョンは言う。「おれたちは仕事をしているのに、あんたはなんにもしていないじゃないか、と言ったんだ。それはただそう言ってみただけで、彼がどんなに一所懸命やっているかはよく分っていた。問題はぼくら対彼らだったんだ」

「よくライム・ストリート駅でブライアンを待っていた」と、ポールは言う。「まず電話をかけてきて、逢おうと言うんだ。これはきっといい話だなと思って行くと、彼は書類のいっぱい詰まった鞄《かばん》をかかえて電車から下りてくる。それからみんなで、パンチ&ジュディという喫茶店に入って、コーヒーを飲みながら、パイあるいはフィリップスあるいはほかのレコード会社にことわられた話を聞いた」

「でもぼくらは売れっ子になる夢を捨てなかった」と、ジョージは言う。「目新しいことが何もなくて沈滞したとき、ぼくらはよくこんな問答をやった。まずジョンが叫ぶ、『諸君、われわれはどこへ行くのか』するとぼくらが叫び返す、『トップに躍進するんだ、ジョニー』ジョンはまた叫ぶ、『トップとは？』『一番上の最高のそのまた上のことさ、ジョニー！』」

NEMSでブライアンの助手をしていたアリステア・テイラーによれば、ブライアンはレコード会社にことわられるたびに泣かんばかりだったという。「彼はできる限りの圧力をかけていたが、グループは一万もあって、それぞれが猛烈に売りこんでいた。ブライアンはなかなかいい結果を摑めなかった」

一九六一年十二月、「マージー・ビート」紙は人気投票を試みた。ジョンとポールは応募用紙が切り取られたその号をいまだに保存している。ビートルズのメンバーはその号を何ダースも買いこんで投票を行ない、みんなビートルズを第一位に、ジェリーとザ・ペイスメイカーズを最下位に書いた。ジェリーのグループが優勝することを心から恐れていたのである。どのグループも自分たちを第一位に書いたから、不正投票の行なわれる余地はなかった。結果は、ビートルズの圧倒的な勝利だった。

この事実をブライアンは最大限に利用した。一九六二年三月二十四日の公演のポスターには、大文字で「『マージー・ビート』紙人気投票第一位！　ポリドール社専属！　ヨーロッパ巡業迫る！」などと書かれた。この公演はバーンストン女子学院で行なわれたが、その会場はポスターの威勢の良さと比べてかなりささやかな場所である。

「ヨーロッパ巡業」とはもちろん三度目のハンブルク公演を指していた。それはちょうど一週間後の一九六二年四月の出来事だった。

一同は飛行機でハンブルクへ飛んだ。それはビートルズの最初の飛行機旅行だった。「ブライアンがそうさせたんだ」と、ピート・ベストは言う。「ぼくらはみんな大はしゃぎだった」

今回の演奏場所はハンブルク一と言われるスター・クラブであった。「ステージにちゃんと幕がついていた」とジョージは言う。スチュの死後、喪に服していたアストリットは、初めこの公演を聴きに来なかったが、ビートルズは公演中に時間を割いて、彼女を励まそうと、贈り物を持ってアストリットの家を訪れた。彼らがスチュに辛く当っていたという悪感情は、これできれいに消えてなくなったとアストリットは言う。「あの人たちがそんなに親切だとは夢にも思わなかったわ」

一方、イギリスでは、ビートルズに関心を寄せてくれる人間を見つけ出そうと、ブライアンが最後の努力を試みていた。もう一度だけ金をかけてみようと、ブライアンは決心したのである。

ブライアンはすでに、一月のデッカのオーディションのときのテープや、そのほかのテープを、方々のレコード会社に持ちこんでいた。だがこのテープをレコードにしておいたほうが、持ち歩いて人に聴かせるのにも便利だし、より強い印象を与えることができるだろう、と思ったのである。

ブライアンがビートルズに時間を割いていることが、父親はますます気がかりになり始めていた。「これが最後の突撃だ、テープをロンドンへ持って行く、とぼくは父に言った。父は一日か二日ですむことなら、それもよかろうと言った」

ブライアンはオクスフォード通りのＨＭＶレコードセンターへ行った。そこはごく普通のレコード店だが、実はこれが巨大なＥＭＩ帝国の一部分だった。ブライアンはそこの知人に話を持ちかけ、そのテープから試聴用のレコードを作ってくれと頼んだ。

「レコードを作ってくれた録音技師は、これは悪くないよと言った。そして二階にいる音楽出版社のシド・コールマンに話してあげようと言った。コールマンは非常に興奮して、これらの曲を出版したいと言い、パーロフォン・レーベルにいる友人のジョージ・マーティンに話してみることを約束した」

翌日、ＥＭＩでジョージ・マーティンと逢う約束が取り決められた。パーロフォンはＥＭＩの子会社であり、ＥＭＩはすでに一度ビートルズの売りこみをことわったことがあった。

「ジョージ・マーティンはレコードを聴いてから、ポールの歌とジョージのギターが気に入ったと言った。マーティンが特に指摘したのはその二つだけだった。ジョンは『ハロー・リトル・ガール』を歌っていたのだが、それもなかなかいいと言った。ポールが歌っていたのは『ティル・ゼア・ウォズ・ユー』だった」

ジョージ・マーティンは非常に慎重かつ冷静にブライアンと話し合い、結局、たいへん「興味がある」と言った。そう、たいへん興味があるから、オーディションを受けさせてもいいと思う。

それは一九六二年五月のことだった。ビートルズはまだハンブルクにいた。ブライアンはＥＭＩから飛び出して、この良い知らせを電報で伝えた。

「ぼくらはまだみんな寝ていた」と、ピート・ベストは言う。「いつも最初に起きた者が郵便を見に行くことになっていた。その日はジョージが最初に起きて、電報を受けとった。『おめでとう。EMIのオーディションだ。新曲を用意せよ』

「ぼくらは奮い立った。ジョンとポールはすぐ作曲を始めた。まもなくブライアンがやって来て、新しい契約を取り交した——確か一人が週八十五ポンドだったと思う。そしてオーディションには『ラヴ・ミー・ドゥ』がいいだろうと言った」

クラウスは、ハンブルクに現れたブライアン・エプスタインを見て失望したと言う。「その容貌が気に入らなかった。ひどく内気な感じで、予想したような力強さがなかった。ぼくはちょっとがっかりした。ぼくにはマネージャーというものについて先入主があったのだ。それは、ちゃきちゃきのビジネスマンで、物凄くダイナミックなタイプだった。内気な新参者みたいなタイプじゃなくて」

だがビートルズは大喜びだった。EMIのニュースに一同がどんなに喜んだかを、クラウスはよく覚えている。一同は新しい契約書をポリドールの連中にわざわざ見せに行った。ポリドールはビートルズをスターとしてではなく、まだ伴奏グループとして使っていたのである。

「ある日、ポールやジョージと一緒に海辺へ散歩したとき、ジョージが金の話をした。そして今に大金持になるような気がすると言った。もしそうなったら、プールの付いた家を買い、バスの運転手をしている父親にバスを一台買ってやるんだと言っていた」

ビートルズは一九六二年六月の初め、ハンブルクから帰った。六月六日、セント・ジョンズ・ウッドのEMIのスタジオで、ジョージ・マーティンに聴かせるオーディションが行なわれた。

相変らず能率的なブライアンは、自分の頭文字を刷りこんだ例の用箋にきちんとタイプで打ったリストを作り、マーティン氏に聴かせたい曲目を列挙《れっきょ》した。もちろんマーティン氏がそれを聴いてくれるならばという条件つきである。このリストにはビートルズの創作曲も含まれていた。『ラヴ・ミー・ドゥ』『P・S・アイ・ラヴ・ユー』『アスク・ミー・ホワイ』『ハロー・リトル・ガール』などである。だが主なところは『ベサメ・ムーチョ』などのスタンダード・ナンバーに占められていた。

ジョージ・マーティンは注意深く演奏に耳を傾け、たいへん結構ですと言った。マーティンはビートルズが気に入ったのだった。ブライアンからあれほど聞かされていた若者たちを目の前に見るのは、愉快な気分だった。たいへん結構です。結論はあとで御連絡しましょう。

それで終りだった。ビートルズはがっかりしたというほどでもなかったが、もっとはっきりした反応を期待していたのだった。翌日、ビートルズはリヴァプールへ帰り、ハンブルク公演中にブライアンが契約したリヴァプール近辺の仕事に戻った。最初の舞台は六月九日土曜、キャヴァン・クラブで開かれた帰国記念公演であり、次の月曜にはマンチェスターでBBCのラジオ・ショウがあった。これはブライアンが苦労してとってきた仕事である。そのあと、七月から九月末まで、いろいろな出演契約がぎっしり詰まっていた。

それらの出演の場所は、キャヴァン、カスバ、それにニュー・ブライトン・タワー、ノースウィッチ・メモリアルホール、バーケンヘッドのマジェスティク・ダンスホール、セント・ヘレンズのプラザ・ダンスホール、ヒューム・ホール・ゴルフクラブ、電話局のロイヤル・アイリス・リヴァー・クルーズなど、さまざまだった。

ブライアンは例によって詳しいスケジュールをタイプしたメモを各メンバーに渡した。そのメモには、大文字を交えながらどう行動すべきかを書いた注意書が一々付いていた。たとえば――

一九六二年六月二十九日（金）

タワー・ダンスホール、ニュー・ブライトン

タワーには七時半到着の予定、したがってニールが六時四十五分から七時までのあいだに各メンバーを迎えに行く。この夜の主催者はサム・リーチで、彼はすばらしい宣伝をしてくれた。その点と、彼が最近幾度となく好意的に協力してくれた事実を念頭に置いて、最良の演奏をしてもらいたい。しかもこの晩はサムの結婚式の前夜である！ ビートルズを今後も金を払って聴いてくれる客が大勢来ることを忘れないように。プログラム、舞台マナー、背広、ワイシャツ、ネクタイ、その他その他に留意のこと。ステージは一時間。

注意。メモに添えた「マージー・ビート」紙にビートルズという名前は約十五回繰り返さ

れている。全十頁のうち六頁にビートルズという名前がある。これからも大いに宣伝されることでもあり、その点を考慮に入れて宣伝に恥じぬ行動をとることは非常に重要である。以上のすべての理由からして、演奏中に煙草を吸うこと、ものを食べること、ガムを嚙むこと、酒を飲むことは、厳重に禁止する。

この間、ブライアンはマージーサイド以外の場所から仕事をとろうと懸命になったが、なかなかうまくいかなかった。その年の夏、ピーターバラで一回だけ演奏したけれども、これは完全な失敗だったのである。だれもビートルズを知らず、その音楽に好感を示さなかった。「聴衆は全然拍手しなかった」と、そのときのプロモーターのアーサー・ハウズは言う。

こうしているうちにも、一同はジョージ・マーティンからの返事を一日千秋《いちにちせんしゅう》の思いで待っていた。正式のレコーディングの日取りをいずれ連絡すると、マーティンは言ったのではなかったか。

やがてブライアンがジョージ・マーティンからの返事を受けとったのは、七月の末のことだった。マーティンは、パーロフォン・レコードとの契約書にサインして欲しいと言って来たのである。そして、どの唄をレコードに吹きこんだらいいか、目下検討中だという。ブライアンも、ジョンも、ポールも、ジョージも、飛びあがって喜んだ。

だが、ピート・ベストにはこのニュースは伝えられなかった。

「八月十五日、水曜日の晩に、ぼくらはキャヴァンで演奏していた」と、ピート・ベストは言う。「次の晩はチェスターへ行く予定で、ぼくはジョンを連れて行くことになっていた。キャヴァンから帰るとき、ぼくはジョンに、あすは何時に迎えに行こうかと訊いた。するとジョンは、ああ、いいんだ、おれは一人で行くよ、と言った。どうして、とぼくは言った。だがジョンはなんだか怯えたような顔をして行ってしまった。そこへブライアンが電話をかけてきて、翌朝、彼の事務所でぼくとニールに逢いたいと言った。

「翌日、ニールが車でぼくを連れて行った。ブライアンはなんだかぎくしゃくした感じで、普段の彼とは違っていた。彼は以前から感情を隠せないたちだったから、何かが起ったことは明らかだった。いやにもじもじしているんだ。

「良くないニュースがある、と彼は言った。ほかのみんながきみをやめさせて、リンゴを入れろと言っている。それは青天の霹靂《へきれき》だった。ぼくは茫然とした。二分間ほど、なんにも言えなかった。

「それから理由を訊いたが、はっきりした答は出なかった。ジョージ・マーティンがぼくの演奏に不満なのだという。ほかのメンバーはぼくが溶けこめないと言っているという。しかし、はっきりした理由は一つもないようだった。

「やがて、ぼくは、それならそれでいいですと言って、外へ出て、外で待っていたニールに事情を話した。ぼくは真蒼《まつさお》になっていたと思う。二年間、一緒にやってきたのに、あっさりクビになったよ、とぼくは言った。理由は分らない。はっきりした理由は言われなかった、とぼくは言った。

「ブライアンが外へ出て来て、ぼくら二人に話しかけた。今週の末までいてくれないか、リンゴが入るまで、木曜と金曜の演奏には出て欲しい、とぼくに頼んだ。いいですよ、とぼくは言った。

「それからぼくは歩きまわり、ちょっと酒を飲んだ。そのことはだれにも言わなかった。どうして外部に洩れたのか分らない。ぼくはだれにも言わなかったんだ」

ところがニュースはたちまち外部に洩れ、リヴァプール中が大騒ぎになった。「マージー・ビート」紙が八月二十三日号で、「特報、ビートルズのドラマー入れ替え」と大見出しを掲げたのである。その記事には、理由は示されず、入れ替えは円満に行なわれたとだけ書いてあった。だが同じ記事の結びには、ビートルズは九月四日にＥＭＩのレコーディングのためロンドンへ飛ぶと明記されてあった。

ピート・ベストのファンたちは、ポール・マッカートニーのファンよりは遥かに少なかったが、激怒した。ビートルズの栄光の瞬間に、彼らのアイドルがクビになったのだ。ファンたちは街路をデモり、プラカードを持ってＮＥＭＳのまわりを徘徊し、キャヴァンの外にピケラインを張り、ビートルズの出演のたびにスローガンを叫んだ。

ジョンや、ポールや、ジョージも、ピート・ベストのファンたちに襲われたが、彼らの最大の敵はブライアン・エプスタインだった。

「ピート・ベストの解雇《かいこ》によって、ぼくはとんでもない立場に立たされた。それは初めての難問題だった。一夜にして、ぼくはビート音楽ファンたちの最高の嫌われ者になった。群集が『ピートは残れ、リンゴはいやだ』とか、『ピートは最高《ベスト》』とか叫んでいるので、二晩ほど、ぼくはキャヴァン・クラブに近寄れなかった。いつまでも行かないわけにはいかないので、レイ・マクフォールがボディガードの役を引き受けてくれた」

ピート・ベストのファンは、ビートルズを殴ったり引っ掻いたりしようとし、ジョンやポールやジョージのファンたちはそれを止めようとした。リンゴのファンたちは中立を守った。騒ぎのたびに何人かの女の子が負傷したが、ビートルズのメンバーでは、ジョージが負傷しただけだった。殴られて目のまわりが腫れ上がったのである。

リヴァプール中にさまざまな噂が乱れ飛んだ。当時キャヴァンの用心棒をしていたマル・エヴァンズによれば、クビの原因はピートが笑顔を見せなかったことだという。髪型を変えようとしなかったからだと言う者もいた。ともあれ、ブライアンがピートを切りたくなかったことは、ほとんど疑いをさしはさむ余地がない。

「ピートの人気を、ぼくはよく知っていた。彼は美男子で、ファンも大勢いた。ぼくと彼との仲もうまくいっていた。ぼくが最初に気心を通じたメンバーは、実はピートなのだ。メンバーの気心を知るのも、ピートを通じて知ることが一番だった。彼は一番気持を摑みやすい素朴な人間だった。

「だから、ある晩、三人がやって来て、ピートをやめさせてくれと言ったとき、ぼくは猛烈にあわてたのだ。三人はリンゴを入れたいと言った。それは前々からうすうす気づいていたことだが、ぼくはそれが現実に起らないことを祈っていた」

狼狽《ろうばい》のあまり、ブライアンは、ジョージ・マーティンが彼のドラムを好いていないというような言いわけを考え出したのである。それは半分は事実だったが、ピートをクビにした主な理由ではなかった。

「ぼくはピートをよそのグループに入れるよう申し入れをした。だが、来ると言った筈のピートがチェスターの会場に姿を見せないので、少し心配だった。きっと来るだろうと思っていたのだ。彼がほかのメンバーに顔を合せたくないのだとは思い至らなかった」

「顔を合せたい筈がないじゃないか」と、ピートは言う。「ぼくをもう要らないと言った連中と顔を合せて、なんの意味がある？　ぼくは二週間ほど家に籠《こも》っていた。何をしたらいいか分らなかった。ファンたちはしょっちゅう訪ねて来た。庭に泊りこんで、ぼくを声援してくれた」

一番の責任者はジョージだ、とニールは言う。ニールの考えによれば、ジョンはピートと相当に親しかったし、ポールはそんなことを一人でやる筈がない。たとえ最終的には三人の意見が一致したとしても、ブライアンに最後の一押しをしたのはジョージだという。なぜならジョージはリンゴを非常に尊敬していた。ジョージが殴られて目のまわりを腫らしたことも、この仮説を証明する、とニールは言う。

ベスト夫人はだれよりも単純な解釈をする。「ピートの演奏が上手だったからです、あんなことになったのは。あの人たちはピートに嫉妬して、追い出したんです。やめるまでピートは自分にどれだけのファンがついているか知りませんでした。あの子はいつも控え目で、静かで、だれかさんたちみたいに余計な口出しをしませんでしたからね。「ブライアンが来る前は、あの子はビートルズのマネージャーで、出演契約をとったり、ギャラを集めたりしていたんです。あの人たちはピートの友達だと思ったからこそ、私は契約をとるのを手伝ったり、お金を貸してあげたりしました。おなかが減っているときは、ごはんまで御馳走したわ。実の親以上にあの人たちに尽くしたんですよ」

ベスト夫人の怒りには、もっともなふしがあろう。ピート・ベストをクビにしたことは、ビートルズの歴史におけるいくつかの陰気な事件の一つである。この事件の経過には何かしら陰険なところがあった。もちろん、たいていの人間は同じようなことをやっただろう。つまり、マネージャーにいやな役割を押しつけただろう。だがビートルズの三人は、殊にジョンは、昔からだれにたいしても率直かつ誠実だった筈である。

ピートが長いことビートルズのために働いたというベスト夫人の言葉もまた事実である。だが、ピートのドラムがビートルズの成功に一役買っていたにせよ、ピート・ベストなくしてビートルズのサウンドはありえなかったというのは、事実ではないし、事実から程遠いであろう。

「ドイツから帰って来たとき」と、ピートは言う。「ぼくはバス・ドラムを強く叩き、非常に充実したビートを利かせる演奏法をとった。どのグループもザ・シャドウズのスタイルで演奏していた当時のリヴァプールでは、これは前代未聞《ぜんだいみもん》のことだった。ロリー・ストームのグループにいたリンゴでさえ、ぼくらのビートを真似したし、まもなくリヴァプール中のドラマーが同じスタイルで演奏するようになった。このドラム奏法は、ぼくらが大きなサウンドを生み出すことに大いに貢献したと思う」

一部の人に言わせると、ビートルズがピートを長いこと仲間にしていた主な理由は、彼のサウンドではなくて、ドラマーが長い間このグループの最大の問題であったためである。ドラマーがいなければグループの進展は支障を来すから、彼らはつねに良いドラマーを求めていた。そして使えそうなドラマーが現れたので、すぐに飛びついた。それはピートが偉大なドラマーだったためではなく、ドラマーがいないことの不自由を身にしみて感じていたためなのである。

「でも、ぼくが偉大なドラマーじゃなかったのなら、なぜ二年半も一緒にやっていたんだろう。最初にハンブルクからリヴァプールへ帰って来たとき、なぜ別のドラマーを入れなかったんだ。ドラマーはほかにも大勢いたよ。二年後に成功のチャンスが飛びこんできたときじゃなくて、なぜそのときリンゴを入れなかったんだ?」

だれが名ドラマーであり、だれがそうではないかを定義づけることはむずかしいが、これを性格の問題として見るならば、アストリットやクラウスもハンブルクで気づいていたように、ピートがこのグループに溶けこめなかったことはやはり事実のようである。ただピート自身はそのことを意識していなかった。スチュはピートと違って、初めから自分の立場をよく理解していた。ピートはその後も長いこと自分はグループの一員だと思っていただけに、破局が来たときの驚きも大きかったのである。

だが、ピートの立場を考えるならば、この問題の処理の仕方、殊にクビの宣告は、もっとカラリとした形で行なわれたほうがよかったかもしれない。たとえば、その宣告の前に、よそのグループでの仕事を与えておくことはできた筈である。

しかし今となってそう言うことはたやすい。当時は、ビートルズがその後いかに発展し、ピートの失うものがどれだけ大きいかを、だれも知らなかったのである。ビートルズ自身はいくらかうしろめたさを味わったが、この一件はあくまで三人の合議《ごうぎ》によるものであり、ジョージの策動ではないと言う。三人はピートが仲間だとは一度も思ったことがなかったのであり、したがって、こうなることは時間の問題だった。

「彼をクビにしたとき、ぼくらは臆病者だった」と、ジョンは言う。「ブライアンにそれをやらせたのだからね。でも、ぼくらが面と向かってピートに言うことは、ブライアンに言わせる以上に意地の悪いことだったと思うな。ぼくらが面と向かって言ったら、きっと最後は殴り合いになっただろう」

ピートは去り、芸能界で有名になるチャンスを失った。だが、この事件はビートルズにとって一つの仕合せな結果を招いた。リンゴ・スターである。

18　リンゴ

リンゴ、こと、リチャード・スターキーは、ビートルズの中の最年長者である。スターキーという名前は、祖父が名前を変えなければパーキンであったかもしれない。この祖父の母親が再婚して、パーキンからスターキーへ名前を変えたとき、リンゴの祖父も一緒にスターキーになったのだった。かつてリンゴが自分の家系を調べてみようとしたとき、このことは非常な紛らわしさの原因となった。スターキーという名前は、もともとシェットランド諸島から出たものと言われる。

リンゴの母親のエルシー・グリーヴは、一九三六年に、リンゴの父親のリチャード・スターキーと結婚した。二人はリヴァプール市内の同じパン焼き工場に勤めていたとき知り合ったのである。エルシーは背が低く、がっしりしていて、髪はブロンドであり、現在ではハリスン夫人にとてもよく似ている。

結婚した二人は、リンゴの父方の祖父母と一緒にディングル区へ引越した。以前のスコットランド・ロードと比べると、ディングルはリヴァプール市内で最も柄の悪い場所として知られていた。そこは波止場から程遠からぬ町の中心部であり、ジョンやポールやジョージが育った新開地の郊外よりも、遥かに非健康的な場所である。

「ディングルには貧乏長屋がたくさんあった」と、リンゴは言う。「だれもがその箱のような小さな家から出たがっていた。ディングルの出身だと言うと、リヴァプールのほかの地区の人たちは、へえ、そりゃきっと凶悪犯人だというような顔をするが、もちろん、ディングルに住む人がみんな悪人だったわけじゃない」

リンゴが生れる直前、エルシーとリチャード・スターキーは小さな家を借りた。それは、マドリン通りにあって、あたりはみすぼらしい二階建のテラス・ハウスばかりだった。二階二部屋、一階二部屋という普通の間取りと違って、スターキー家は上下に三部屋ずつあり、この辺では大きなほうだった。一九四〇年当時の家賃は週に十四シリング十ペンスである。

「両親のどちらの側も、ごく普通の、貧乏な労働者だった」と、リンゴは言う。「ただ話によれば、ぼくの曾祖母はかなりの金持で、自分の家のまわりにクロミウムの柵を作っていたという。さぞかしピカピカ光っていたことだろう。でも、これはひょっとすると、ぼくの空想かもしれない。子供はよく空想するものだし、母親にあまり何度も同じ話を聞かされると、ほんとにそれを自分の目で見たような気になるだろう。

「しかし祖母はひどい貧乏人だった。十四人も子供を生んでね」

リンゴは一九四〇年七月七日の午前零時を少しまわった時刻に、マドリン通り九番地の家で生れた。これは出産予定日より一週間遅れていた。鉗子《かんし》で取り出された赤ん坊は、体重が十ポンドもあった。生れたときから目を開いていて、あたりをきょろきょろ見まわすのだった。まるで前に一度ここへ来たことがあると言いたげな様子だったと、母親は近所の人たちに語った。

そのとき母親のエルシーは二十六で、父親のリチャードは二十八だった。最初の子であり、ただ一人の子であるこの赤ん坊に、夫婦はリチャードと名前をつけた。長男に父親と同じ名前をつけるのは労働者階級のならわしである。愛称も父親がかつてそう呼ばれていたように、リチーといった。現在でも、リンゴの家では、リンゴとその父親はどちらもリチーと呼ばれている。

リンゴの母親のスターキー夫人は、お産のあと、まだベッドに寝ていたとき、最初の空襲のサイレンの音を聞いたことを記憶している。リヴァプールの空襲はすでに始まっていた。ディングルでは防空壕の設備がまだなかった。最初の大空襲があったのは、リンゴの誕生の数週間あとである。スターキー夫妻は、ちょうど遊びに来ていた二人の隣人と一緒に、階段の下の石炭置場に逃げこんだ。リチーが泣き出した。気がつくと、母親は狼狽のあまり、赤ん坊をさかさまにおんぶしていたのだった。まっすぐに起してやると、赤ん坊は空襲のあいだ中すやすや眠っていた。このことも母親は近所の人たちに喋って歩き、今でも語り種《ぐさ》になっている。

リチーが満三歳になったばかりの頃、両親は別れた。以後、リチーは三度ほどしか父親に逢っていない。

ジョンの両親のときのようなドラマもヒステリーもなかった。それは穏やかに取り決められたようである。エルシーは赤ん坊を引き取り、まもなく夫婦は正式に離婚した。

リンゴと母親は暫くのあいだ二人だけでマドリン通りの家にとどまっていたが、家賃が重荷になってきたので、アドミラル・グローヴ十番地の家に引越した。その家は下に二部屋、上に二部屋と、四つしか部屋がなかった。家賃は一九四〇年当時、週に十シリングだった。

リンゴの一番早い記憶は、この引越しの頃から始まる。当時は五歳だった筈だと、リンゴは言う。「荷物をアドミラル・グローヴへ運ぶ引越しトラックの荷台のうしろに腰掛けていた覚えがある」

両親が別れたことについて、リンゴの記憶はない。覚えているのは、まだ小さい頃、父親に二度逢ったこと、そして十代の初め頃もう一度だけ逢ったことである。

「父は一度、病院へ見舞いに来て、小さなノートをくれ、ほかに何か欲しいものはないかと言った。

「それからだいぶ経って、祖母の家でまた逢った。父はぼくにお金をくれようとしたけれども、ぼくは口をきかなかった。母に父のことをいろいろ吹きこまれていたんでね。でも、もしこれが反対に、ぼくが父のほうに行っていたとしたら、正確にさかさまの考え方をしたんじゃないかな」

リンゴは小さい頃、両親が別れたあとで、さらに何回か祖母の家で父親と逢っているのだが、リンゴ自身は覚えていない。父親はしばらくパン焼き工場で働いていたが、やがてリヴァプールを去り、再婚した。

母親の記憶によれば、リンゴは両親の離婚のことで悩んだり、事情を問いただしたりしたことは一度もなかった。

「でも、ときどき二人だけじゃ淋しいという意味のことを言いました。雨が降っているときなんか、窓の外を眺めて、『弟か妹がいたらよかったな。雨が降ると話相手がだれもいないよ』って言うんです」

リチーは四歳で日曜学校へ行き、五歳で小学校に入った。それは家から歩いてほんの三百ヤードの所にあるセント・サイラス小学校だった。色あせた赤いヴィクトリア時代ふうのこの小学校は、一八七〇年に創立された公立小学校の一つである。

エルシーはリンゴの父親から週三十シリングの養育費を貰っていたが、これだけでは生活できなかったので、働きに出なければならなかった。結婚前にはいろんなことをして働いた経験があり、そのなかにはパブ勤めの経験もあったが、エルシーは結局その仕事に戻ることにした。性格的に陽気で人付き合いが良かったから、その仕事が合っていたし、また時間的にも都合が良かったのである。

パブに働きに出たのは、リンゴが学校に上がる前のことで、午前中から昼食の時間まで働いて週十八シリングになった。リンゴは祖母や、時には近所の人に預けられた。

「リチーを里子に出す気は全然ありませんでした。自分の子供ですもの。パブに勤めていれば、なんとかやっていけます。戦争中でしたから、パブの仕事はなかなか忙しいのでした」

学校へ入って一年経つか経たないかのとき、六歳のリチーは盲腸炎になった。それがこじれて、腹膜炎《ふくまくえん》を併発《へいはつ》した。そこでマートル通りの児童病院で二度、手術を受けることになった。

「担架《たんか》で家から運び出されて、救急車に乗せられたのを覚えている。病院に着くと、看護婦がぼくの腹を殴りつけた。と感じたのだけれども、本当はただ족わっただけだったんだろう。

「手術室へ送りこまれるとき、ぼくはお茶を飲ませて下さいと言った。手術の前は駄目よ、すんだらあげますと言われた。それから昏睡《こんすい》状態になって、十週間ほど意識が戻らなかった」

通算して十二カ月以上、リチーは病院にいた。一時は良くなりかけたのだが、誕生日に贈り物を隣のベッドの男の子に見せていて、ベッドから転落したのである。

両親は子供を見舞いに来ることを許されなかった。子供の心をかき乱さぬためである。だが一時リチーは重態だったので、母親はパブの仕事を終ってから、夜おそく、そっと寝姿を覗くことを許されたのだった。

七歳のリチーは退院して、セント・サイラス小学校へ戻った。もともと勉強のできるほうではなかったが、一年の入院生活で完全に立ち遅れ、読むことも書くこともできなかった。

マリー・マグワイアがいなかったら、遅れを取り戻すことは絶対にできなかっただろう、とリンゴは言う。マリーの母親とリチーの母親は昔から親友同士だった。二人は一緒に働きに出て、リチーはマリーに預けられた。

「四歳年上だった私は、すごく威張っていました」と、マリーは言う。「リチーは完全にわが家の一員になってしまって、よく人は『あんたんとこのリチーがこれこれのことをしていたよ』というふうに言いました。一緒にお食事をしていて、肉入りのシチューが出ると、私はいつもリチーのお皿から玉ネギをどけてあげました。リチーは玉ネギが大嫌いなんです。そのことで、いつも私は叱りました。

「リチーのことで覚えているのは、三歳頃だったかしら。物凄い雷が鳴っていたとき、なにげなく彼の家を眺めると、リチーとお母さんが二人で玄関の所にしゃがんで、がたがた震えているんです。

「退院してきたリチーに、私は読み書きを教えました。リチーは馬鹿ではなかったけど、そそっかしくてすぐ間違えるんです。私たちはきちんと取り決めをして、私は週に二度リチーを教え、リチーのお母さんからお小遣いを貰いました。チャンバースの『初等読本』を買って来て、彼の家の台所のテーブルで一緒に読んだわ。

「土曜日の晩は、お母さんたちは二人とも出掛けてしまうので、リチーをうちへ連れて来て私が面倒をみました。お母さんたちはレモネードを入れた壜とお菓子を置いて行くんです。一度リチーがシャツを脱いで、その背中に私が絵を描いたことがあったわ。なんだか今思うと原始人みたいね。一度リチーは女の子の友達を連れて来ました。その子の名前はゼラチンだと言って聞かないんですよ。

「私はリチーがずうっと好きでした。リチーはお母さんそっくりに陽気で、いつも快活でしたもの。それに大きな可愛らしい青い目でしょう。鼻が大きいことは私は気がつきませんでした。何年も経ってから、新聞によくそう書いてあるので、ああ、そういえば大きかったわと思い出したんです」

マリーはその後もずっとリチーの親友だったが、リチーは母親が仕事に出ているとき、二人のお祖母さんの家にもよく行った。

「母方の祖母は一人で住んでいたが、レスターさんという友達がよく遊びに来ては、ハーモニカを吹いていた。二人とも六十歳ぐらいだったろうか。『なあるほどね』とぼくらはよく言った。『何を企んでるかは分ってるよ、ハーモニカなんか吹いて聴かせたりしちゃってさ』でも祖母はレスターさんと結婚する気にならなかった。レスターさんはそのうちに来なくなって、だれかと結婚した。

「ぼくは父方の祖父母の家へ行くのも好きだった。これはたいへんな老夫婦で、祖父が競馬ですってきたときなんか、物凄い喧嘩がおっ始まるんだ。祖父はドックのボイラーマンで、根っからの港の男だったが、ぼくによくいろんなおもちゃを作ってくれた。いつかは本当に火を焚《た》いて走る大きな汽車をこしらえてくれたっけ。それを道で走らせると、近所の子供たちは大騒ぎだった。ぼくはよくその機関車の罐《かま》で焼きりんごをこしらえた」

セント・サイラス小学校については、ズル休みをしたことや、校庭で下級生を脅して小銭を巻き上げたことしか、リンゴは覚えていない。「ウルワス・ストアから、ときどきちっちゃなものを掻っ払ったりもした。ポケットに入る程度の、つまらないプラスチック製品や何かだったが」あるときリチーの叔母のナンシーは、真珠のネックレスの紛失に気づいた。リチーはパーク通りのパブの前で、それを六シリングで売ろうとしていたのである。

十一歳で、リンゴはディングル・ヴェイル・セカンダリー・モダン・スクールに入った。十一歳試験（グラマー・スクールに入るための資格試験）は受けなかった。受験できるかどうかを見極めるための予備試験に落ちてしまったからだ。

「発作的に勉強するかと思うと、すぐまたズル休みです」と、母親は言う。「ほかの子と学校の前をうろうろしていて、最後のベルが鳴るまで入ろうとしないんですね。そして閉め出されたんだなんて言います。午後はたいていセフトン公園で遊んでいたようでした」

リチーが十一歳の誕生日を迎えた頃から、母親は、リヴァプール市役所で室内装飾の仕事をしていたハリー・グレイヴズという男と付き合うようになった。ハリーはロンドンのロムフォード区の生れである。体を悪くして、診てくれた医者は転地療養をすすめた。ハリーは何か神秘的な理由からリヴァプールを選んだ。その理由はいまだに思い出せないという。共通の友人のマグワイア家を通じて、ハリーはエルシーと知り合った。リチーとは初めからうまが合った。二人は週に二、三度、映画を見に行ったりした。

「ハリーが私と結婚したがっていると、リチーに言いました。リチーが承知してくれなかったら、私は決して結婚しなかったでしょう。ところがリチーはこう言いました。『ママ、結婚しなさいよ。ぼくはいつまでも子供じゃないもの。ママはお祖母さんみたいになりたくないだろう』つまり、ハーモニカを吹くレスターさんと結婚しなかった祖母のことなんです」

ハリー・グレイヴズと、エルシー・スターキーは、一九五三年四月十七日、すなわちリチーの満十三歳の誕生日の数カ月前に結婚した。エルシーはまもなく勤めをやめた。ハリーとリチーは以後、喧嘩一つしたことがない、とハリーは言う。エルシーに言わせると、ハリーは無責任である。リチーがこんな生意気なことを言ったと、いくら妻から訴えられても、ハリーはにこにこ笑っているだけで、なんにもしないのだという。

十三歳のとき、リチーは第二の大病に罹《かか》った。風邪をこじらせて、胸膜炎になり、肺もやられてしまったのである。リチーはまたもやマートル通りの病院へ行き、次にヘズウォル児童病院に入院した。

病気の子供を元気づけるためだったのだろうか、ハリーはリチーをアーセナルFCのサポーターズ・クラブに加入させた。これについても、ハリーは理由をはっきり覚えていない。ハリー自身は、昔も今もウェストハム・ユナイテッドFCの熱烈なサポーターであり、アーセナルには全く関心がなかった。「でも当時はアーセナルがカッコが良かったんだ。リチーがきっと喜ぶだろうと思ってね」

リチーの入院中に、当時のアーセナルFCの会長だったトム・ホイテカーがリヴァプールを訪れた。ハリーは、入院中の熱心な若いサポーターを見舞って下さいますれば幸甚《こうじん》に存じます、と手紙を書いた。ホイテカー氏は見舞いには来なかったが、親切な見舞いの手紙をくれ、それをリチーは大事にしまっていた、とハリーは言う。リチー本人は、その手紙のことも、アーセナルのサポーターズ・クラブのことも、まるっきり記憶していない。

だがハリーのこととなると、リチーは初めからよく覚えていた。「よく、ぼくにアメリカの漫画本を持って来てくれた。とてもいい人だった。ハリーとママが喧嘩すると、ぼくはいつもハリーの味方になった。ママは少し威張っているから、ハリーが気の毒だと思っていた。ぼくはハリーから、やさしさというものを学んだんだ。暴力なんて必要のないものなんだ」

今度は十三歳から十五歳まで、約二年のあいだ、リチーは入院していた。「気を紛らすために、いろんなものを与えられた。編み物までやったよ。張子《はりこ》の材料で大きな島を作ったり、動物のいっぱいいる農場を作ったりした。入院していたもう一人の男の子と喧嘩もした。そいつは狂暴になって、大きなお盆でぼくに殴りかかり、こっちは危うく指をつぶされそうになった」

退院したときは十五歳だから、ほとんど学校へ行かないうちに学生時代が終ってしまったわけである。就職に必要な成績表を貰いに、リチーはディングル・ヴェイル校へ行かなければならなかった。学校では、だれもリチーの顔を覚えていなかった。休んでいた期間はあまりにも長かったのである。

リチーはひとまず自宅で休養し、就職に必要な気力を貯えることになった。息子がどんな職場で働けるだろうかと、母親は心配でならなかった。何しろリチーは重いものを持ち上げる力はないし、むずかしい仕事をするだけの教育も受けていないのだから。

青少年雇用委員の口ききによって、リチーはやがて、週五十シリングで鉄道のメッセンジャー・ボーイの仕事に就いた。

「制服を着せてくれるだろうと思ったら、帽子だけしかくれなかった。なんてつまらない仕事だろう、とぼくは思った。制服を手に入れるには、そこで二十年働かなきゃならないという。ぼくは六週間でやめた。実は、これは制服のことで失望したからじゃなくて、健康診断でハネられたんだ。

「次にぼくは、ノース・ウェールズへ往復する船のバーテンになって、また六週間ばかり働いた。ある日、その前の晩、徹夜パーティに行って、酔っぱらって、そのまま仕事に出た。そしてボスに生意気な口をきいたから、もう用はない、船を下りろ、と言われた」

その次には、ハリーの友人の紹介で、H・ハント社に就職した。

「ぼくは建具屋《たてぐや》になるつもりだった。ところが、二カ月間、自転車で注文とりにまわることばかりやらされた。ぼくはもう満十七歳になっていたから、半端仕事にはうんざりしていた。それで上役に申し出たら、建具師の仕事には空きがないけれども、よかったら組立工にならないかと言う。で、ぼくはオーケーと言った。それだって仕事だからね。手に職があれば食っていけると、だれでも言うだろう」

だが、まわりの人たちは、リチーが一人前に食べていけるようになるとは思っていなかった。リチーは小さくて、見るからに弱々しく、栄養が悪そうで、学問をほとんど身につけていなかったのだから。

「不幸な幼年時代だったわ」と、リンゴに読み書きを教えたマリー・マグワイアは言う。「両親は別れるし、二度も大病をしたでしょう。どうかリチーが幸福になりますようにと、私は祈りました。成功しなくてもいいから、ただ幸福にだけなればいいと思いました」

二度の大病は確かにリンゴに大きな影響をおよぼし、学校生活や、職場や、普通の家庭生活への順応《じゅんのう》を困難にしたようである。今日でも、リンゴは学校の先生の名前を一つも思い出せないが、自分を看護してくれた二人の看護婦の名前——クラークさんと、エジントンさんという名前を、はっきり覚えているのである。

だが、リンゴ自身は、不幸な幼年時代だったとは思っていない。普通の幼年時代だったと考えている。

ディングル・ヴェイル校へ成績表を貰いに行ったとき、だれもリンゴの顔を覚えていなかったというのは皮肉な話である。それから数年後の一般公開日に、この学校はリンゴ・スターが使っていたと称する机を持ち出し、それに坐って写真を撮る人から六ペンスずつ取ったのだった。

19 リンゴとビートルズ

リンゴは少年時代、音楽に興味を示さず、何かの楽器を習うということもなかった。「病院にバンドが一つあった。シンバルが四人に、トライアングルが二人という編成だ。ドラムがないから、ぼくは加わらなかった」

スキッフル・ブームが始まったのは、リンゴが組立工の見習として働き始めた頃だった。リンゴはエディ・クレイトン・スキッフル・バンドというグループの創立に力を貸した。このバンドは昼休みに見習工たちの前で演奏したりした。

リンゴの最初のドラム・セットは、ロムフォードの家にいた頃、義父が買ってくれた中古品である。その値段は十ポンドだった。「わざわざロンドンから守衛の車で運んで来たんだ」と、ハリーは言う。「ライム通りまで来たとき、向こうからジョー・ロスが歩いて来るのが見えた。それはあんたが叩くのかと訊かれたら、いや違うと言わなきゃ、と私は瞬間思った。ところが彼は全然気がつかずに通りすぎてしまった」

初めて買った新品のドラム・セットは百ポンドだった。リンゴは祖父から五十ポンド借りた。

「祖父が一シリングも貸さないと頑張ったら、あの子はインディアンの出陣の踊りでも踊ったかもしれません」と、母親は言う。「でも祖父は私を訪ねて来ました。『おい、お前んとこのあの馬鹿が何を言い出したと思う？』リンゴのことを祖父はいつも、あの馬鹿と言うんです。でも、お金は貸してくれました。リチーは毎週毎週、給料から一ポンドずつ、きちんと返していたようです」

母親は、このバンド熱にリンゴの時間を奪われることが多少心配だった。学校での遅れを取り戻すために、リンゴはリヴァーデイル技術学校の講義を聴くことになっていたのである。だが義父のハリーは、スキッフル・バンドに大いに関心を寄せていた。少年が興味の対象を見出したことが嬉しかったのである。ある晩、ハリーはパブで、バンドをやっているという一人の男と知り合った。その男はリチーを雇ってやると言い、ハリーは出演の約束を取り決めてきた。リチーはその仕事に出掛けて行ったが、ぷんぷん怒って帰って来た。バンドというのは実はただの披露目屋《ひろめや》だったのである。リンゴは大きなドラムを体にくりつけて、それをドンドンと叩きながらマーチに合せて街を歩くことを要求されたのだった。

エディ・クレイトンのグループで、リンゴは特に活躍したわけではない。そもそも、エディ・クレイトンなる男は存在しなかった。グループのリーダーだったエディ・マイルズが、グループを始めるときにそういう芸名を考え出しただけのことだった。ポールや、ジョージやジョンが、スコットランド巡業のとき、それぞれ芸名をこしらえたように。

だが、そのうちに、ビートルズが経験したようなスキッフル・バンドのコンテストや、パーティや、小さなダンスホールなどを経て、リチーはロリー・ストームのグループに加わった。このグループがバトリンズの休日キャンプでの一シーズンの仕事をとったとき、リンゴは勤めをやめるか否かの決断を迫られることとなった。そのときのリンゴは二十歳で、見習期間はあと一年だけで終りだった。「ここでやめる手はないとみんなが言った。全くその通りだったと思う。でも、ぼくは乗気だった。ハント社の収入は週六ポンド、夜のバンドのアルバイトの収入は週八ポンドだ。バトリンズは週二十ポンドを約束していた。宿舎の費用を引いても十六ポンドになる」

ロリーの所は当時のリヴァプールで最大のグループだったが、それでもバトリンズの十三週間の仕事は未曾有の契約だった。「これは有名になるチャンスだから、一つ、いい芸名をつけなくちゃならない。ロリー・ストームはすでに二度も名前を変えていた。本名はアラン・コールドウェルだが、それをジェット・ストームに変えて、それからロリー・ストームになったんだ」

リチャード・スターキーが遂にリンゴになったのは、このバトリンズ出演中のことだった。それまでは時にリングズと呼ばれていたこともある。リンゴが初めて指輪を母親から貰ったのは満十六歳の誕生日のことだった。祖父が亡くなったとき、もう一つ、現在でもはめている大きな金の指輪を貰った。そして二十歳の頃には四つも指輪《リング》をはめていたのである。スターキーという姓はバトリンズ出演中にスターと縮められ、リンゴのドラム・ソロの時間はスター・タイムなどと呼ばれた。姓が一音節《シラブル》なので、名前のほうはリングズからリンゴとなった。

リヴァプールに帰ってから、リンゴはアドミラル・グローヴの自宅で満二十一歳の誕生日にパーティを開いた。ジェリーとザ・ペイスメイカーズや、ザ・ビッグ・スリー、シラ・ブラックなど、主だったグループはみな招待された。ビートルズは呼ばれなかった。リンゴはビートルズをまだ知らなかったのである。ビートルズは同じリヴァプールでも別の縄張りの競争相手だった。

　アドミラル・グローヴの家の居間は縦十フィート、横十二フィートという狭い部屋だったが、そこに六十人の招待客が入った。あとで家の向かいの煉瓦屑の山に客たちを立たせてリンゴが撮った写真があるので、この人数は正確である。

　リンゴの母親のエルシーは、シラ・ブラックがシラ・ホワイトといっていた小さな娘時代から、彼女をよく知っていた。一年間ほど、シラは毎週水曜になると、仕事が終ったあと、友達と一緒にスターキー夫人の家を訪れていたのである。シラはお茶を御馳走になってから、いつもエルシーの髪を結ったのだった。

　バトリンズでの十三週間の出演が成功したので、ロリー・ストームのグループにはいろんな仕事が来るようになった。フランス国内のアメリカの空軍基地を巡業したこともあったが、これはひどいものだったとリンゴは言う。「フランス人はイギリス人を嫌っていた。少なくとも、ぼくはフランス人が好きじゃなかった」

　ロリーのグループはだんだん景気が良くなった。初めてハンブルク行きの話が来たとき、それをことわったほどである。だが二度目に頼まれたときは出掛けて行き、カイザーケラーで初めてビートルズと一緒に仕事をした。リンゴはそれ以前にもリヴァプールでビートルズをちらりと見た記憶はある。ある日、ジャカランダ・クラブを覗いたら、ビートルズのメンバーは一所懸命スチュにベース・ギターを教えていたという。

ハンブルクで、リンゴは休憩中にビートルズに近づき、曲をリクエストしたりした。やがてロリーと一緒にリヴァプールへ帰り、それからトニー・シェリダンの伴奏をするために、もう一度、単身ハンブルクへ行った。このハンブルク滞在中、リンゴはこの土地に永住することを真剣に考えた。なにしろ独立した部屋と車を与えられ、一年の滞在期間中、毎週三十ポンドずつ貰えたのだから。だが、やはりリヴァプールへ帰り、ストームと一緒にもう一シーズン、バトリンズに出ようと決心した。ビートルズに加わらないかと言われたのは、このときである。ジョンは電話をかけてきて、ビートルズに入るならもみあげは伸ばしていいが、髪は垂らさなきゃいけないぜと言った。

リンゴはピート・ベストのファンたちからたくさんの脅迫状を受けとった。「ピートは女の子に人気があった。ぼくは痩せっぽちの醜男《ぶおとこ》だ。ブライアンだって、ほんとはぼくを入れたくなかった。ぼくには個性がないと思っていたんだ。同じドラマーを入れるなら、醜男より美男子のほうがいいに決ってるじゃないか」

リンゴの心を決めさせたのは金の問題だった。「同じ頃、キング・サイズ・テイラーとザ・ドミノズからも誘いがあった。そっちは週二十ポンド出すと言った。ビートルズは週二十五ポンドだったから、こっちにした」

これは人生の常であるが、リンゴとビートルズの道は、一つ間違えば決して交わらなかったかもしれない。これより少し前に、リンゴはアメリカへ移民しようとしたのだった。ある日、友達と二人でレコードを探していると、「テキサス州ヒューストンから来たライトニング・ホプキンズ」という文字にぶつかった。二人はリヴァプールのアメリカ領事館へ行き、テキサス州ヒューストンへ行きたいと言った。領事は、向こうに就職のあてがなければ駄目だと言った。リンゴはヒューストンのある工場の仕事を見つけた。「そうすると、いろんな書類が送られて来た。お祖父さんの飼犬に至るまで、共産主義者でなかったかどうかというような面倒臭い書類でね。ぼくにはわけが分らなかった。わけが分っていたら、とうの昔にテキサスへ行っただろうね」

新しい個性、新しいドラマーとしてリンゴを加えたビートルズは、今やリヴァプールでは押しも押されもせぬトップ・グループだった。マネージャーには育ちのいい紳士がなってくれたし、遂にロンドンとの契約も成立した。だが、たとえ範囲がリヴァプール近辺に限られた成功とはいえ、成功と同時に、リンゴが好きだった昔ながらの人情のようなものは失われ始めていた。

「一時リヴァプールには非常にたくさんグループがあって、ぼくらはグループ同士で演奏を聴かせ合ったものだ。それはグループから成る共同社会だった。だれもが同じ場所へ行き、お互いのために演奏した。それはとてもいい雰囲気だった。ところが、レコード会社が現れて、いろんなグループと契約し始めると、この友情が消えた。グループのあいだに溝ができた。

「だれか知り合いの奴に逢うと、そいつはこんなふうに言う。『やあ、どうだい最近？　おれはレコーディングをしたけどさ、まだ発売しないんだそうだ。おれはあんまりレイ・チャールズに似すぎてるんだとさ』

「こういうわけで、共同社会はこわれていった。みんなお互いに憎み合い始めた。ぼくは馴染みの場所へ行くのをやめた。でも、リヴァプールのあの頃は、わが人生の最良の時だったな。ぼくの満二十一歳の誕生日のパーティみたいに、馴染みの顔はみんな揃っていたんだ」

リンゴを加えて完璧《かんぺき》な形になったビートルズは、ジョージ・マーティンが最初のレコーディングの日取りを知らせてくるのを待っていた。この間、リヴァプールの情勢は多少変化した。ブライアンが遂に、かねてから父親が言っていたことだが、二軒のレコード屋と一つのビート・グループを切りまわすという重荷に悲鳴をあげたのである。そしてホワイトチャペルのレコード店での毎日の仕事を放棄し、シャーロット通りの店からピーター・ブラウンを支配人として引き抜いた。そして自分はNEMSエンタープライズに精力を集中し、ときどき二階の事務所から駆け下りて来ては、ピーターの仕事ぶりを監督するのだった。ブライアンは自分の決定が少しでも変更されるのを嫌ったので、まもなく衝突が起った。猛烈な口論の末に、ピーターはクビになったが、結局は再び元の職場に戻ったのである。

けれどもブライアンは、ビートルズのメンバーとは決して喧嘩をしなかった。喧嘩に近いところまで行ったのは、ポールの場合である。ある晩、ほかのメンバーとブライアンが迎えに行くと、ポールは風呂に入っていて出て来なかった。「すぐ行くから五、六分待ってくれ、とぼくはどなった。ところが、いざ出てみると、みんなはブライアンと一緒に行ってしまって、いなかった。畜生、おれはなんて間抜けなんだ、とぼくは思った。向こうに待つ気がないのなら、こっちだって追っかけたりするもんか。そこで、どっかり腰を落着けて、テレビを見ていた」

本当の理由は、ポールが自分は反抗的であらねばならぬと決めていたことだった。「ぼくは昔から積極的で、マネージャーと掛け合ったり、何か意見を発表したりするのは、いつもぼくの仕事だった。あの頃のぼくは図々しかったのかもしれないし、ほかのメンバーよりそういうことが上手だったのかもしれない。とにかく、憎まれ役はいつもぼくだった」ポールとブライアンはやり合ったが、それは決して深刻な喧嘩ではなかった。ポールはすぐに普段の積極的な自分に還るのだった。「憎まれ役じゃないぼくはニセモノだということが自分で分ったんでね」

ポールとジョンは唄の創作にいっそう精を出し、「レノン＝マッカートニーのオリジナル曲」を絶えず発表し続けていた。だがミミは依然として息子たちの唄を問題にしていなかった。「いつかはあの子が家に帰って来て、グループはもうやめた、『うんざりしちゃったよ』と言う日を、私は心待ちにしていました。「あの子たちの唄の価値が、私にはなかなか分りませんでした。ところが、女の子たちがよく訪ねて来て、ジョンはいますかと言うんです。なぜ、と私は訊きました。ただジョンに逢いたいから、と女の子たちは言うんです。私にはわけが分りませんでした。どの子もすごく若い子ばかりなんですよ。ジョンの好きなのはシンシアだけだってことは分っていましたけど」

一九六二年の夏、シンシアは自分が妊娠していることに気がついた。「ジョンが結婚してくれるかどうか、私には分りませんでした。彼を束縛したくなかったし」

「打ち明けられたときは少しばかりショックだった」と、ジョンは言う。「でもぼくはイエスと言った。いずれは結婚するのだから、それに逆らう気はなかった」

二人は一九六二年八月二十三日、リヴァプールのマウント・プレザント登記所で結婚式を挙《あ》げた。「その前日に、ミミに知らせに行った。シンに赤ん坊ができちゃったんで、あした結婚するよ、来てくれるかい、とぼくは言った。ミミは一声唸っただけだった」

どちらの側の両親も結婚式に現れなかった。いろんな話を総合すると、この結婚式の模様は、ジョンの両親が二十四年前に同じ登記所で挙げた結婚式に似ていたようである。ジョンとポールとジョージは揃って黒の背広を着た。「式のあいだ中、外でドリルの音がしていて、登記官の野郎の言葉なんて全然聞こえなかった」と、ジョンは言う。「式がすむと、ぼくらは道を横切って、向かいのレストランでチキン・ディナーを食べた。贈り物なんて、だれもくれなかったと思うな。ぼくらも欲しいとは思わなかったし。ただの冗談みたいな式だった」

一同はこの結婚をビートルズのファンたちには隠しておこうとしたが、キャヴァン・クラブの常連の女の子の一人が登記所から出て来るビートルズの姿を見たので、ニュースは洩れ、ビートルズはそれを懸命に否定した。「結婚したらグループはお終いだと思ったんだ。みんなそう言っていたからね。ぼくらはキャヴァンに女の子を連れて行ったことは一度もなかった。ファンをなくすと思ったんだ。あとになってみりゃ、そんなことはただのお笑い種だったが。でも、とにかく、結婚したことは照れくさかった。結婚しておいて平気で歩きまわるなんて、言ってみりゃ、片チンバの靴下をはくか、でなきゃMボタンを開けっぱなして歩きまわる気持だった」

シンシアもこの結婚をできるだけ隠しておこうとした。「ジョンが人目について、どこへ行っても追いまわされるのは、いやな感じでした。そんなことが私の身に起ったらかなわないと思ったんです」

この頃には、女の子のファンはますます数が増え、どこまででもビートルズについて来ては、何かというとキャアキャア騒ぐのだった。だが、リヴァプール以外の土地では、だれもビートルズを知らなかった。ビートルズは依然として、ロンドンの大物プロデューサー、ジョージ・マーティンがレコーディングの日を知らせてくれるのを待っていた。

リヴァプールですら、何もかもがなんの宣伝もなしに起ったのである。ファンたちは独力でビートルズを発見したのだった。

モーリーン・コックスは、そういうファンの一人だった。モーリーンは友人と二人で、或る日のこと、ビートルズに加わったばかりのリンゴを街で追いかけた。リンゴは車から下りるところだった。白いものが少しまじった前髪で、すぐリンゴだと分った。モーリーンはリンゴのサインを貰い、彼の車のナンバーをノートに控えた。当時のモーリーンは学校を出たばかりで、夜間の美容学校に行く途中だった。「彼の車のナンバーを今でも覚えているわ――NWM466よ」

現在、モーリーン・コックスはリンゴの妻である。だが彼女が初めてキスした相手はポールであり、それを思い出すと今でもモーリーンは照れ臭そうな顔になる。

ある晩、モーリーンはキャヴァンへ行ったが、一緒に行った友人が、あんたポールとキスする勇気はないでしょうと言った。「あんたこそ、そんなこと、こわくてできないでしょ、と私は言いました。そしたら友達は、嘘よ、あんたよ、できないのは、と言います。ようし、それなら、というわけで、私は人ごみをかきわけて楽屋へ行き、出て来たポールにキスしました。友達はすごく嫉妬して泣き出したわ。でも、私が一番好きだったのはリチーよ。ポールにキスしたのは、ただの意地です。ですから、リチーが出て来るまで待っていて、リチーにもキスしました」

リンゴはモーリーンにキスされたことや、サインをねだられたことを覚えていない。「あれは流行だったんだ、キスは。サインをせがむことから、さわることに、さわることからキスすることに、だんだん程度が進んでね。楽屋へ行く途中で、いつも女の子の腕がにゅっと出て来て、抱きつくんだ。だからモーリーンがキスしたときも、ハエがとまったぐらいにしか感じなかったんじゃないかな」

だが三週間後、キャヴァンで、リンゴはモーリーンをダンスに誘った。そのあと自宅まで送って行ったが、ついでにモーリーンの友達も送って行かなければならなかった。この状態が数週間続いた。モーリーンはその友達に、あんた邪魔よと言う勇気がなかった。「ちょっとこわいような気もしたし」

それからというもの、ビートルズが出演しているときのキャヴァンに、モーリーンは欠かさず出掛けて行ったが、まもなく、自分以上の熱狂的なファンがいることを悟った。「ビートルズを見たいばっかりに、一日中キャヴァンのまわりをうろついてるんです。昼の演奏時間が終ると、そういう人たちは、夜の部が始まるまで午後いっぱい行列して待つんです。リチーたちが一度、夜中にキャヴァンの前を通ったら、翌日の公演をめあてにもうファンが行列を作ってるんですって。可哀想になってパイを届けたら、みんなもう摑み合いですって。

「なぜ行列を作るかというと、できるだけ舞台に近い席を占領して、ビートルズを見る、あるいはビートルズに自分たちを見てもらうためなのね。私はキャヴァンの開店時刻の二、三時間前からしか行列に入りませんでした。だって、とてもこわいんですもの。女の子同士の口喧嘩や摑み合いなんか、しょっちゅうです。ドアが開くと、前のほうにいる人たちは、お互いに突き飛ばし合いながら駆けこみます。

「そして前座《ぜんざ》をつとめるグループが演奏しているあいだは、ジーンズをはいた格好のままでいて、ビートルズの出る時間が近づくと、そう、たとえば女の子四人のグループだとするわね、その一人一人が交代でおトイレに行って、着替えやお化粧をするんです。そしてビートルズが出て来たときは、今来たばかりのようにすてきな格好をしているというわけね。

「半分は性《セックス》で、半分は音楽じゃないかしら。魅力の中身はそれなのよ。とにかく女の子たちはビートルズに自分たちを見てもらいたくて、でなきゃビートルズのだれかと付き合いたくて、うずうずしていたわ。でも、違うわ、何はともあれ、そこにいるということなのね、それがすべてなのかもしれない。ビートルズがいよいよ出て来たときの金切声、あれは凄まじかったわ。まるで発狂状態よ」

リンゴとデートするようになったとき、モーリーンはそれを極力隠さなければならなかった。

「でなきゃ殺されたかもしれないわね。女の子には全然友情なんてないんです。隙あらば、うしろからぐっさり、という感じよ。ビートルズはみんな独身で、女の子にはみんなチャンスがあるというのが、もう固定観念になっているんですね。ビートルズのメンバーは特定の女の子とデートしちゃいけないんです。

「でも、もちろん、私のことを嗅ぎつけた女の子もいたわ。そういう子は、私が働いていた美容院にお客として来るんです。仕方がないから、私が髪をいじってあげるでしょう。そうすると脅迫するのよ——『リンゴ・スターともう一度逢ってごらん、ただじゃおかないわよ』そうかと思うと、勤めの帰りに突き飛ばされたり、脅迫電話がかかってきたり。あたしにはね、こわい兄貴がいるのよ、というのが決り文句でした。

「いつかビートルズがロカルノ・クラブに出ていたときでした。演奏が終る少し前に、リチーが、先に外へ出て、だれにも見つからないように車の中で待っていてくれ、と私に言いました。車の中で待っていると、一人の女の子が現れました。きっと私をつけていたのね。「その子が言いました、『リンゴとデート？』違うわ、そんなんじゃないのよ、と私は言いました。彼は私の兄の友達なのよ。『嘘つき』と、その子は言いました、『さっき彼と話していたのを見たわよ』私は車のウィンドウを閉めるのを忘れていたんです。あっという間に、その子はウィンドウから手を突っこんで、私の顔を引っ掻きました。そして金切声を上げて、ものすごく汚い言葉で私を罵りました。ああ、もう駄目だ、ここで殺される、と思ったわ。でも、ようやくのことでウィンドウを閉めました。ぐずぐずしていたら、あの子はきっとドアをあけて、私を殺したでしょうね」

第二部　ロンドンと世界

20 ジョージ・マーティンとディック・ジェイムズ

いつ見てもジョージ・マーティンは、ビートルズとは階級、趣味、経歴などの点で、数光年もかけ離れているように見える。いわばマチネーの人気役者といった感じで、背が高く、ハンサム、かてて くわえて勉強家の小学校の教師といった態度、言葉尻を落して発音するBBC（英国放送協会）ふうのアクセントである。しかし、少なくとも幼年期の生活背景はビートルズと同じように低い労働者階級のものだった。

マーティンは一九二六年、北ロンドン、ホロウェイに、大工の息子として生れた。まずスタンフォード・ヒルの、あるカソリック系の私立学校に入学したが、まもなく家族がケントに移ったため、公立のブロムリー・カウンティ・スクールに転校した。家系に音楽的な伝統があったわけではなく、少年時代に音楽の勉強をしたわけでもなかったが、まずピアノの演奏を耳で覚えることから始めて、十六歳当時、学校のダンス・バンドを主宰《しゅさい》していた。

第二次大戦中、英国海軍航空隊に配属され、大尉で退官した。一九四七年に復員したが、何もすることがなく、戦時中、小さな演奏会でのピアノ演奏を聴いてくれた或る人のおかげで、ギルドホール音楽学院を受験したのだった。三年間在学して、第二楽器としてオーボエを選択した。卒業後、暫くフリーのオーボエ奏者として過ごしたが、劇場の伴奏オーケストラや、日曜日の午後、ロンドンのいろいろな公園で演奏するバンド出演の域を脱しなかった。あまり上手くなかったので、とうとう彼はクビになってしまった。一九五〇年の後半に、EMI傘下《さんか》の会社の一つ、パーロフォンのアシスタント・プロデューサーという、耳よりな仕事の話が持ち上がってきた。当時、彼はEMIの意味も知らなかった。これはエレクトリック・ミュージカル・インダストリーの略号で、現在は世界最大のレコード会社である。

この仕事に就けたのもギルドホールで身につけたクラシック音楽の素養によるものだったが、彼はジャズ、軽音楽の部門で仕事をすることを期待された。パーロフォンの部門は広汎《こうはん》なものだったが、概してパッとしなかった。「当時のパーロフォンは、EMI傘下の花形会社、HMVやコロンビアと比べると貧弱な子会社だった。一九五〇年、私が入社した当時、まだ蠟管《ろうかん》にレコーディングしていたんだ」

パーロフォンは、第二次大戦直前にドイツから買収された会社だった。業務を引き継いでからあまり活動せず、ジョージ・マーティンによれば、多くの社員は余命いくばくもないと思っていた。

見馴れたシンボル・マーク£は、ポンド貨幣の記号と同じ形だが、このマークは、このマークが稼ぎ出してきた何百万ポンドとは関係がない。これは創建者、カール・リンドバーグの姓の頭文字から考案されたものだった。

　ＥＭＩでのジョージの給料は、週七ポンド四シリング九ペンスで、かなり少額のものだった。生活に追われていたため、まだ、機会があれば公園での日曜の午後の音楽会で演奏したり、いろいろな学校オーケストラのリサイタルを開かせたりした。

　ジョージ・マーティンはますますポピュラー・レコードを手がけるようになっていった。初期の彼のスターは、ボブおよびアルフ・ピアスンの二人で、彼らがよく歌ったのは『兄貴と私』であった。またファイブ・スミス・ブラザースや、スコティッシュ・カントリー・ダンスのバンド、シミー・シャンドとその楽団のレコーディングもした。この楽団の『ブルーベル・ポルカ』をレコードにしたが、これは現在でも売上げのいいレコードである。彼はジャズの分野に移り、ジョニー・ダンクワース、ハンフリー・リトルトンのレコードも作った。

　今でこそＬＰレコードはずっと昔からあったように思われているが、ＬＰは一九五〇年代初期の大きな発明であった。「ＥＭＩが転換したのはひどく遅く、五四年まではＬＰに手をつけなかった。どうして、そんなに手間どったのか分らない。デッカは五二年には切り換えた。つまり、われわれは遅れを取り戻すのにたいへんだったわけさ」

　一九五〇年代初期には、イギリスにおけるレコード生産は、型にはまった、ただそれまでの方法を受け継いでいけばすむといった事業だった。ちょうど月刊雑誌の発行に似ている。毎月、パーロフォンのような会社は、二カ月前に企画し制作したレコード十種を新発売するのだが、会社自体がこのレコードを毎月の追加版と称していた。きわめて厳重、かつ、明白に種類別が決められているのだった。新発売レコード十種のうち二種はクラシック、二種がジャズ、二種がダンス音楽――ヴィクター・シルヴェスターふうのダンス音楽で――あとの二種が男性ヴォーカル、二種が女性ヴォーカルだった。ポップのような種類の分野はなかった。「われわれはポップのことは口にしなかった。なにしろ、うちの社はクラシック、ジャズ、ダンス、ヴォーカルが全部だった」

こうした類別のほかに、パーロフォンには売れるスターが少なかったという事情がある。たとえば、ヴィクター・シルヴェスターはEMIでは比較的成功している系列であるコロンビアに属していた。金を稼ぐ主だった歌い手はアメリカ出身だった。パーロフォンには、そうしたスターが一人もいなかった。

しかし、ジョージ・マーティンは、コメディ・レコードのシリーズを制作することで自分の才能を生かす道をゆっくり作り上げることに専念《せんねん》していた。もっともレコード界のだれも、そんなものが売れるとは言わなかったのだが。

彼の作った初期のコメディ・レコードは、劇作家であり俳優でもあるピーター・ユスティノフの『モーツァルトもどき、いんちき民話』だった。ピーター・セラーズのもの、フランダース&スワンなども手がけ、さらに、彼らがウェスト・エンドに進出する前の『ビヨンド・ザ・フリンジ』をケンブリッジでレコーディングした。

それからスキッフルやロックンロールが現れて、十代のポップ・ミュージックの世界全体をぐんぐん変えようとしていた。イギリスのスターやグループが遂にヒット・レコードを出し始めていたが、当時はまだアメリカのスターのスケールには及びもつかなかった。しかし、可哀想な古ぼけたパーロフォンは、ジョージ・マーティンのコメディ盤の孤軍奮闘《こぐんふんとう》にもかかわらず、そうした動きからまるで取り残されていた。

「どこの会社もグループやシンガーを血まなこになって探しているのに、パーロフォンだけは例外だったね。私は、タレントを探すためにロンドンのコーヒー・バーにしょっちゅう顔を出したよ」のちにトミー・スチールの名で売り出したトミー・ヒックスと契約するのを見送ったが、この歌手はエルヴィス・プレスリーの模倣者にすぎないと判断したからだった。「私はアメリカのスターを揃えているＨＭＶやコロンビア、それにイギリス人でもクリフ・リチャードのようなスターを持っているよその会社がひどくうらやましかった。ある意味で、そういう会社は楽だね。一般受けのするシンガーなりグループを摑まえたら、それからは別な曲を見つければいいだけだ。コメディ盤だと、いつもゼロから出発することになる」

ロックンロールが新しく巨大な十代のマーケットを開拓し、レコードのヒット・チャートやレコードの売上げがますます重要なものになっていくにつれ、とにかく大多数の社員が余命いくばくもないと考えているパーロフォンは、ここでも取り残されたままだった。

一九六二年五月になると、ブライアン・エプスタインとビートルズは知らないことだったが、パーロフォンは、盛り返しのためにビートルズのようなグループの出現をひたすら待ちわびていた。人がその咳一つ、片言隻語《へんげんせきご》の意味までも解こうとした偉大なジョージ・マーティンは、偉大から遠い存在だったのである。

当時ジョージ・マーティンの秘書で、現在は彼の夫人であるジュディ・ロックハート＝スミスは、初めてブライアン・エプスタインに逢ったとき非常に印象的だったことを覚えている。「とてもすばらしいコートを着て、態度も立派でしたし、言葉遣いもよくて、チャリング・クロス・ロードでよく見かけるマネージャーといったありきたりの人ではありませんでした」

ジョージも、良い印象を受けた。「しかし、彼が聴かせてくれた演奏には特別、ショックを受けたわけではなかった。唄も歌手も大したものだとは思わなかった。しかし、興味あるサウンドを出すとは思った。そこでレコーディング・テストをやろうと持ちかけたんだ」

ブライアンは魂が宙に飛ぶほどだったが、ジョージにとってはビートルズはあくまでただのレコーディングの可能性あるグループにすぎなかった。彼は将来性のある新しいグループを見つけ出すことに没頭《ぼっとう》していて、これまでに多数のグループをテストしてきたのだった。「もともとの計画では、クリフ・リチャードとザ・シャドウズといったように有名なリード・シンガーの伴奏をさせるグループとして使うつもりだった。どんなことがあっても、私には私自身のクリフが欲しかった。そういうグループの中からリード・シンガーになれる可能性のある者を見つけようとしていたので、初めのうち私の心はそんなふうに働いたわけだ。だが、初めて彼らと逢ったとき、私はすぐに、そうは問屋がおろさないと気がついた」

ジョージは一九六二年六月六日、彼らに初めて逢ったが、このとき、セント・ジョンズ・ウッドにあるEMIの第三スタジオでレコーディング・テストを行なった。このときブライアンは、演奏できる新しい曲目のリストを手渡したのだった。

「非常に魅力のある連中だということが分った。私は彼らと一緒にいることが気に入った。当時、彼らは無名、こっちは一応有名人だったから、それは奇妙なことだったのかもしれない。先方がこっちに好意を持っていようがいまいが、それは問題ではなかったが、向こうも好意を持ってくれたらしいので嬉しかった。ジョンはピーター・セラーズのファンで、私の作ったグーン・ショウのメンバーのレコードのファンだったことが分った」

ジョージは、ブライアンのリストから僅か三、四曲選んだだけだったが、その中に『ラヴ・ミー・ドゥ』と『P・S・アイ・ラヴ・ユー』が含まれていた。『ラヴ・ミー・ドゥ』はかなり初期のヴァージョンだったはずだとマーティンは記憶している。唄それ自体に感動しなかったからである。しかし、ここでも彼はこのグループのサウンドが気に入ったし、彼らの個性も好きになったのだった。「彼らと契約しても、こちらとしては損はないと思ったが、彼らをどういうふうに売り出していいか、どの曲をレコードにするか、まるで見当がつかなかった」

当時の彼は、自分にとってもっと大切なレコード、たとえばロンドンで一番先に誕生したが短命に終ってしまった諷刺専門のショウを出したナイトクラブ「ジ・エスタブリッシュメント」のLPといったレコードの制作に依然として没頭していた。これがビートルズにとって長い出番《でばん》待ちが始まった時期で、この期間にピート・ベストがクビになったのだった。ジョージ・マーティンは、ビートルズと接触するまでに時間を置いたが、それは彼らに何のレコードを作らせるか、彼ら自身のものを演奏させるチャンスを与えたものか、それとも作曲家を使って一曲書かせたものかまだ確信が持てなかったからだった。

長いあいだ待たせたが、やっと一九六二年九月十一日になって、彼らをロンドンに連れて行って国内で初めてのレコード『ラヴ・ミー・ドゥ』、B面『P.S.アイ・ラヴ・ユー』をレコーディングさせることにしたのだった。

「私は最後になって『ラヴ・ミー・ドゥ』を最高の作品として選んだ。この曲の魅力はジョンのハーモニカだった」

ジョージ・マーティンは、ピート・ベストが去って、新しいドラマーが入ったことを聞いた。しかし、彼は出たとこ勝負でやるようなことはしなかった。アンディ・ホワイトという、本当に経験の豊かなドラマーを雇うことに決め、万一の場合のために待機させた。このことはブライアンには打ち明けたが、リンゴは知らされなかった。

ビートルズが演奏を開始する前に、ジョージ・マーティンは自分の狙いを説明した。「もし気に入らないところがあったら、ぼくに言ってくれ」ジョージ・マーティンは言ったのだった。

「それじゃ言うけど、まずあなたのネクタイは気に入らないな」ジョージ・ハリスンが言った。半分は本気の冗談で、あとになって何度も話題になったが、これはどうもジョージ・マーティンにはあまり効き目がなかった。事実、真新しいタイで、ジョージにすれば特に自慢していたものだった。これは黒地に赤馬の模様が付いていて、リバティ・レコードのプレゼントだった。しかし、そんなことでみんなが大笑いして、演奏が続けられた。

リンゴにとっては生れて初めてのレコーディングで、自信は全くなかった。別にドラマーが呼ばれて待機していることは知らなかったが、レコーディングの初めに気がついていたら、もっと動揺していたに違いない。

彼らは、『ラヴ・ミー・ドゥ』にかかったが、ジョージ・マーティンが満足するまで十七回ほども演奏をやり直した。「私はリンゴをあまり高く買わなかった。その当時から見れば長足《ちょうそく》の進歩を見せたが——ロール（ドラムを細かく叩く奏法）ができなかった——今でもできないんだ。私が求めていたのはアンディのようなドラマーだった。リンゴはどうしてもダンスホール向きにできていた。経験のある別なドラマーを使うのが最上だということははっきりしていた。

「ぼくは上がっていたし、スタジオが恐ろしかった」とリンゴは言う。「あとになってB面の演奏にかかったとき、ジョージ・マーティンが別なドラマーをぼくの場所につかせたことに気がついた。いやなものだった。ビートルズに加入するように頼まれたものの、ぼくはまるでダンスホールでなら使えるがレコードでは使えないみたいに見えたんだ。

「みんなで『P．S．アイ・ラヴ・ユー』の演奏を始めた。別の奴がドラムを叩いて、ぼくにはマラカスが与えられた。これでおれも終りだな、と思ったよ。ぼくもピート・ベストの二の舞だ。連中、今度は、さっきぼくがドラムを受け持った曲をもう一度録音し直すことに決めた。今度は、ぼくはタンバリンをあてがわれた。

「くさったなあ。お話にも何もなるものか。レコード制作なんて馬鹿げたインチキだ、と思った。いろいろ噂に聞いていた通りじゃないか。スタジオで自分のレコードを制作するのに、よそのミュージシャンを使うんだ。ぼくがレコードには使えないと言うのなら、いつだって降りてやるさ。

「しかし、だれも何も言わないんだ。ほかの連中にしたって言いようがないだろう？　ぼくにしたって何を言えばいいんだ？　みんな、海のものとも山のものとも分らない駆け出しだから。この意味は分るだろう。相手がデカすぎるんだ、ロンドンのレコード会社だの何だのって。ぼくたちは、言われた通りにするだけなんだ。

「シングル盤で、レコードができてきたとき、ぼくの名前は『Ｐ．Ｓ．アイ・ラヴ・ユー』に付いていたが、ぼくはマラカスで、ほかの奴がドラムをやったんだ。しかし、ぼくにとって幸運だったのは、ぼくがドラムを演奏した最初の『ラヴ・ミー・ドゥ』を出すことに決定したことで、それでＯＫだった」

彼らの最初のレコード、『ラヴ・ミー・ドゥ』は一九六二年十月五日に発売された。そのときまでに、彼らはリヴァプールに戻っていて、各地のホールやダンスホールで巡業を続けながら、自分たちのレコードが世界を震撼《しんかん》させる日を待っていたのだった。ところが何も起らなかった。

リヴァプールのビートルズ・ファンは、非常に忠実にたくさんのレコードを買ってくれたものの、地方都市での売上げは、もとよりヒット・チャートにはあまり効果がなかった。リヴァプールのファンは、大挙《たいきょ》してあらゆるリクエスト番組に葉書を書いた。このレコードが、リクエストに応じて最初に放送されたのはラジオ・ルクセンブルクだった。

ジョージの母、ハリスン夫人は、ジョージが放送があるかもしれないと言った夜、何時間も起きていた。すっかり待ちくたびれてベッドに入ったが、いよいよ放送されたときジョージが途轍《とてつ》もない声を上げたおかげで目が覚めたのだった。彼が途轍もない声を上げたため父のハリスン氏まで目を覚ましてしまったが、バス勤務の早番で早く起きなければならなかった父はひどく腹を立てたのだった。

ジョージは語った。「ラジオで初めて『ラヴ・ミー・ドゥ』を聴いたとき、全身がふるえ出した。リード・ギターの所を少し聴いたけれど、自分でも信じられなかった。しかし、ぼくたちの人生で最も重大だったのは、これで今週のベスト二十にのし上がることだった」

彼らは、「ニュー・レコード・ミラー」紙のヒット・チャートでは、四十九位に割り込んだ。次の週は、別のポップ専門の新聞「ニュー・ミュージカル・エクスプレス」に顔を出し始め、二十七位にランクされた。暫くこの位置を動かなかった。

レコード発売の力を借りて、ブライアンは、彼らを売り出すために初めてテレビに出演させることにした。テレビ出演といっても北部地方だけのことだったけれど。この放送はマンチェスターをキー・ステーションにしたグラナダ・テレビの「各地の人びと」という番組だった。

それから彼らは、スター・クラブ再出演のためにハンブルクに舞い戻る予定だった。これはレコードを作る以前に契約していたのだった。彼らとしては、故郷を留守にすればラジオ、テレビからお座敷がかからないし、レコードの売行きはガタ落ちになるだろう、と考えていた。しかし、彼らはハンブルクめざして四回目の旅に出たのだった。ハンブルク滞在中もレコードの売行きはゆっくり上向きになっていたので、このことはいつも派手な祝賀パーティをやる口実になった。『ラヴ・ミー・ドゥ』の一番高いランクは十七位だった。

一方、ジョージ・マーティンにしても喜んではいたが、『ラヴ・ミー・ドゥ』に関して手放しで感動したわけではなかった。「初めから終りまで、ただみごとな曲だというふうには思わなかったが、ビートルズとそのサウンドにたいする反応にスリルを感じたね。そうなると問題は、追いうちをかけて新曲レコードを出すことだった」

彼はこれは絶対にヒットすると見込んでいた曲を見つけていたのだった。これは『ハウ・ドゥ・ユー・ドゥ・イット』という曲だった。この曲をビートルズに送ってみたが、ビートルズは気に入らなかった。ジョージ・マーティンはいい曲だと主張した。ボスは彼なのである。彼は録音することを要求した。とすれば、ビートルズとしても従わないわけにはいかない。それでも、彼らはこの曲が気に入らない、レコードにはしたくないと主張したのだった。

若くて経験も少ないうえに、楽譜もろくに読めも書けもしない田舎者どもが、知識も権力もあるジョージ・マーティンに向かって、自分たちのほうが彼よりもよく分っているなどと頑固《がんこ》なところを見せるのは勇敢というか、いや、おそらく世間知らずもいいところだった。

「きみたちはヒット曲をはねつけてるんだぜ、と言ってやったんだ。それこそ彼らにとっては一巻の終りだったわけだが、それほど強情な態度をとるなら、今度は自分たちでもっとましな曲を作ってみろということになった。当時、あの連中ときたら強情でわがままだった。

それは今でも少しも変らない。

「そこで彼らは、もっとましな曲、『プリーズ・プリーズ・ミー』を作った。これにはすっかり圧倒されたなあ」

しかし、『ハウ・ドゥ・ユー・ドゥ・イット』に関しては、さすがにジョージ・マーティンの目に狂いはなかった。結局、ビートルズの代りに、これも当時ブライアン・エプスタインのグループだったジェリーとザ・ペイスメイカーズにまわしたが、この曲は第一位になった。

ビートルズの二作目、『プリーズ・プリーズ・ミー』は一九六二年十一月二十六日に録音されたが、翌年の一月まで発売されなかった。レコーディングのためハンブルクから帰ったが、またハンブルクに戻った。今度は彼らにとっては五回目だが、二週間ばかりの予定で、ハンブルクのナイトクラブでの演奏はこれが最後になった。

この歳末に、「ニュー・ミュージカル・エクスプレス」紙は恒例《こうれい》の人気投票を行なった。イギリスのヴォーカル・グループでは、スプリングフィールズが二万一千八百四十三票でトップだった。ビートルズはずっと下位で三千九百六票、おそらく票は全部リヴァプールのものだった。しかし、とにかく人気投票で取り上げられた。ジョージ・マーティンやパーロフォンが必死に探し求めていたグループになれる可能性はまだ微々たるものだったが、とにもかくにも一角に姿を現したのだった。

ビートルズの世界に、専門家にしろ友人にしろ、伝統的なショウビジネスの人間として関わりを持ったのはディック・ジェイムズただ一人だった。この人物は、ジョージ・マーティンが登場した直後に現れたが、マーティンと同じようにビートルズの成功に大きな期待を抱いていた。

ディック・ジェイムズはずっとこの世界の周辺に生きてきたのだった。ロンドンのユダヤ人社会という環境の出身だけに、いろいろな未来のエイジェントたちやバンドリーダーたちにまざって育ち、こうした仲間がいつも味方になってくれるのだった。ディック・ジェイムズには感情表現が大げさなところがあったが、それはそれなりに純粋だった。愛嬌のあるところもあり、ビートルズの作品の出版を一手に引き受けていた。ビートルズの四人も皆ディック・ジェイムズに好感を持っている。四人は彼のバラード好きを冷かすことがあり、『ホエン・アイム・シックスティー・フォー』といったオールド・スタイルの曲が彼をすばらしく幸福にすることも分っていた。とにかくディック・ジェイムズは非常に幸福だった。ビートルズの周囲でも、おそらく最高に幸運な男である。ビートルズに初めて逢った当時、たった一人で楽譜出版をやっていたが、現在では巨大な音楽出版社を経営している。巨大な資産を得ているが、ビートルズのおかげというだけではなく、やはり彼自身の刻苦精励《こっくせいれい》によるものであった。

彼は一九二〇年、ロンドンのイースト・エンドで生れ、本名はリチャード・レオン・ヴァプニックである。父は肉屋で一九一〇年ポーランドから移住したが、ちょうどエプスタイン家の人々がやはりポーランドから移住したのもこの時期であった。

十七歳のとき、プロの歌手として、アル・バーリン（現在はエイジェントになっている）と彼の楽団と共にクリックルウッド・パレーに出演した。戦争中は衛生部隊に配属されたが、ちっとも医学はやらず、衛生部隊のバンドで演奏していた。この当時、楽譜の読み方を身につけたのだった。戦後、ジェラルドォの楽団に参加して、すぐにディック・ヴァプニックという名前をディック・ジェイムズに改めた。長い歳月にわたって、当時の有名な楽団の多くと一緒に公演し、その後ソロ・シンガーになったのだった。

「私は絶大な名声といったものを得たことがなかった。ドナルド・ピアーズやデヴィッド・ホイットフィールドのようにお客さんを熱中させるようなものがなく、私が舞台に出てもだれも熱狂するようなことはなかった」

そうは言っても、立派な生活をしていた。驚異的な売上げを見せることはなかったが、たくさんレコードを出した。最初の盤は一九四二年、軍の休暇中のことで、プリモ・スカラのアコーデオン・バンドと組んで歌った。暫くのあいだデッカに籍をおいたが、この会社を儲けさせるには至らなかった。そして一九五二年、とうとうパーロフォンに移った。この会社にはジョージ・マーティンという敏腕で明朗闊達《めいろうかったつ》なプロデューサーの青年がいて、ポピュラー・シンガーならだれとでも喜んで熱心に仕事をした。一九五五年、ディック・ジェイムズはジョージ・マーティンの下で、彼としては最高の、そして現在でもその一曲で記憶されているヒットを出した。これはテレビのシリーズものだった「ロビン・フッド」の主題歌だった。当時、ヒット・チャートの九位になったが、ディック・ジェイムズにもジョージ・マーティンにも、当時これが最高のヒットだった。このヒットが出て、もう一人の敏腕な若いプロデューサー、フィリップ・ジョーンズ制作による十五分のディック・ジェイムズ特集がラジオ・ルクセンブルクで放送されることになったのだった。

「ロビン・フッド」こそ成功したものの、ディック・ジェイムズは歌手として将来性はないことに気がついていた。ショウビジネスの世界が沈滞したわけではなく、ロックやスキッフルを始め、若い世代が続々登場してきたからだった。「これは革命だという気がしましてね。私なんか時代も違うし場違いな存在になっていたわけです」当時の彼はまだ三十代の前半だったが、何年も前から、かつらをつけていたのだった。「むろんステージに出るためですがね。私生活でそんなことはしません。人の目を欺《あざむ》くことですからね」

一九五九年まで歌い続けたが、妻子から離れて生活したくなかったため、やがて歌う仕事の機会は減り、しかもロンドンだけに出演は限られてきた。副業といった形で楽譜出版にも手をつけた。彼は、女優エリナー・ブロンの父、シド・ブロンを助けたが、これは無報酬だった(この女優は、ビートルズの映画第二作『ヘルプ!(日本封切の際の題名は『四人はアイドル』)』に出演している)。

一九六一年九月、チャリング・クロス・ロードの二室で、自分の音楽出版社を始めた。一九六二年夏まで、この出版社はどうやら生き延びたが、ヒット曲は全く見出せなかった。

かねて交渉があった、ある知人の子息が、ある日彼を訪れた。ほかの音楽出版社が買ってくれなかった曲を持って来たのだった。この曲は『ハウ・ドゥ・ユー・ドゥ・イット』という題名だった。彼はパーロフォン当時からの知り合いだったジョージ・マーティンを急いで訪問した。ジョージ・マーティンがあれほど熱心にこの曲をビートルズのレコードにしようとした理由は、今になってみれば明瞭である。

「私はジョージに凄い曲だと言ってやりました。彼はこの曲はリヴァプールから連れてくる新しいグループに向いているかもしれないと言ったのです。『リヴァプールだって？』私は思わず言ったものです。『冗談じゃない。リヴァプールくんだりで、何がとれるんだ？』」

ジョージ・マーティンはこれが商業的に採算《さいさん》のとれる曲であると判断して、ディック・ジェイムズにはしばらく手許に置かせておいてくれと頼んだ。ディックは非常に喜んだ。待ちに待ったヒットがとうとう出せる、と確信したのだった。しかし、一九六二年十一月、マーティンはディックに電話をかけてきて、ビートルズが第二作『プリーズ・プリーズ・ミー』を自分たちで作曲したが、なかなかいい曲だと言ってきた。

ディック・ジェイムズにしてみれば、それはどちらでもよいことだった。しかし、ジョージ・マーティンは今ここにはブライアン・エプスタインが来ていると言った。ブライアンはロンドンには知人がいないので、面倒をみてやってくれないか、と。この電話で、ディックはそうしようと言った。そして、マーティンの言う通り、すばらしい曲なら、その『プリーズ・プリーズ・ミー』の出版をさせてもらいたいと持ちかけた。

ブライアンは翌朝一番で別の音楽出版社に逢いに行く約束をしていたのだったが、そのあとでディック・ジェイムズに逢って自分の希望条件などを話し合うことを承知した。「翌朝十時半にオフィスにいたのですが、約束より三十分早くブライアンがやって来ました。彼はその朝、別の出版社に出掛けたというのです。二十五分も待ったあげく、雑用係が顔を出しただけだったそうです。そんなわけで、その出版社の代りに私と最初に契約の相談をすると言ってくれました。

「彼はその曲を聴かせてくれました。何年となく聴いてきた曲の中で、一番エキサイティングな曲です、契約していただけますか、と私は言いました」

ブライアン・エプスタインはリヴァプールから出てきて日も浅かったが、まるっきりの駆け出しというわけではなかった。ディック・ジェイムズが宣伝に協力してくれれば、この曲を出版させてもいいと言った。ディック・ジェイムズは電話を取って、旧知のプロデューサーにわたりをつけた。これは、かつてラジオ・ルクセンブルクでディックの特別番組をプロデュースしてくれたフィリップ・ジョーンズだった。フィリップ・ジョーンズは、たまたまテレビの新番組として音楽番組「サンク・ユア・ラッキー・スターズ」の制作に着手していた。

「電話でしょっちゅうわたりをつけたものでした。私がフィリップに『プリーズ・プリーズ・ミー』を聴かせると、なかなかいいじゃないかと言ってくれました。そこで彼がビートルズを番組に出してくれたんです」

その五分間で、ディック・ジェイムズは、ビートルズのロンドンでのテレビ初出演の話をつけた——マンチェスターのグラナダ・テレビのは北部だけだったからである。ブライアン・エプスタインは当然ひどく感激した。昼食を共にしているうちに、ディック・ジェイムズはビートルズの音楽出版を手がけることになった。すばらしい作曲家が新曲を書いてくれれば音楽出版社はあくまでうまくいく。著作権使用料は出版社、作曲家が折半《せっぱん》して受け取ることになっているからだ。

歌手よりも音楽出版に手をつけようと決心した五〇年代から、いろいろな意味でディック・ジェイムズはツキから見離されてきたのだった。当時、彼が考えていたほかの職業、たとえばエイジェントになったほうがもっと安全だったかもしれない。音楽出版は何十年もピース楽譜の売上げの上に成り立ってきた。ひとたびレコード・ブームが始まり、一般の人が家庭でピアノを演奏することをやめたとき、ピース楽譜の全盛期は終った。しかし、ビートルズに邂逅《かいこう》したときから、ディック・ジェイムズの行く手には曙光《しょこう》がさし始めたのだった。

21 旅公演

ビートルズの一九六三年はレコードが一枚発売されて、次の新曲が発売されようとしている状態で始まった。彼らはジョージ・マーティンとディック・ジェイムズを発見していた。ロンドンのテレビ初出演が予告されていた。それでいて、まだ全く世間的には無名だった。ブライアン・エプスタインは、全国的に、あるいは地方的にグループの名前を売りこむのが非常にむずかしいことを思い知らされたのだった。

ブライアンは依然として「リヴァプール・エコー」紙のジョージ・ハリスンに取り上げてもらうつもりだったが、これは全く成功しなかった。そこで「リヴァプール・エコー」紙のレコード欄の批評担当者、ディスカーに手紙を書いた。初めてディスカーに手紙を書いたのは一九六二年にさかのぼるが、このときロンドンのデッカ本社のトニー・バーロウと署名した人物から手紙を貰って驚いたのだった。

トニー・バーロウが「ディスカー」(レコードのディスクをもじったペン・ネーム)になった当時は十七歳で、リヴァプール近郊のクロスビーの学校に在学中だった。その後、ダラム大学に在学中、さらにデッカ本社に勤務するようになってレコードのライナー・ノーツを書くようになってからも、このコラムは書き続けていた。現在でも彼はディスカーなのだが、同時に、ビートルズの報道関係担当者の最古参でもある。

ブライアンが初めて手紙を送ったときには、デッカはオーディションが気に入ってレコーディングしてくれそうに見えた。トニー・バーロウはそのことを小さく取り上げてくれたが、これがビートルズが活字で取り上げられた最初の記事になった。しかし、この話がすっかり駄目になるとトニー・バーロウもこのグループのことをあまり熱心に取り上げてはくれなくなった。もっとも、ビートルズのデビュー曲『ラヴ・ミー・ドゥ』が発売されたとき、彼は「ディスカー」のコラムで再びビートルズを取り上げたのだった。

グループがレコードを出してからは、ブライアンは前よりも頻繁《ひんぱん》にロンドンに上京した。彼はトニー・バーロウに逢って、世間の注目を浴びるにはどうしたらいいか助言を仰いだ。「ブライアンは、レコードの売上げを促進する方法を知らなかった。そこで、私は彼が業界紙とコネをつけるようにしてやった。そのとき、彼の話では報道担当者がいないということだった。彼は、自分が作ったプリントの資料を各方面に送りつけるだけだった。私に応援してくれないかと持ちかけてきた。そんなわけで、デッカの私のオフィスで、私は初めてビートルズから公式に各新聞社、マスコミ関係に向けたプレス資料を作成したんだ」

実際にはまだこのグループのメンバーに逢ったことがなかったし、デッカに在籍している以上、自分の本名、電話番号を使うわけにはいかなかった。また、資料はできても、郵送すべき名簿がなかった。「私は前に逢ったことのある宣伝マンを選んだ。ＢＢＣ放送の食堂の、ひどくお手軽な昼食ですませた。この男は、自分の持っている住所録を使ってもいいと話をつけてくれた」この宣伝マンがアンドルー・オールダムで、のちに暫くブライアン・エプスタインの仕事をしたが、さらに後年、ローリング・ストーンズのマネージャーになった人物である。

同じ一九六二年十月頃、EMIもビートルズの最初のレコードのPRのためにプレス・シートを出したが、これはだいたいのところブライアンのプリントをリライトしたもので、ファン・クラブの投書をもとに脚色したようなものだった。曰く、ジョンの好きな色は黒、カレーが好き、カール・パーキンスが好き、インテリと伝統的なジャズが嫌い、といった内容だった。「好きな車」という小見出しの下には「バス」などと書いてある。この資料によると、グループ全員が同じ希望を述べていた——金をたくさん稼いで引退する、などと書いてある。当時のありきたりの資料から見ても、これはビートルズの本当の野心ではなかった。彼らの野心は、多彩なエンターテイナーたるべきことであった。

トニー・バーロウはデッカを退社し、一九六三年五月一日、ブライアン・エプスタインの最初のロンドンのオフィス、モンマス通りの一室しかない事務所から、NEMSエンタープライズ専任で働き始めた。半年間、無数のプレス・シートを発送したが、大部分は黙殺されたのだった。

音楽新聞は、ビートルズのレコードが出たとき、特に一月十一日に遂に発売された『プリーズ・プリーズ・ミー』について書いてくれた。この曲は、二月十六日には第一位になったし、新聞がよく書いてくれたが、全国紙はニュース種としても取り上げず黙殺したのだった。

　この半年間、全国紙が取り上げて記事にした唯一《ゆいいつ》のものは、一九六三年二月、ロンドンの「イヴニング・スタンダード」紙でモーリーン・クリーヴが取り上げたものだけだった。当時は『プリーズ・プリーズ・ミー』は第一位になっていなかったし、レコード界でさえ、彼らはまだ一般に知られていなかった。モーリーン・クリーヴは、リヴァプールでの熱狂的なファンのことを聞いたのだった。彼女はその記事の中で、リヴァプールのファンがグラナダ・テレビに録画するように働きかけているが、最近はビートルズがリヴァプールから離れるのではないかと心配しているらしいと書いたのだった。そして、ファンの行動がどんなに面白くて、しかも自然であるかと書いた。

　さらに、ほかの新聞に先がけて、初めてビートルズのヘア・スタイルに興味を向けた。彼女は、前髪を切り下げた「フランス式ヘア・スタイル」と書いた。この髪型はヨーロッパが元祖《がんそ》なので、当時としては正しい一般的な呼び名だった。

「ポップ系の新聞はずいぶん書きたててくれたが、ビートルズに関心を寄せてくれる全国紙の読み物記事のライター、新聞記者は一人も摑めなかった」とトニー・バーロウは語っている。「一九六三年十月までは新聞に取り上げられることがまるでなかった。

「私としては、私の作ったプレス・シートがすばらしいもので、これがビートルズを築《きず》き上げたと言いたいところだが、事実は違う。全国紙が気がついたのが、そもそも話にもならないくらい遅れていた。全国各地の若い世代がビートルズに熱狂し始めていた。リヴァプールだけじゃなかった。ところが、それでもだれも気がつかなかったらしい。ビートルズの二作目のレコードがヒット・チャートでトップになっていながら、新聞社はニュースにもしなかったし、読み物記事にする目もなかったんだ」

この事情を単純に説明すれば、こんなことは、かつてイギリスには一度も起ったことがないので、イギリスのマスコミは認識する方法がなかったと言える。その現象が飛び出してきて頭を殴りつけられるまでは、ぼんやりしていなければならなかったのである。

全国的には無視されていたにせよ、ビートルズは遂にリヴァプールでは大きく取り上げられるようになっていた。一九六三年一月五日、ディスカーは発売間近《まぢか》の二枚目のレコード『プリーズ・プリーズ・ミー』について長い評論を発表した――パートタイムでビートルズのPRを担当していることは伏せたが。

有名なジョージ・ハリスンもさっそく便乗した。二月二十一日付の「オーヴァー・ザ・マージー・ビート」という毎号担当しているコラムで、ビートルズがテレビの「サンク・ユア・ラッキー・スターズ」に出演することを書きたてた。彼は『プリーズ・プリーズ・ミー』が第一位になる前に、この番組が録画されていることに触れた。そしてまた、このコラムでは、ビートルズが一作ヒットしただけで消えてしまうグループかどうかという心配をしていた。

しかし、二カ月後にはもはや彼を逡巡《しゅんじゅん》させるものはなくなっていた。本当に有名なジョージ・ハリスンと同じ名を誇るようになったのは彼のほうだった。彼は「リヴァプール市、ジヨージ・ハリスン」だけの宛名で誕生日のお祝いのカードが山ほど届けられてきていることを語った。中には彼の髪の毛を欲しいといってくるファンさえいたが、これはビートルズのものなら何でも手に入れようとするファンの熱狂の一番初期の兆候だった。彼としては髪の毛ぐらいなら差上げてもいいのだが、自分の分も少しはとっておきたいと返事をしたのだった。

レノン、マッカートニー、ハリスン、スターキーという苗字のリヴァプール市民は、一晩中見知らぬ娘たちから電話がかかってきて悩まされ始めた。

しかし、ヒット・チャートの二十位以内に入るようになった大きな成果は「リヴァプール・エコー」紙がこのグループのことを書いてくれたことではなく、全国巡演の話が決ったことだった。これは、大きな成功というわけではない。何しろ、一晩限りの公演をしながら巡回していくパッケージ・ツアーでは、有名なスターも、それほど有名でないスターも巡演するからである。しかし、この段階でビートルズに旅公演の話があったのは、彼らにとっては願ってもないことだった。マージーサイドから飛び出す必要があったし、彼らが一緒に成長してきたリヴァプールのファンたちと同じように、未知の人々にも同じ種類の反応を呼び起すことができるかどうか、全国的な規模で判定されるようになる。大きな旅公演をやることは、全国で生《なま》の演奏をやるわけだから、レコードを滲透《しんとう》させるには一番着実な方法でもある。

ビートルズの最初の巡演参加は一九六三年二月、ヘレン・シャピロの一行だった。ヘレンがこのショウのスターだった。彼女は非常に若い十代の少女歌手としての先頭を切ったスターで、二年ばかり前からセンセーションを起していた。

プロモーターのアーサー・ハウズは、この分野ではすでに成功者だった。クリフ・リチャードの旅公演は全部彼が手がけていた。しかし、非常に早い時期、まだ第一位にのし上がる前からビートルズに目をつけていて、国内巡演は、一つだけを除いて、あとは全部彼がプロモーターになったのだった。

アーサー・ハウズの名がクリフ・リチャードの旅公演のプロモーターとして知られたときから、ブライアンは長いあいだアーサー・ハウズにコネをつけようとしていた。やっとのことで彼の自宅の住所を突きとめてみると、ピーターバラに住んでいることが分って驚いた。これは一九六二年のことで、依然としてレコード会社を渡り歩いていた時期である。

「ある土曜日の午後、ピーターバラの自宅に電話がかかってきた。ブライアン・エプスタインという男がリヴァプールからかけてきた。非常にいいグループがあるんだが、何かぴったりの仕事はないだろうか、ときた。そのグループの名前がビートルズと聞いて、私は笑い出した。やれやれ、また変なのが出てきやがった。変な名前をつけたありきたりのグループだろう、と思った。

「しかし、まず演奏を聴かなければ、どんなグループだろうと無碍《むげ》に追い払うようなことはしない。ピーターバラでショウをやるから参加させてもいいと言ってやった。エンバシー劇場のフランク・アイフィールドのショウで二回演奏するだけのものだった」彼は出演料は払わず、リヴァプールからの費用だけを負担した。

ピーターバラ、エンバシー劇場の出演の晩こそ、初めてマージーサイド以外の劇場で演奏した日だった。これは完全な失敗だった。アーサー・ハウズが以前言ったことをそのまま引用すれば、観客が「両手を膝にのせたままの」晩だった。「何しろフランク・アイフィールドのショウだから、あの連中が受けなくてもそんなに驚かなかった。お客はフランクに夢中だったから、下手なグループが十分ばかり出たところで全然問題にしなかった」

しかし、アーサー・ハウズはビートルズの格好の良さが気に入った。彼はピーターバラの近くの別の劇場にビートルズをまわした。ここでもまた失敗したのだった。それでもアーサー・ハウズは彼らと契約した。契約内容は大したものではなかったが、アーサー・ハウズが必要とする場合、ビートルズは彼がプロモートすることになった。「私は今でも彼らの人柄が好きだし、ブライアンはたいへんなビジネスマンだということに気がついた。彼については非常に印象が強いね」

一九六三年一月、やっとレコードが発売されたばかりの頃、アーサー・ハウズはビートルズとの契約を持ち出して、ヘレン・シャピロの旅公演で仕事をさせることに決めたのだった。二月にビートルズが旅公演に出発した際、二枚目のレコードは出ていたものの、一位を獲得しそうな徴候はほとんどなかった。彼らはショウのプログラムを埋めるだけの、どこにでもあるグループにすぎなかった。「私の側では、この契約は半年ということだった。私の関心はあくまで興行価値だからね。仕事をしなければ収入はころがりこんでこないものさ。興行師にはロマンなんてものはない。ただ、あくせく働くだけなんだ」

「旅公演に出られてほっとした」とジョンは語る。「リヴァプールを飛び出して、新しい地盤を作ることができたから。ぼくたちは、リヴァプールでは自分たちが腐りかけて、ぎりぎり締めつけられているような気分になっていた。

「ぼくたちはいつでも旅に出られるように旅装をととのえていた。一つのステージに飽きて、いつか旅に出る仕事が来るときのために梱包《こんぽう》を作っておこうと決めたんだ。ハンブルクで海外生活をやっていたが、あそこにいたときも次の場所に移りたかった。最後に行った二回ともハンブルクには行きたくなかったんだ。ハンブルクはもう全部見ちゃった」

「ヘレン・シャピロと一緒に旅に出て、本当の劇場で演奏するのは、とてもわくわくした」とリンゴは語る。「ブライアンがリヴァプールでショウを主催したときエンパイヤ劇場に出た。ブライアンとしてはぼくたちを、とにかく売りこむだけのことだった。ポスターは前座の扱いだった。いわゆるスターさんのマネージャーでロンドン生れを鼻にかけている奴と喧嘩になってね。こいつときたら、初めからお前たちなんかショウに出ないほうがいいなんて言うんだ。

「ともあれ、各地の劇場をきちんきちんとまわって歩くのは、すばらしかった。本当のステージ・ショウに出演したことがないものだから、たとえばメーキャップなんかのことも知らなかった。メーキャップをやってみたのはずいぶんあとになってからだった。フランク・アイフィールドを見てからだと思う。彼の目は輝くばかりだった。ぼくたちも、ああいうふうにやってみようと思ってね。分厚いメイクをして、北米インディアンみたいに闊歩したものだ」

ヘレン・シャピロの旅公演の初めの頃、ビートルズは少しもセンセーションを巻き起さなかった。二番目のレコードがトップを切るまでは、客に受けなかったが、トップになってからは大反響を呼び始めた。

「ヘレンはさすがにスターだった」とリンゴは言う。「楽屋に専用のテレビを持っているんだ。こっちは、そんなもの、持ってないだろう。ときどき、そのテレビを見せてくれませんかと頼まなければならない始末だった。劇場はいつも大入りとはいかなかったが、ともかく舞台に立つことができたんだよ」

グラスゴウで、少しだけ喚声が上がったことをジョンは覚えている。グラスゴウの聴衆はいつも喚声を上げるのだという。ほかのみんながザ・シャドウズに興味を移したあとも、彼らはロックンロールが好きだった。「スコットランドではいつも喚声が上がったなあ。ああいう地方では、音楽を聴くほかにあまり楽しみがないんだ、なんて思ったよ」ビートルズは、彼らは基本的には依然としてロックンロールのグループだった。このステージで演奏し始めた『ツイスト・アンド・シャウト』は、これまで彼らが歌ってきた中で最も純然たるロックンロール・スタイルの曲だった。

一緒にステージに立ってはいたが、リンゴは暫くのあいだ、ほかの仲間とぴったりいくかどうかに少し不安を感じていた。「ホテルに着いたとき、だれと一緒になるか心配だった。

三人はみんなお互いにとてもよく知り合っているんだ。たいていは、ジョンがジョージと一緒の部屋に泊ることになり、ぼくはポールと一緒になった。むろん、いつもOKだった」

ジョンは旅公演について一般的なことは覚えているが、ツアーで訪れた町の名前、土地の名前といったことは覚えられないのだった。「ぼくたちは自分がどこにいるのか分ったことがない。どこに行っても同じなんだ」

初めてヘレン・シャピロの旅公演に参加したとき、リンゴが特に記憶していることは、ダンスの会場から追い出されたことだった。「たしかカーライルだったと思う。ぼくたちの泊ることになったホテルで舞踏会が開催されていた。ぼくたちも顔を出してみようというわけさ。おやさしいお連中ばかりがいっぱい来ていたが、皆さんぎょっとおなりあそばした。ぼくたちの格好がみすぼらしいというんで放り出しやがった。まあ実際そうだったんだけど」

『プリーズ・プリーズ・ミー』が第一位になったとき、彼らはポップ・ファンによく知られ始めた。旅公演の最後になると、ショウのスター、ヘレン・シャピロと同じくらい喝采を受けるようになった。

第一位の実績を背景にしたこの旅公演が終ると、アーサー・ハウズはすぐに別の旅公演に送り出した。この公演は一九六三年三月に始まった。今度のショウのスターは、クリス・モンテスおよびトミー・ロウだった。ビートルズはポスターの三番目に扱われていた。

この旅公演で彼らの人気はますます増大していった。今や、ポップの世界ではよく知られるようになってきていた。テレビの「サンク・ユア・ラッキー・スターズ」に出演したことも、レコードの売行きに役立った。ほかの歌手のために作曲も依頼されるようになった。それでヘレン・シャピロのために作曲したのだった。

クリフ・リチャードの新作『サマー・ホリデイ』は、まもなく『プリーズ・プリーズ・ミー』を第一位から落した。しかし、皮肉なことにビートルズがことわった『ハウ・ドゥ・ユー・ドゥ・イット』を出したジェリーとザ・ペイスメイカーズが、そのあとで第一位になった。一九六三年三月になると、リヴァプール・サウンドという言葉がポピュラー音楽の関係者のあいだで使われ始めた。

『プリーズ・プリーズ・ミー』の成功で、一九六三年三月、同じ題名で彼らにとって最初のLPが発売されることになった。それまでに出した二枚のレコード両面に『ツイスト・アンド・シャウト』『蜜の味』その他を加えたものだった。このLPは半年のあいだLPのヒット・チャートを動かなかった。

続く四月、三枚目のシングル盤『フロム・ミー・トゥ・ユー』も出た。この曲は『プリーズ・プリーズ・ミー』と同じように一位になって、シルヴァー・ディスクを獲得した。

ブライアンは、依然としてほかのリヴァプールの芸能人を物色していた。ビリー・クレイマーを起用して、ビリー・J・クレイマーという名前で、マンチェスター出身のザ・ダコタスという伴奏グループを付けて売り出した。ジョンとポールが、ビリーのために新作『ドゥ・ユー・ウォント・トゥ・ノウ・ア・シークレット』を作曲してやった。これも一位になった。

『フロム・ミー・トゥ・ユー』が出た四月には早くも、人々がビートルズのレコードを比較したり、将来大きく伸びるグループだといった批評をするようになっていた。ディスク・ジョッキーのキース・フォーダイスは、「歌唱法も和声も立派で輝きがあふれている。歌詞は商業的だが、このグループの二枚の近作に匹敵するほどすばらしい曲を知らない」と書いた。

ジョンとポールは、ヘレン・シャピロの旅公演のとき車中でこの曲を作った。いつもそうするように簡潔で、複雑なところのない作詞をした。聴衆に分りやすい「ぼくに」とか「きみに」といった言葉を題名に使った。

五月にまた全国巡演の契約をしたが、こんどはロイ・オービスンと一緒だった。この巡業は、アーサー・ハウズが手がけなかったただ一度の国内巡演だった。ハウズには、そのとき旅公演の予定がなかったのだが、ブライアンはこの際どうしても巡業を続け、レコードで得た名声を利用して儲けようと考えたのだった。

旅に出掛ける前、ビートルズはカナリア諸島のテネリフェで短い休暇を過ごした。これは、当時まだ交渉があったハンブルクの知人、クラウスの父の別荘だった。この休暇中、ポールはあまり沖まで泳いで波にのみこまれ、あやうく溺死するところだった。

こうした旅公演やその合間には、できるだけリヴァプールの家に帰るようにしていた。「ぼくたちはよく自慢しに歩いたものだよ」とリンゴは言う。「何しろプロのグループだからね。ほかのグループは、たいていまだ普通の仕事にかじりついていた」

ジョンは、自分たちが成功したものの、リヴァプールに帰ると、いくぶん困惑するような、どことなく照れ臭いような気分になった。

「口には出せなかったが、ぼくたち、本当はリヴァプールには立ち寄りたくなかった。地方の名士になるなんて考えただけで神経がひりひりする。ショウをやると、自分の知っている人たちでいっぱいになる。こっちは背広を着ていることや、小ぎれいになってしまったことが気になるんだ。知っている連中が、ぼくたちのことを裏切ったなんて考えるんじゃないか、なんてね。ある意味では、確かにそうなんだ」

この五月の、ロイ・オービスンとの三度目の旅公演で、ビートルズは大騒ぎを引き起す原因になった。といってもこれは、まだ依然としてビートルズを黙殺していた大多数の全国紙が書きたてたような種類のものではなかった。これはビートルズがショウの中心スターとして旅公演に出た最初で、リヴァプールのキャヴァンで受けたのと同じ種類の反応を各地で受け始めたのだった。

ブライアンはビートルズにショウビジネスの世界に馴れさせ、洗練されたイメージにしようとしたが（ジョンはそういうふうに見ていたのだった）、彼らは依然としてステージに立ってふざけ散らしたり、何かがうまくいかなかったりすると陳腐《ちんぷ》な唄を歌ったり、前置きの言葉を奇妙なものにするのだった。「さて、こんどはレッド・ホット・ゴスペルを歌うママこと、ヴィクター・シルヴェスターの唄をどうぞ」といった具合だった。インタビューのときはいつでもポピュラー音楽関係のライターの注意をうまくひくようにしたし、だいたいがそんな具合だった。モーリーン・クリーヴは「イヴニング・スタンダード」紙の記事で、まるで四人のマルクス兄弟（三〇年代に人気のあった喜劇俳優でグルーチョ、チコ、ハーポの三兄弟をさす。実際には四人兄弟だった）と馬鹿騒ぎして楽しく暮しているようなものだと書いた。

このロイ・オービスンと一緒の旅公演で、初めてダフ屋による入場券の売買が始まった。ステージに出るとゼリー・ビーンズが飛んでくる——ジョージがうっかり好きだといったおかげで——始末で、劇場でもホテルでも、どこへ行ってもファンにもみくちゃにされるようになった。

ロイ・オービスンは広告ではビートルズと同等に扱われたが、彼が先に出演し、引き続きビートルズはショウの中心スターとして最後のステージに立った。

「彼のあとで出るのはたいへんだった」とリンゴは言う。「お客を興奮させるものだから、こっちの出番になるとますます喚声が上がるんだ。グラスゴウで、ぼくたちは舞台の袖で、彼に向けられた大喝采を聞いていた。彼はただ立って歌っているだけで、オーバーなアクションは何もなかった。こっちの出番が近づいてくると、幕《カーテン》のうしろに出て囁き合ったものだ——次に出るのがだれだと思ってるんだい、もっと叫ばせてやるぞってね。しかし、いったんステージに出てしまえば、いつもOKだった」

一方、ビートルズのロード・マネージャーのニール・アスピノールにとっては、旅興行が始まるとたいへんだった。リヴァプールなら、勝手の分った場所をまわるのだから、そんなに面倒ではない。しかし、今では毎日毎日、新しい行先、新しいホテル、新しい劇場、新しい難題が現れてくるのだった。

「旅公演だといつもマイクに問題が出てくる」とジョンは言う。「ぼくたちがマイクをどんなに使いこなしたがっているか、どこの劇場でものみこめないんだ。午後にまずリハーサルをして、マイクをああしてくれこうしてくれと言っておいたって、それでもまだうまくいかない。マイクの位置がおかしかったり、充分な大きさの音が出なかったりするんだ。まるでアマチュア大会のときのような仕込みをするんだ。ぼくたちの音楽をまともに受け取らなかったんだと思う。これは頭にきたな。ブライアンはよく調整室に入っていて、ぼくたちはブライアンをどなりつけた。するとこれで奴らは精いっぱいなんだ、とブライアンは合図してよこすんだ」

ビートルズがどなった相手は、ほとんどがニールだった。ビートルズの四人と楽器を決められた時間と場所に送り届け、ステージでの準備を手助けするのが彼の仕事の一部だった。ファンが詰めかけて、ビートルズの身につけているものを手当り次第にもぎとろうとして身《しん》辺《ぺん》さえ危険になってくると、ニールが仕事を一人で切りまわすことはますますむずかしくなってきた。

「旅公演の五週間で、体重が四十二ポンドも減りましたよ。だれも信じてくれないんですが、これは本当なんです。百五十四ポンドから百十二ポンドまで体重が落ちました。五週間、それこそ寝食《しんしょく》を忘れましたからね。寝る暇も食事する暇もないんです」

それでキャヴァンの用心棒だったマルコム・エヴァンズが呼ばれた。彼はニールと一緒にロード・マネージャーになって、旅公演を続けた。この二人は現在でも、一番密接な仲間、友人としてビートルズと行動を共にしている。

ニールは痩《や》せた男で、教養も高く、おだやかで有能だが、自分の意見を持っていて、決してイエスマンではなかった。いくぶんジョージに似ている。マルはからだが大きく、てきぱき仕事をはこび、開放的な心の持ち主で、気だてが良く、物事はなるようになるさといったタイプだった。ニールはビートルズの仕事をするため会計事務の仕事を断念することになった。マルの仕事は派手なところは少ないが、彼も新しい仕事に専念することになった。

マルは十一年間、電信関係のエンジニアだったが、ビートルズから話があって人生が一変した。当時、二十七歳、結婚して子供が一人、リヴァプールのアラートン・ロードのテラスハウスのローンを返済しながら、初めて車を手に入れて得意だったし、週給十五ポンドというかなりの高給を得ていた。生活に不安はなかったし、有給休暇も貰えたし、引退したあとは年金もあった。どこから見ても着実な人生だった。

一九六二年のある日、勤務先の郵便局の仕事を終えて出てきたマルは、今日はピア・ヘッドくんだりを歩くのはやめようと決めた。ピア・ヘッドは、昼休みにいつも散歩する場所である。「そのとき、前に気にとめたことのなかったマシュウ通りという小さな道に初めて気がつきました。それでその道を歩いて行って、キャヴァン・クラブというクラブに寄ってみたのです。それまでクラブなどに入ったこともありませんでした。そのとき彼らの音楽を聴いたのです。本当のロックンロールで、ちょっとエルヴィスに似ていました。そこでぼくは入場料を払って入ってみました」それからの彼はこのクラブに何度も足を運ぶようになり、とうとうここの用心棒になってドアの立番をすることになったが、べつに給料を貰わなくてもその仕事を引き受けたと思われる。

三カ月ばかりパートタイムでクラブの雑用を引き受けていたが、一九六三年の夏、ブライアンから郵便局を退職してセカンド・ロード・マネージャーにならないかと持ちかけられた。マルの仕事は、ビートルズがツアーに出ているときはずっと、次の公演予定地に楽器を積んだ車を運び、ビートルズの到着前に楽器の準備とテストをしておくことだった。公演が終ったあと、荷物を梱包し、次の予定地に着くまで荷物の世話をする。その間、ニールはビートルズの身のまわりの世話をするのだった。

ビートルズに付いて初めての週に、マルは六回もヘマをやった。「何しろドラム・セットなんか生れて初めて見たものですからね。楽器のことなんか何も知りませんでした。最初の二日はニールが手伝ってくれました。しかし、いよいよ自分でやらなければならなくなった日は、たいへんでしたよ。大きな舞台で、ぼくは何も考えられなくなってしまいました。どこに何を置いていいか分らないんです。ほかのグループのドラマーに手伝ってくれと頼みましてね。ドラマーにはそれぞれシンバルの高さに自分の好みがあるといったことも知らなかった。その男は自分の好きなふうにしたもので、リンゴには役に立たなかったんです。

「一番ひどい失敗は、ロンドンのフィンズベリー・パーク・エンパイヤで、ジョンのギターを紛失してしまったことです。そのギターは彼が何年も愛用してきたものでした。それが、不意に消えてしまいました。おれのジャンボはどこにやった、と彼が言いました。さあ、知りませんよ。そう言いました。今でも謎なんです。あの日、確かに持って来たんですが。

「テレビで見たスターたちにお目にかかれるのは嬉しかった。本当に感動しました。今でもそうですが、そのうちに、皆さんが良くしてくれたり、うちとけようとしてくれるのは、ビートルズと仲良くなるためにぼくをダシにしているからだと分りました。それからは、そういう人たちのことは一マイル離れていてもすぐ分るようになりました」

「先のりで行って楽器の準備をする仕事は彼に合っていた」とニールは言う。「すごい人気でね、彼が着くとお客さんがきゃあきゃあ言って声をかけるし、彼のほうも話しかけたり冗談を言ったりするんだ。ビートルズが演奏してお客が騒ぎ出しても、彼はお客さんともみ合ったりしないですむんだ」

「ビートルズに対する考え方もやがて変りましたよ」とマルは言う。「それまでは四人の美しい存在だったわけです。あの人たちを神のようにふり仰いでいましてね。しかし、そのうちにみんな普通の若者で、プラチナでできているわけではないことに気がつきました。腹にがつんとこたえるようなことがあっても、やり返すわけにはいきませんしね。我慢しなけりゃなりませんでした」

旅に出て一番困るのは、ショウの前の楽屋のことだ、と両者は言う。報道関係者、警官、劇場のスタッフがごった返しているし、外にはファンが押し寄せてもぐりこもうとしている。

「こういうことをぼくが全部監督しなければならなかったんですよ」とニールは言う。「やがてこっちも報道関係担当の人間を使うことになりましたが。しかも、そのあいだに食事も調達することになっていたのです。

「物事がややこしくなってきたり、だれかがしつっこく食いさがってきたりすると、ジョンかだれかが『びっこだぞ《クリップル》、ニール』とどなります。これは仲間内の隠語で、片付けてしまえ、とか、つまみ出せといった意味です。もともとは、ただの跛《びっこ》という意味でしたが、こっちの邪魔をする人間という意味になったのです。

「最初の旅公演のときから、いつも跛の大軍に襲われ続けでした。ぼくたちが劇場に着いてみると、楽屋にも入りこんでいます。うちの連中がとても気分のいい若者ばかりなので、劇場のマネージャーはそういったファンに喜んで逢うと思って入れてしまうんですね。実際には、たいへんなことなんですよ。おかげでこっちも身動きがとれなくなってしまう。どうしますか？　自分では動けない人たちなのですから、マルかぼくが運び出すような始末です。ある晩、マルは頸のまわりに爪で引っ掻き傷をつけられましたよ。

「ビートルズが有名になればなるほど、そういう人たちの訪問がますます増大してきました。どういうものかビートルズのイメージは、とてもすばらしくてすてきだというんです。みんなは、ビートルズのほうもそういう人たちに逢いたがっている、逢いに行かなければビートルズが失望するだろう、と考えるんですねえ」

中には、ビートルズの現れるところに居合せれば病気さえ奇跡的に癒《なお》ると信じる人まで出てきた。これは新聞には書かれなかったが、ビートルズ追随の一つの姿である。「跛」たちが楽屋から運び出されていく写真は新聞向きであるとは言えないであろう。

こうした初期の旅公演で全国をまわっているうちに、大騒ぎが始まったが、旅の合間には古巣のマージーサイドでショウを続けていて、まだ完全にリヴァプールのグループだった。キャヴァンでの最後の演奏が行なわれたのは一九六三年八月三日だった。

ジョンは息子のジュリアン——これはジョンの母のジュリアに因《ちな》んでつけられた——が誕生したため、リヴァプールの実家に戻った。セフトン総合病院に入ったシンシアを訪れたとき、だれにも気づかれないように変装しなければならなかった。まだ一九六三年四月の話である。リヴァプールでは知られた名前だったが、ほかの土地では知られていなかった。「それでも何人か気がついた人がいてね。『あ、ビートルズの一人だ』と叫ぶ声が聞こえたので走って逃げ出したよ」息子が生れた数日後、ジョンはブライアンと一緒に休養のためスペインに行った。

シンはリヴァプールの中心地にあった小さなアパートから出て、ミミと一緒のメンローヴ・アヴェニューに引越した。「ジュリアンを乳母車に乗せて歩いていますと、ウールトンの人たちが私のところに寄って来て、あなたはシンシア・レノンですか、なんて訊きますの。私、いいえ、違いますと答えるんです」

一九六三年六月の時点で彼らはまだリヴァプールを本拠にしていたが、その頃ポールは二十一歳の誕生日を迎えた。むろん、そのことはファンというファンに知れ渡っていたので、フォースリン・ロードの自宅でパーティを開くことができなかった。その代りジニー叔母さんの家でパーティを開いた。この叔母は、彼の母が亡くなったときずいぶん力になってくれた二人の叔母のうちの一人である。

これはリンゴのパーティや、ハンブルクからのいつもの帰国歓迎パーティと同じように、ほかのグループも演奏する、飲めや歌えのたいへんなお祭り騒ぎだった。これもブライアンと契約していたザ・フォアモストが演奏すれば、結成されたばかりのリヴァプールのグループ、スキャッフォールドも演奏した。このグループは、リヴァプールの詩人ロジャー・マッゴウ、喜劇俳優で店を経営しているジョン・ゴーマン、それとポールの弟、旧名マイケル・マッカートニー、すなわちマイク・マクギアがいた。

マイケルは当時まだ美容師として働いていたが、暇を作ってはスキャッフォールドと一緒に出演し始めていた。リヴァプールでポールが有名になると、舞台出演のため芸名をつけた。本名では、兄の名声を利用していると思われることを考慮したのだった。マイケルは唄を歌うことも拒んだ。

このパーティのとき、ジョンは、地元のディスク・ジョッキーと殴り合いの喧嘩をやった。ブライアンと契約する以前、一時期のビートルズにずいぶん力を尽くした人物であった。「ぼくは殴りつけてやったんだ」とジョンは言う。「肋骨がめりこむほど殴った。そのときひどい侮辱を受けたんだ。ぼくのことを、男色《ホモ》だといったんでね。

「あとで暴行を理由に訴えられた。二百ポンドで示談《じだん》にした。そのときの喧嘩が、本気でやった喧嘩としては最後だったな」

さまざまな面で、一つの時代の終りであった。それは人生やほかの人々にたいするジョンの荒々しい、攻撃的な、喧嘩腰の態度がそろそろ終りかけていたということであった。そして、それは彼らの旅公演が遂に全国的な注目を受けるに及んで、もはやリヴァプール時代が終りに近づいたということだった。

一九六三年八月、ロンドンに戻った彼らは四枚目のシングル盤『シー・ラヴス・ユー』を発表した。これがトレードマークの「イェイ、イェイ」の始まりであり、全国的な名声の始まりであった。リヴァプールは、今や彼らの単なる出身地になったのだった。

本書は一九六九年七月に初版が、一九八七年九月に増補版が草思社より刊行されたものを元に、二〇〇九年に刊行された増補新版 THE BEATLES, Ebury Press 2009を全訳したものである。新たに付け加えられた二〇〇九年版への序文の一部（本書七ページから三十三ページまで）と、二〇〇九年版付録、ディスコグラフィ、感謝の言葉、本文の追加部分は、山川真理が翻訳した。

本作品には差別表現がありますが、作品の内容、文学性、作者の体験に基づく必要性などから、表現は原稿通りとしました。

増補完全版ビートルズ 上

二〇一〇年 七 月一〇日 初版印刷
二〇一〇年 七 月二〇日 初版発行

著　者 H・デイヴィス
訳　者 小《お》笠原《がさわら》豊樹《とよき》
中田《なかた》耕治《こうじ》
発行者 若森繁男
発行所 株式会社河出書房新社
〒一五一－〇〇五一
東京都渋谷区千駄ヶ谷二－三二－二
電話〇三－三四〇四－八六一一（編集）
〇三－三四〇四－一二〇一（営業）
http://www.kawade.co.jp/

ロゴ・表紙デザイン 粟津潔
本文フォーマット 佐々木暁
印刷・製本 中央精版印刷株式会社

落丁本・乱丁本はおとりかえいたします。
Printed in Japan ISBN978-4-309-46335-3

銀河ヒッチハイク・ガイド

ダグラス・アダムス　安原和見〔訳〕　46255-4

銀河バイパス建設のため、ある日突然地球が消滅。地球最後の生き残りであるアーサーは、宇宙人フォードと銀河でヒッチハイクするはめに。抱腹絶倒ＳＦコメディ「銀河ヒッチハイク・ガイド」シリーズ第一巻！

宇宙の果てのレストラン

ダグラス・アダムス　安原和見〔訳〕　46256-1

宇宙船が攻撃され、アーサーらは離ればなれに。元・銀河大統領ゼイフォードとマーヴィンがたどりついた星で遭遇したのは⁉　宇宙の迷真理を探る一行のめちゃくちゃな冒険を描く、大傑作ＳＦコメディ第二弾！

宇宙クリケット大戦争

ダグラス・アダムス　安原和見〔訳〕　46265-3

遠い昔、遙か彼方の銀河で、クリキット軍の侵略により銀河系は絶滅の危機に陥った――甦った軍を阻むのは、宇宙イチいい加減なアーサー一行。果たして宇宙は救われるのか？　傑作ＳＦコメディ第三弾！

さようなら、いままで魚をありがとう

ダグラス・アダムス　安原和見〔訳〕　46266-0

十万光年をヒッチハイクして、アーサーがたどり着いたのは、８年前に破壊されたはずの地球だった‼　この〈地球〉の正体は⁉　大傑作ＳＦコメディ第四弾！　……ただし、今回はラブ・ストーリーです。

ほとんど無害

ダグラス・アダムス　安原和見〔訳〕　46276-9

銀河の辺境で第二の人生を手に入れたアーサー。だが、トリリアンが彼の娘を連れて現れる。一方フォードは、ガイド社の異変に疑問を抱き――。ＳＦコメディ「銀河ヒッチハイク・ガイド」シリーズついに完結！

クマのプーさんの哲学

J・T・ウィリアムズ　小田島雄志／小田島則子〔訳〕　46262-2

クマのプーさんは偉大な哲学者⁉　のんびり屋さんではちみつが大好きな「あたまの悪いクマ」プーさんがあなたの抱える問題も悩みもふきとばす！　世界中で愛されている物語で解いた、愉快な哲学入門！

著訳者名の後の数字はISBNコードです。頭に「978-4-309」を付け、お近くの書店にてご注文下さい。